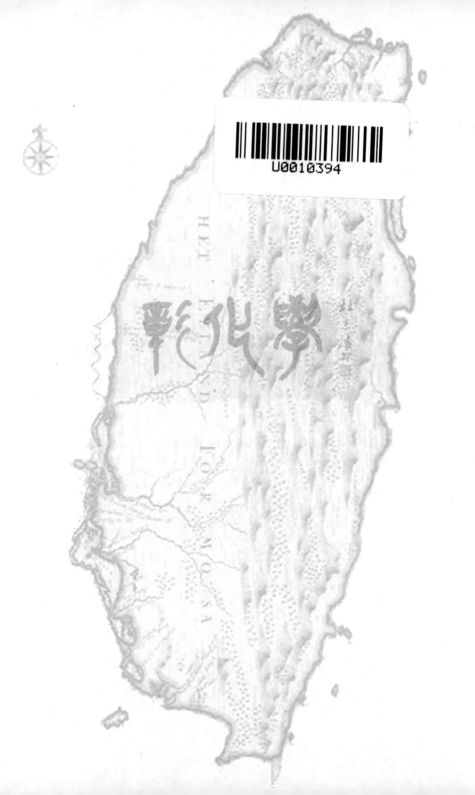

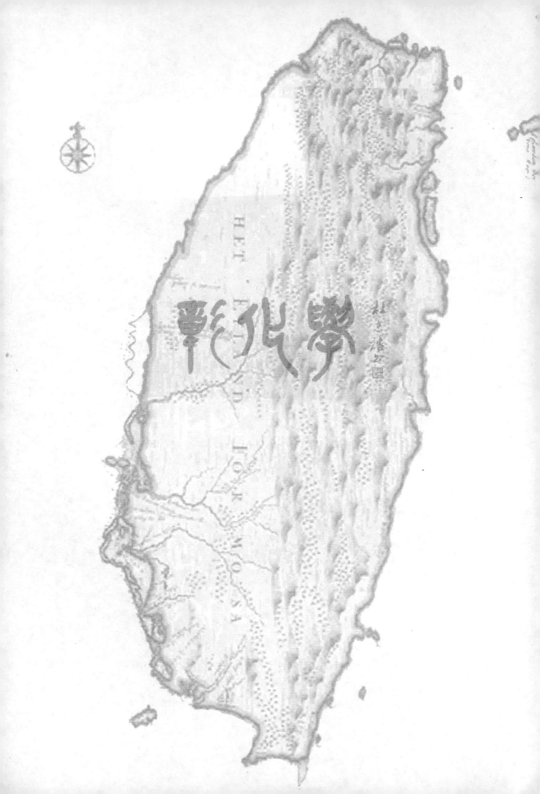

彰化學 040

彰化縣
曲館與武館IV
【南彰化濱海篇】

林美容　編著

晨星出版

啓動彰化學
——共同完成大夢想

林明德

二十多年來，臺灣主體意識逐漸抬頭，社區營造也蔚爲趨勢。各縣市鄉鎮紛紛編纂史志，大家來寫村史則方興未艾。而有志之士更是積極投入研究，於是金門學、宜蘭學、澎湖學、苗栗學、臺中學、屏東學……，相繼推出，騰傳一時。

大致上說來，這些學術現象的形成過程，個人曾直接或間接參與，於其原委當有某種程度的了解，也引起相當深刻的反思。

一九九六年，我從服務二十五年的輔大退休，獲聘於彰化師大國文系。教學、研究之餘，仍然繼續臺灣民俗藝術的田調工作。一九九九年，個人接受彰化縣文化局的委託，進行爲期一年的飲食文化調查研究，帶領四位研究生進出二十六個鄉鎮市，訪問二百三十多個飲食點，最後繳交《彰化縣飲食文化》（三十五萬字）的成果。

當時，我曾說過：往昔，有一府二鹿三艋舺的符碼；今天，飲食文化見證半線風華。這是先民的智慧結晶，也是彰化的珍貴資源之一。

彰化一帶，舊稱半線，是來自平埔族「半線社」之名。清雍正元年（1723），正式立縣；四年（1726）創建孔廟，先賢以「設學立教，以彰雅化」期許，並命名爲「彰化縣」。在地理上，彰化位於臺灣中部，除東部邊緣少許山巒外，大部分屬於平原，濁水溪流過，土地肥沃，農業發達，有「臺灣第一穀倉」之美譽。三百年來，彰化族群多元，人

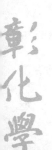
彰化學

文薈萃，並且累積許多有形、無形的文化資產，其風華之多采多姿，與府城相比，恐怕毫不遜色。

二十五座古蹟群，各式各樣民居，既傳釋先民的營造智慧，也呈現了獨特的綜合藝術；戲曲彰化，多音交響，南管、北管、高甲戲、歌仔戲與布袋戲，傳唱斯土斯民的心聲與夢想；繁複的民間工藝，精緻的傳統家俱，在在流露令人欣羨的生活美學；而人傑地靈，文風鼎盛，舊、新文學引領風騷，成果斐然；至於潛藏民間的文學，既生動又多樣，還有待進一步的挖掘與整理。

這些元素是彰化的底蘊，它們共同型塑了「人文彰化」的圖像。

十二年，我親近彰化，探勘寶藏，逐漸發現其人文的豐饒多元。在因緣俱足之下，透過產官學合作的模式，正式推出「啟動彰化學」的構想。

基本上，啟動彰化學，是項多元的整合工程，大概包括五個面相：課程設計結合理論與實際，彰化師大國文系、台文所開設的鄉土教學專題、臺灣文化專題、田野調查、民間文學、彰化縣作家講座與文化列車等，是扎根也是開拓文化人口的基礎課程，此其一；為彰化學國際化作出宣示，二〇〇七彰化文學國際學術研討會聚集國內外學者五十多人，進行八場次二十六篇的論述，為彰化文學研究聚焦，也增加彰化學的國際能見度，此其二；彰化師大文學院立足彰化，於人文扎根、師資培育、在職進修與社會服務扮演相當重要角色，二〇〇七重點發展計畫以「彰化學」為主，包括：地理系〈中部地區地理環境空間分析〉、美術系〈彰化地區藝術與人文展演空間〉與國文系〈建置彰化詩學電子資料庫〉三個子題，橫向聯繫、思索交集，以整合彰化人文資源，並

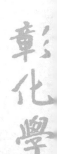

獲得校方的大力支持，此其三；文學院接受彰化縣文化局的委託，承辦二〇〇七彰化學研討會，我們將進行人力規劃，結合國內學者專家的經驗與智慧，全方位多領域的探索彰化內涵，再現人文彰化的風貌，為文化創意產業提供一個思考的空間，此其四；為了開拓彰化學，我們成立編委會，擬訂宗教、歷史、地理、生物、政治、社會、民俗、民間文學、古典文學、現代文學、傳統建築、傳統表演藝術、傳統手工藝與飲食文化等系列，敦請學者專家撰寫，其終極目標乃在挖掘彰化人文底蘊，累積人文資源，此其五。

彰化師大扎根半線三十六年，近年來，配合政策積極轉型為綜合大學，努力參與社區總體營造，實踐校園家園化，締造優質的人文空間，經營境教，以發揮潛移默化的效果，並且開出產官學合作的契機，推出專案，互相奧援，善盡知識分子的責任，回饋社會。在白沙山莊，師生以「立卦山福慧雙修大師彰師大，依湖畔學思並重明德化德明。」互相勉勵。

從私立輔大退休，轉進國立彰師大，我的教授生涯經常被視為逆向操作，於臺灣教育界屬於特例；五年後，又將再次退休。個人提出一個大夢想，期望結合眾多因緣，啟動彰化學，以深耕人文彰化。為了有系統的累積其多元資源，精心設計多種系列，我們力邀學者專家分門別類、循序漸進推出彰化學叢書，預計每年十二冊，五年六十冊。並將這套叢書獻給彰化、臺灣與國際社會。

基本上，叢書的出版是產官學合作的最佳典範，也毋寧是臺灣學的嶄新里程碑。感謝彰化縣文化局、全興、頂新、帝寶等文教基金會與彰化師大張惠博校長的支持。專業出版社晨星的合作，在編輯、美編上，為叢書塑造風格，能新人

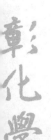

耳目；彰化人杜忠誥教授，親自題寫「彰化學」三字，名家出手為叢書增色不少，在此一併感謝。

回想這套叢書的出版，從起心動念，因緣俱足，到逐步推出，其過程真是不可思議。

「讓我們共同完成一個大夢想吧。」我除了心存感激外，只能如是說。

・林明德（1946～），臺灣高雄縣人。國立政治大學中文博士。曾任國立彰化師範大學國文學系教授兼副校長。現任中華民俗藝術基金會董事長。投入民俗藝術研究三十年，致力挖掘族群人文，整合民俗藝術，強調民俗是一切藝術的土壤。著有《台澎金馬地區區聯調查研究》（1994）、《文學典範的反思》（1996）、《彰化縣飲食文化》（2002）、《阮註定是搬戲的命》（2003）、《臺中飲食風華》（2006）、《斟酌雅俗》（2009）、《俗之美》（2010）、《戲海女神龍》（2011）。

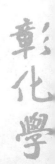

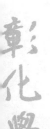

【推薦序】
一個挖掘族群人文的範例

林明德

我與林美容教授相識將近三十年，這個機緣非常特別。她出身南投，是知名的文化人類學家，長期推動臺灣文史與宗教研究；我來自高雄，專長中文學門，長期投入民俗藝術的研究與維護。我們交會的場合，或研討會或宗教經典的校釋……，最近一次，則是化理念為行動，挺身搶救瀕臨拆廟——土城·齋教先天派「普安堂」的系列活動。

過程中讓我印象深刻的，莫過於一九九七年《彰化縣曲館與武館》上下兩冊的出版，在心中泛起肅穆又振奮的迴響了。她主編的這套書共二十八章約一百萬字，書型菊八開，由彰化縣立文化中心出版，既是出版界一大盛事，又是學術界的焦點，更為區域研究提供路向。

其實，有關臺灣區域研究，基金會創辦人許常惠教授曾開風氣之先，在彰化推動一系列工作，例如：鹿港「國際南管音樂會議」（1981）、「彰化縣民俗曲藝田野調查」（1984）、「南管音樂曲譜蒐集與整理」（1984～1987）、「彰化南北管音樂戲曲館硬體之規劃」（1986）、「彰化縣古蹟簡介之編輯」（1987）、「彰化縣音樂發展史的調查研究」（1994）……，多年下來，累積相當厚實的資源。但較之於美容主持的區域專題調查與繳交的成績，我認為她的表現是亮麗的，而且提供一個範例。

曲館是村庄居民業餘學習傳統曲藝（如：南管、北管、九甲、歌仔、布袋戲）的場所；武館則指學習傳統武術（如：太祖拳、白鶴拳）的地方。兩者均屬村庄的子弟組織，成員以男

性為主，在民間的迎神賽會與婚喪喜慶都可看到它們的身影，彰化縣的曲館與武館在中部四縣市首屈一指，很多地區的曲館都由彰化集樂軒與梨春園系統的戲曲先生傳授。美容曾指出它們在社會史上的意義是：一、可做為探討村庄史的基石；二、透過師承與派別、組織與活動，可以了解村際關係與互動模式；三、藉著民俗曲藝活動，可以探討族群文化特色以及族群關係的歷史。

　　這項調查計畫工程浩大，自一九九〇年四月至一九九六年九月，期程超過六年之久，調查人員三十八位，組織規模相當龐大，至於物力也頗為可觀。計畫分兩階段，前半段是運用中研院民族所支援的個人研究經費，與「王育德教授紀念研究獎」的補助，參與調查人員不計酬勞，個個熱心投入，後半段由彰化縣立文化中心支持，才有一定經費支付計畫的開銷。

　　值得一提的是，該計畫所有調查人員必須參加講習會與半天的田野實習，這是美容的一貫作風：嚴謹、實際，遵循學術原則。團隊總共調查了一八六個曲館、一九一個武館。參與這項文化工程彷彿經歷一次學術洗禮，因此誕生了多位專家學者，例如：陳龍廷、謝宗榮、李秀娥……等。

　　美容主其事，但她視之為團隊的調查研究成果，也是學術團隊與彰化人共同書寫的地方社會之文化史紀錄。其學術胸襟於此可見。

　　二〇〇七年，我們啓動彰化學，擘劃彰化學叢書，康原與我拜會在地企業家，尋求奧援，由於因緣俱足，預計五年六十冊。並揭示：「往昔，一府二鹿三艋舺的符碼；今天，人文彰化見證半線風華」，作為努力的目標。我們成立編輯委員會，依彰化人文底蘊，規劃幾個面向，同時展開邀稿。我本能想到美容主編的這套書。自出版以來一直成為圖書館的典藏本，但

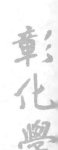

坊間未見流通，相當可惜。與她多次電話聯絡、當面說明後，她雖然同意，但瑣事纏身，無法積極參與。「沒關係，我會投入心神，幫忙處理。」我回應說，無非讓她安心，於是邀請博士生李建德來幫忙，他是位授符籙的道士，深諳臺語以及曲館、武館的語彙，我們在原有的基礎上，進行精校，以保存文獻資料的原始風貌。

原書分上下兩大冊，這次爲了配合叢書書型，改爲菊十六開五冊，成爲叢書中的「套書」，包括：一、彰化與鹿港篇；二、北彰化濱海篇（伸港、線西、和美、福興、秀水）；三、北彰化臨山篇（花壇、大村、芬園、埔鹽、溪湖）；四、南彰化濱海篇（芳苑、大城、二林、竹塘、埤頭、溪州、田尾）；五、南彰化臨山篇（田中、北斗、員林、埔心、永靖、社頭、二水）。原書附錄圖像一二六張，新版增加二百多張，隨文配圖，更能彰顯實錄的內涵。

日治時代，日本專家學者投入臺灣族群、文化、民俗、語言與宗教的踏查與田調工作，成果斐然，例如：伊能嘉矩、國分直一、片岡巖、鈴木清一郎……等，他們的成績影響相當深遠。而美容另闢蹊徑，開出區域專題普查研究，挖掘族媛人文底蘊，見證彰化的文化風華，爲文獻平添幾分光彩，毋寧也立下田野調查的範例。

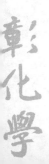

總論

林美容

曲館是村庄居民利用業餘時間學習傳統曲藝（例如南管、北管、九甲、歌仔、布袋戲）的地方，武館則是學習傳統武術（例如太祖拳、白鶴拳）的地方。從組織上來看，兩者都是村庄的子弟組織，成員大多為男性。從活動上來看，兩者均與臺灣民間的迎神賽會與婚喪喜慶有關係。

曲館與武館深具社會史的意義：

（一）曲館與武館可做為探討村庄史的切入點，除了村廟之外，曲館與武館亦是建立村庄史的重要基石；

（二）從曲館與武館的師承與派別、組織與活動，可以了解村際關係、村際互動的模式；

（三）由曲館與武館所展現的民俗曲藝活動，可以探討族群文化的特色以及族群關係的歷史（林美容1992a：79-82）。

彰化縣的曲館與武館在中部四縣市（彰化縣、臺中縣、臺中市、南投縣）中可說是最多的。很多中部地區的曲館都由彰化集樂軒與梨春園系統的曲師傳授（林美容 1996）；很多武館的祖堂也都在彰化縣境內，例如埔心鄉瓦窯厝的勤習堂、永靖鄉陳厝厝的同義堂、員林鎮三塊厝的拔元堂，和員林鎮東山的義順堂等。所以，全面調查彰化縣的曲館與武館，有助於我們了解縣內傳統民俗藝團的發展與現況，了解此一重要的人文社會資源的分布，也可作為思考縣內民俗藝術傳承與社區組織之關聯的基礎，更可廣泛的了解中部地區民俗藝術發展的脈絡。

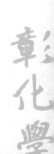

第一節　研究緣起

　　一九九○年四月開始，我在彰化媽祖的信仰圈內，展開曲館與武館的調查研究工作。所謂彰化媽祖信仰圈，是以彰化南瑤宮的主神媽祖之信仰為中心，區域姓信徒的志願組織（林美容 1989），信仰圈主要為參加南瑤宮十個媽祖會的會員所分布的地區，範圍大致涵蓋中部四縣市三百多個較靠內陸的村庄。在這個範圍內，我調查了現在仍有活動的曲館與武館，以及已經解散的曲館與武館。調查工作大致於一九九二年八月完成。這些曲館與武館的初步調查研究成果已撰成論文發表（林美容 1992a，1996），詳細的採訪紀錄也分六次發表於《臺灣文獻》（林美容 1992b，1992c，1993，1994a，1994b，1994c），調查報告實際是在一九九五年八月才全部出刊完畢。調查報告一共記錄了二○三個曲館，二一九個武館；其中九個曲館、五個武館是在彰化媽祖信仰圈之外。總計信仰圈內有一九四個曲館，二一四個武館，其中八○個曲館和一○五個武館業已解散，四個曲館存散狀況不詳，現存的尚有一一○個曲館、一○九個武館。

　　一九九四年三月五日我應彰化縣立文化中心之邀，參加彰化縣史蹟資料室的規劃座談會，楊素晴主任因為看過我發表的南投縣和臺中縣的曲館與武館的調查報告（那時彰化縣的部分尚未發表），向我提起是否可以把彰化縣境內的信仰圈之外尚未調查的曲館與武館一起調查完竣，然後將整個彰化縣的曲館與武館的資料一併以專書出版。當時我未置可否，以為工程浩大，因為信仰圈內合計四百個左右的曲館與武館就耗去兩年多的調查時間，加上調查報告的整理、核對、以迄可出版的形式，前後也有五年的時間。而彰化縣內有大半以上的鄉鎮在信

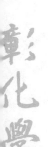

仰圈外，如果要我再進行同樣的調查工作，實在力不從心。

　　一九九四年五月八日我應邀到縣立文化中心演講，楊主任正式提起做計畫的事，當場來聽演講的義工老師也有三人表示願意參加這個研究計畫，協助調查工作。我在盛情難卻之下也就義不容辭，決定主持這個計畫。是年，六月向文化中心提出計畫書，雖然到八月下旬才正式簽約，但實際上七月四日一位專任的助理開始來上班，整個計畫算是在七月四日就開始進行了。

第二節　調查經過

　　一九九四年八月十六日所有參加計畫的人員在彰化縣立文化中心舉行講習會，並有半天的田野實習。後來又陸續有一些人參加了此計畫的調查工作。雖然契約上調查計畫的時間是自一九九四年七月起至一九九六年二月止，只有兩年不到的時間，實際的調查工作迄一九九六年九月做完二林鎮的調查才真正結束。總計彰化縣立文化中心委託的調查計畫共調查了一八六個曲館，一九一個武館。以下將參加這個計畫的調查人員及各人負責調查的鄉鎮，簡列如下表：

- 林美容（中研院民族所研究員，調查計畫主持人）
　　——負責芬園鄉之示範調查。
- 王櫻芬（臺大音樂學研究所系主任，調查計畫協同主持人）
　　——負責芳苑鄉地區之調查。
- 羅世明（輔大宗教研究所碩士，調查計畫專任研究助理）
　　——負責埔鹽鄉、竹塘鄉、溪州鄉、北斗鎮、埤頭鄉、二水鄉、田中鎮、社頭鄉、彰化市、大村鄉、花壇鄉、永靖鄉及田尾鄉一部分地區之調查。

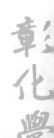

· 張慧筑（輔大應用美術系畢，調查計畫專任研究助理）
　　　　──負責秀水鄉、福興鄉部分地區之調查及各鄉
　　　　鎮市之補查。
· 羅慧茹（政大中文系畢，調查計畫協同研究人員）
　　　　──負責田中鎮、社頭鄉一部分地區之調查。
· 方美玲（藝術學院傳統藝術研究所研究生，調查計畫協同
　研究人員）
　　　　──負責溪湖鎮、福興鄉之調查。
· 劉乃瑟（國小老師，調查計畫協同研究人員）
　　　　──負責線西鄉之調查。
· 楊嘉麟（國小老師，調查計畫協同研究人員）
　　　　──負責秀水鄉部分地區之調查。
· 陳彥仲（臺大歷史系四年級，調查計畫協同研究人員）
　　　　──共同負責和美鎮、伸港鄉之調查。
· 陳瓊琪（藝術學院傳統藝術研究所研究生，調查計畫協同
　研究人員）
　　　　──共同負責和美鎮、伸港鄉、大城鄉之調查。
· 李秀娥（臺大人類學研究碩士，調查計畫協同研究人員）
　　　　──負責鹿港鎮之調查。
· 蔡振家（藝術學院傳統藝術研究所研究生，調查計畫協同
　研究人員）
　　　　──負責芳苑鄉、員林鎮一部分地區之調查。
· 黃幸華（美國伊利諾大學歷史音樂學碩士，調查計畫協同
　研究人員）
　　　　──共同負責大城鄉之調查。
· 林昌華（臺灣神學院碩士，新莊教會牧師，調查計畫協同
　研究人員）

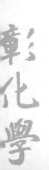

　　　　　——只負責二林鎮一部分地區之調查。

　・陳龍廷（法國巴黎高等實驗研究院宗教與人類學系博士候
　　選人，編纂計畫助理編輯）

　　　　　——負責二林鎮大部分地區之調查。

　　除上述調查人員之外，尚有彰化媽祖信仰圈內曲館與
武館的調查工作，其中彰化縣的調查報告（林美容 1994a，
1994b，1994c），亦納入本書一起出版。茲將當時參與調查者
之名單，一併臚列於下：

　・林美容（中研院民族所研究員）

　　　　　——調查和美鎮、芬園鄉、花壇鄉、大村鄉、員
　　　　　林鎮、彰化市、永靖鄉、田尾鄉。

　・林淑鈴（東吳大學社會所碩士，民族所研究助理）

　　　　　——調查和美鎮。

　・李秀娥（臺大人類學研究碩士，民族所研究助理）

　　　　　——調查芬園鄉、大村鄉、員林鎮、社頭鄉、埔
　　　　　心鄉。

　・周益民（中興大學行政系三年級，畢業後任本人研究助理）

　　　　　——調查秀水鄉、芬園鄉、花壇鄉、溪湖鎮、員
　　　　　林鎮、彰化市、永靖鄉、田尾鄉、溪州鄉。

　・江寶月（中興大學社工系四年級學生）

　　　　　——調查彰化市。

　・王國田（中興大學社工系四年級學生）

　　　　　——調查彰化市。

　・陳錦豐（中興大學社會系四年級學生）

　　　　　——調查和美鎮、永靖鄉。

　・劉璧榛（中興大學社會系二年級學生）

　　　　　——調查彰化市。

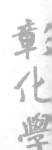

・林雅芬（中興大學社會系學生）
　　　　——調查彰化市。
・林淑芬（中興大學社會系一年級學生）
　　　　——調查芬園鄉、員林鎮、彰化市。
・劉秀玲（中興大學社會系學生）
　　　　——調查芬園鄉、員林鎮。
・張筆隆（中興大學行政系四年級學生）
　　　　——調查彰化市。
・劉文銘（中興大學行政系三年級學生）
　　　　——調查彰化市。
・鄭淑芬（中興大學行政系三年級學生）
　　　　——調查彰化市。
・鄭淑儀（中興大學行政系三年級學生）
　　　　——調查秀水鄉、員林鎮。
・許雅慧（中興大學行政系三年級學生）
　　　　——調查彰化市。
・林玉娟（中興大學行政系三年級學生）
　　　　——調查彰化市。
・陳儀妙（中興大學行政系三年級學生）
　　　　——調查員林鎮、彰化市。
・劉安茹（中興大學行政系三年級學生）
　　　　——調查彰化市。
・梁淑月（中興大學行政系三年級學生）
　　　　——調查花壇鄉。
・邱詩晴（中興大學行政系三年級學生）
　　　　——調查彰化市、田尾鄉。
・邱詩文（東吳大學政治系一年級學生）

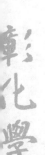

——調查和美鎮、彰化市、田尾鄉。

・林昌華（臺灣神學院研究生）

——調查員林鎮。

・張碩恩（臺灣神學院研究生）

——調查員林鎮。

・梁恩萍（臺灣神學院社會教育系學生）

——調查員林鎮、彰化市。

・徐雨村（臺大人類系學四年級生）

——調查員林鎮。

　　總計，前後兩階段參加彰化縣之曲館與武館的調查人員共三十八人。調查期間自一九九〇年四月起至一九九六年九月，前後共六年多。動員的時間、人力、物力均相當可觀，惟財力上卻是最節省的。研究經費的來源，前半段是用中研院民族所支援的個人研究經費，以及「王育德教授紀念研究獎」的少許補助，參與調查的學生幾乎是在無償的情況下工作，不像後半段因有彰化縣立文化中心之計畫的支持，而能有合理的工作酬勞。

第三節　撰寫與編排

　　所有的調查資料經初步整理之後，皆由我過目，修改文詞字句，再寄交有詳細住址的受訪者過目補正，但並非全部收到信函的受訪者皆會回函。以後半段的調查為例，迄一九九六年九月底為止，受訪者回函共收一一六封，其中有五十九封有修正意見。不過大部分的修正意見，只是人名或地名等錯別字的更正，對內容有大量修改意見的情形並不多。

　　除了根據回函補正之外，有些訪問初稿如果記錄不夠詳細，或彼此有矛盾的地方，或是覺得某些受訪者還可能提供更

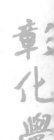

多的詳情，我常常以電話訪問的方式，再進一步和受訪者交談，以核對、釐清與獲取更多的資料。我常常反覆的看稿，順中文、抓疑點、補資料，特別是前半段的調查資料，費心尤多。無論前半段或後半段的調查資料，因在本書編纂的階段有彰化縣立文化中心之編纂經費的支持，編輯方面得到更多的協助，可讀性必會更高。不過，此書總的文責還是我應擔負的。

因為所有的調查採訪都是以台語進行，訪問稿難免國台語交雜，文詞不順，我雖然盡量更正，但還是覺得不夠好。前半段的調查資料承蒙莊永明先生幫忙修改潤飾中文，後半段的調查資料，王月美小姐亦曾協助修改潤飾，謹此致謝。

成書階段，最後的編纂工作主要是由張慧筑小姐、陳龍廷先生、馬上雲小姐、朱益宇先生協助完成，其中張慧筑小姐統籌行政事務、電腦初步排版及圖片篩選，陳龍廷先生負責文字編輯及索引，馬上雲小姐負責體例之統整及核對，朱益宇先生負責繪圖。邱彥貴先生、游維真小姐、蔡米虹小姐、王月美小姐協助校對，江惠英小姐協助版面設計，亦一併致謝。

本書各章節順序的安排，除了總論與最後一章資料分析之外，各鄉鎮之曲館與武館的調查資料皆各自編成一章。整個順序的安排大致是將彰化縣分成兩部分，一部分是沿海地區，一部分是靠山地區，兩個地區內的鄉鎮再依由北而南，自西向東的順序排出。在地理位置之外，當然也考慮了曲館與武館之文化生態接近與否的因素，以定出這兩個地區的界線。

在這本書裡，我盡量提供讀者認識自己鄉土文化的多重角度。要認識一個地方的文化，除了由民俗藝術的角度，及曲藝的類別，如北管、南管、四平、南唱北打（九甲）、歌仔陣、車鼓陣等，以及武藝的類別，如獅陣、龍陣、宋江陣之外，我更重視曲館、武館的組織對當地村庄的生活意義，意即：他們

是如何凝聚庄人對土地的感情？如何團結家鄉年輕人的向心力？在田野調查的過程中，我常發現庄廟與曲館、武館或陣頭都是當地重要的標誌。譬如人們口中的「溝頭車鼓陣」，竟然是車鼓陣這樣的戲曲類別與當地地名緊緊相連，甚至至今仍被視為溝頭那樣一個小庄頭的鮮明標幟。因此我們在曲館與武館名稱的安排上，以庄頭名稱為主，而且盡量以地圖標明其地理位置，希望讀者更深切體會到民間盛行的曲館、武館是由那樣的土地才能自由地綻放出文化花朵。

這本書不只是單純的田野報告書而已，我更希望它可以帶動更多人投入撰寫自己家鄉之社會史與文化史的神聖工作。因此，這本書附有索引，重要人名、地名與曲藝種類，讀者可以很方便的查到民間著名拳師，如阿善師，在人們口述中的各種不同形象。期盼這本書的誕生是鄉土文化得以永續經營的踏腳石。

本書得以順利完成出刊，要感謝彰化縣立文化中心的支持，計畫諸工作同仁的盡心協助，以及參與本書各個階段之審查工作的呂錘寬教授、李殿魁教授、張炫文教授、徐麗紗教授、許常惠教授，他們的寶貴意見已被盡量採納。也要感謝臺灣省文獻會慨允將原在《臺灣文獻》連載的〈彰化媽祖信仰圈內的曲館與武館〉中有關彰化縣的部分，蒐羅在本書內，重新編輯出版。

總的來說，彰化縣的地方父老熱誠提供資料與接受訪問，他們在曲藝傳承上的努力、心得與回憶，是促成這本書的最大貢獻者。本書雖由我主其事而總括其名，但我視它為團隊的調查研究成果，是我們這個學術團隊與彰化人共同書寫的地方社會的文化史紀錄。

寫於一九九七年六月

凡例

一、**年代**：一六八三～一八九四年，清朝統治臺灣階段，以
「清領時期」稱之；一八九五～一九四五年以「日
治時期」、「日治時代」或「日本時代」稱之；
一九四五年以後，逕以西元紀年。凡清領時期、日
治時期之年號（如清道光、日治昭和等），皆加附
西元紀年，如大正二年（1913）。

二、**慶典**：因書中多有與傳統社會宗教信仰、民俗活動相關之
資料，皆依農曆，相關慶典日期，如三月廿三「媽
祖生」，皆略去「夏曆」、「農曆」二字。

三、**稱謂**：正文所列之人名，皆省略「先生」、「女士」稱
謂，於文末放置採訪資料。每篇曲館或武館的訪問
資料中，首次提及之人物，盡可能表示其本名，若
有別名、外號，則於人物本名的（）補述，如楊坤
火（「火師」）。為方便閱讀，在訪問資料中，
凡遇以外號稱呼人物時，一律加「」，如「臭獻
先」。

四、**行文**：為方便閱讀，本文盡可能將採訪時的口語改為書面
用語，如「做土水」改為「泥水匠」，「牽電火」
改作「水電工」等。至於曲館、武館之專業用語，
則以「」方式保留原貌，並在其後以（）方式夾註
說明，如「點斷」（各時辰血流之過程）等。

五、**刪改**：由於受訪者所提供之資料，未必符合真實情況，故
使用（）方式夾註採訪者之按語。至若受訪者誤受
神魔小說影響，提供錯誤資料：如竹塘崁頭厝□樂
軒的受訪者，受《封神榜》影響，將「通天教主」

納入道教三清道祖之列，並稱其「較邪」，則直接刪除，不另說明。或有鼓勵以法術害人、怪力亂神現象之虞，如埤頭公頭仔振興館、牛稠仔振興館、新庄仔館魁軒，載有以符法打賭、害人之事，則保留其事，以資警惕。

六、館名：各鄉鎮之曲館或武館名稱，以聚落名、館號、技藝類別之順序標示。如鹿港之「北頭郭厝過雲齋（南管）」，即是「北頭郭厝」（聚落名）、「過雲齋」（館號）、南管（技藝類別）。至於非屬村庄性質之曲館與武館，皆列名於各鄉鎮資料之末，並於標題前方以＊註明。

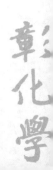

【目錄】 contents

第一章　芳苑鄉的曲館與武館

　　本鄉在彰化縣西南部，位於舊濁水溪、二林溪之下游段注海之處，西瀕臺灣海峽，地當濁水溪沖積扇之扇端地域。北接福興鄉，東接二林鎮，南鄰大城鄉。芳苑鄉名昔作「番仔挖」，因本地原有巴布薩平埔族居住，又有一條溪流彎折狀稱「挖」，故得名。清領道光年間（1821～1851）三林港淤塞，番仔挖代而興起，成爲附近之河吐口港而發展成港街，但至光緒年間（1875～1909）即開始淤塞。大正九年（1920）因一帶海岸沙丘，乃改稱「沙山庄」。戰後以當地曾有舉人洪算諒之宅邸「芳苑」，乃改稱芳苑。本鄉居民以泉籍爲主。

　　本鄉是爲彰化縣海岸最長的鄉鎮，闢有王功漁港，沿海漁業與養殖業，頗爲興盛，爲彰化縣最大漁鄉。本鄉面積約爲九十一平方公里，主要農作物有水稻、甘藷、甘蔗、蘆筍、落花生、蔬菜等。

　　番仔挖港口興盛時期，來此貿易的漁船多來自蚶江、澎湖，南管便藉此傳入，芳苑聚雅社至今已超過一百年，而芳苑唯一的北管曲館成樂軒亦有百餘年歷史。有的南管曲館從「洞館」分出九甲館，如聚雅社；有的則由車鼓陣轉爲歌仔戲團，如和興車鼓陣。

　　芳苑鄉的曲館目前所知共有十個。屬南管系統有三館：芳苑聚雅社、義芳社，及王功的天子門生（館名不詳）；屬北管

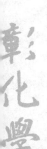

者爲芳苑成樂軒；屬車鼓及牛犁陣有二館：永興車鼓陣及頂廍仔和興牛犁車鼓陣；其餘四館爲北管與八音共存：路上厝景樂軒、永興八音團、芳苑村大鼓陣、後寮歌仔陣。

就成立時間來看，以成樂軒及聚雅社最早，在清領時期即已存在，至少有百餘年歷史。其中聚雅社是芳苑最早的南管曲館，因館員想演戲而成立九甲館，後又從「洞館」分出義芳社，如今聚雅社洞館及九甲館都已停止活動；而芳苑唯一的北管曲館成樂軒，也於一九七五年左右「散館」。在大正初年（1912）成立的曲館有二館：永興八音團及永興車鼓陣，八音團於一九七〇年左右「散館」，永興車鼓陣則在日治時代末期「散館」。王功的天子門生成立於日治大正後期至昭和前期（1919～1937）之間，現在已「散館」。

其餘五館都在戰後開館。和興牛犁車鼓陣、芳苑義芳社、後寮歌仔陣皆成立於一九五〇年代，景樂軒成立於一九七〇至八〇年間，而芳苑村大鼓陣則在一九九一年左右才成立。和興牛犁車鼓陣於一九六四年開始「走江湖」賣藥，一九六五年兼學歌仔戲，掛牌成立「和興少女歌劇團」。除義芳社外，其餘四館目前仍存在。雖然曲館種類眾多，有的甚且相互關連，但館與館之間的往來並不多。

在北管方面，成樂軒的前身爲新樂軒，最初成立年代已不可考，約於七十年前才改爲現名。在「先生」方面，除由該館成員傳授外，外聘的「教館先生」也不少，最後一位是職業亂彈班的女演員，爲唯一的「女先生」，之後便沒有請其他「先生」來教館，十九、二十年前正式「散館」。成樂軒在日治時期從未曾上棚演戲，只學排場，戰後有「先生」教「腳步」之後，才上棚演戲。

芳苑鄉目前所知的武館有十一館，外加草湖國中獅陣便有

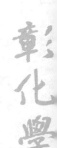

十二館。這十一館中包含四館勤習堂，三館振興館，振興社、學習堂、英義堂及不知名的武館各一館，除了路上厝振興社是宋江陣之外，其它都是獅陣。崙腳勤習堂、信義勤習堂、王功振興國術館及草湖國中獅陣成立於戰後，其餘都是日治或清領時期即成立的，而目前尚存七館。

路上厝宋江陣是本鄉唯一的宋江陣，係謝姓宗親祖傳，自明鄭時期就已鍛鍊武術，路上厝的謝清場在日治時期還到埔鹽角樹腳、埤頭小埔心、溪湖北勢尾及阿媽厝等地授武，他的徒弟也前往別處授武，目前所知，彰化縣的宋江陣除福興鄉秀厝師承雲林之外，其他大多源於路上厝的系統。這些宋江陣多以振興社為館號，有的兼有獅陣，人數少時就以獅陣的形式出陣，不過，路上厝振興社並沒有提到兼營獅陣。

至於本鄉的四館勤習堂，有三館源於埔心「做佛仔師」的系統，他們或直接受教於「做佛仔師」，或受教於「做佛仔師」的徒弟「金鼓串」及其他徒弟。只有信義勤習堂的師傅是二林挖仔人，不同於「做佛仔師」系統。

一九一二年之後成立的四館武館，只有信義勤習堂非職業性質，其餘如崙腳勤習堂、王功振興國術館，目前皆以職業性質出陣，王功振興國術館還在花壇的臺灣民俗村常駐表演。而草湖國中獅陣有武獅及醒獅二種型態，純屬比賽、表演性質，與地方廟會及村民之間的關係較不密切。在本縣採訪的資料裡，凡屬於學校組織的陣頭，大多與傳統陣頭的型態不太一樣，不再與地方組織那麼密切相關了。

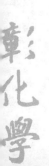

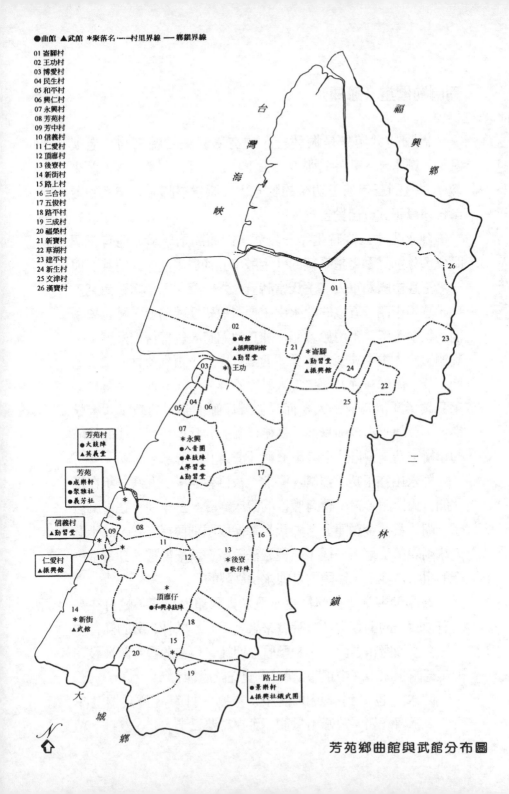

●曲館 ▲武館 *聚落名 ┈┈村里界線 ── 鄉鎮界線

01 崙腳村
02 王功村
03 博愛村
04 民生村
05 和平村
06 興仁村
07 永興村
08 芳苑村
09 芳中村
10 信義村
11 仁愛村
12 頂廊村
13 後寮村
14 新街村
15 路上村
16 三合村
17 五俊村
18 路平村
19 三成村
20 福榮村
21 新寶村
22 草湖村
23 建平村
24 新生村
25 文津村
26 漢寶村

芳苑鄉曲館與武館分布圖

崙腳勤習堂（獅陣）

崙腳的武館先是振興社，曾有嘉義東石鄉來的「老展師」、鄭水泳、「外省張」（張玉林）及「洪仔科」等武師來教，一直到三年前王功來的陳永山（原為崙腳人）來教勤習拳，才算正式分出勤習堂。

陳永山十二歲時生了一場病，因而開始學拳。他有三個師父，分別是勤習堂系統的「金鼓串」（吳串）、「清兵」與一名王姓中國籍軍人。王氏當時五、六十歲，隨部隊疏散到王功，時年十四、五歲的陳永山主要跟他學「藥路」，雖也學了他的軟拳，但並不用於教館。陳氏教館時，純粹傳授勤習拳。其淵源乃先由中國師傅傳到「西螺七崁」，再到員林傳給「七仙」及「做佛仔師」（這二人姓名不詳）。「七仙」在員林似乎只教了「清兵」一人，而「做佛仔師」到王功教了「金鼓串」，故陳永山自稱身兼「做佛仔師」的兵器技藝及「七仙」的拳術，乃是習自「金鼓串」與「清兵」的傳承。

陳永山在王功、崙腳、臺北、板橋教過，一九八一年在臺北開設國術館，對草藥有豐富的臨床經驗，三年前，在崙腳教了一團「童子金獅陣」。陳氏教拳採取個別傳授方式，故十個人學到的拳法都不一樣，這種教法較精、較學得透。勤習堂供奉的祖師是池王，獅頭則是陳永山糊製的。

崙腳勤習堂比振興社更常應私人聘請而出陣，較有往來的有頂廊仔的勤習堂（有時會來調人手）、二林北勢的勤習堂（三合醬油廠祖厝內）、犁頭厝振興社。現在勤習堂館址設在陳神德館主家中（中正路3號），也在該處練習。

陳永山也提到排場的程序：舞獅、打拳、舞兵器（單行）、牽陣（如「黃蜂出巢」，至少需要三十人）、雙打、結

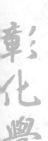

連環、舞獅。在舞獅時，可表演獅子咬球，由「獅鬼仔」（獅猴、獅旦）去逗弄樹下的睡獅，並用球、榕樹葉逗獅子。

—— 1995年8月17日訪問陳永山先生（49歲，武館師傅），蔡振家採訪記錄。

崙腳振興館（獅陣）

崙腳村共七鄰，主要姓氏為占了六成的陳姓，其次為林、洪、蕭三姓，陳姓祖籍福建永春。村廟名為崙德宮，主祀五府千歲，是受訪者陳煜托與另一位「炮仔」合建的，最少已有五十年歷史，目前正在重新翻建。

受訪者陳煜托從其父陳俄便開始學武，功夫很好，但並不清楚其師承。陳俄若健在，現齡約一百歲。本館當時是「暗館」的編制。

到了陳煜托這一輩，學的是太祖拳，師父是「水泳師」（若健在，約八十歲），斷斷續續教了三、四年，教遍全庄。

到了陳煜托的兒子陳崑源這一輩，學的則是少林拳，師父是張玉林。張玉林是中國來臺的「唐山師」，現年七十一歲，目前仍在溪州鄉開設國術館。張玉林來教時，陳崑源只有九歲，應是一九六二年左右時。張玉林在此教了八年，一切費用主要都由陳煜托負擔，「先生禮」一個月約五元、十元左右。成員有三十多人，要繳學費。當時仍是「暗館」，館址設在崙腳村中十巷七號，當年的「頭叫師仔」是二十九歲時當選鄉民代表的陳勇作。

除了「水泳師」、張玉林外，還有三、四位「先生」來教過，但都是短期的。此外，陳崑源還去外地跟其他「先生」

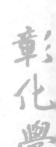

學過，例如曾去臺中學形意拳（主要練氣）。陳崑源自九歲開始練拳，前後共跟過八位「先生」，下的工夫很深，曾在一九七八年參加縣長杯國術錦標賽，因成績優異獲得表揚。

到了十五年前，崙腳又再度開館，名為振興館，請來的「先生」是振興館出身的洪媽科。洪媽科曾在別地教過許多館，來此教了二年獅陣。洪媽科享年六十歲，若健在，現約六十六歲。

在成立振興館之前，崙腳村內人事不和，甚至曾為了請「先生」而對簿公堂，此外，也曾因為經費匱乏，無法請「先生」來教。後來，為了促進地方和諧，陳崑源出面請地方上二位「頭人」出錢負擔館務費用，一位是曾任漁會理事的陳聰明，一位是陳錦祥。此外，陳崑源並請「先生」義務教學，

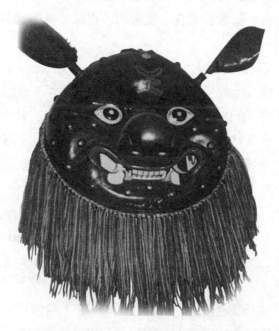

▲ 芳苑鄉崙腳振興館獅頭（陳龍廷攝）。

不收「先生禮」，但陳崑源將自己所有的資源全部讓給「先生」，如賣藥時不賣自己的藥，全部推銷師父的藥，作為補償。在此情況下，終於成立了振興館。

振興館活動時，館內有八十四個小孩在學武，學生不用繳學費。本館的館址設在陳文和家中，因他家中空間較大，且免費提供作為公用，但陳文和並非館主，因振興館未設館主，一切皆屬公有制度。本館的練武時間於每晚七點開始，小孩學到九點或九點半，成人則到十點、十一點。每當練武時間一到，便有人先去打鼓，大家一聽到鼓聲，就知道該去練武了。

振興館出獅陣時，聲勢非常浩大，一出陣便是一百四十人，除了八十四個小孩外，還有數十個成人，每次出陣都需三輛卡車。出陣屬於義務性質，卡車由庄人義務提供，來邀請的請主只需招待膳食，不過，光是吃飯，就得席開五桌，費用不小。

當年練武時用的「傢俬」，大概有一百多種，種類之多繁不勝數（現在「傢俬」仍置於陳文和家）。至於擔任後場的人員，也有一、二十人，包括大鑼三人（二人挑，一人打）、鼓由二人輪流打，推鼓二人，打鈸和小鑼的各一人。

目前振興館已停止活動，但又開設了勤習堂和金獅陣，其中金獅陣經營得有聲有色，曾在前年獲得全國冠軍，而且還延伸到草湖國中，負責人是陳文和，也是草湖國中家長會會長。至於當年在振興館習武的八十四個小孩，現在已長大成人，而且出了不少人才，有許多人當了警察、巡官、技術人員。其中，黃富財曾於五、六年前，到美國參加國際技能競賽，在六十五國的選手中勇奪冠軍。

目前，陳焜托已搬遷到二林，而陳崑源則搬至芳苑鄉三合村，開設中藥店，並進事接骨推拿。陳崑源自己雖在武術上花了許多工夫，目前對崙腳的武館仍非常熱心，但是他卻沒讓自

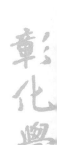

己的孩子學武，反而培養他們走讀書的路子。他的小孩現在都就讀教會辦的私立學校，並且讓他們學佛、打禪七。陳崑源認為學武對筋骨有所損傷，因此不希望他的小孩再重蹈覆轍。

—— 1995年8月4日訪問陳熄托先生（75歲，館員）、陳崑源先生（43歲，館員），王櫻芬採訪記錄。

王功曲館（太平歌）

　　王功是芳苑鄉早期發展的村庄，與芳苑先後曾於清領時期取代淤塞的鹿港，成為重要港口。王功包括王功、博愛、民生、和平、興仁等五村，主要姓氏是林姓，主要村廟為福海宮，主祀天上聖母（「大媽」），另一村廟為朝範宮（又稱「地王宮」），主祀天上聖母（「三媽」）及地藏王菩藏。

　　王功唯一的曲館是天子門生，亦即「歌館」（又稱「太平歌」），發起人是受訪者陳看的父親陳科。陳科若健在，應為一百零二歲（肖馬），陳科三、四十歲時發起本館，故本館歷史應已有六、七十年。陳看對本館的館名缺乏記憶，只記得有一塊寫有「盛世清音」的牌子。

　　陳科開設本館時，館址設於朝範宮。當初請鹿港的郭戶來此教館，郭氏不久前才過世，是芳苑村義芳社郭龍川的堂哥。到了陳看這一輩，則是由他父親陳科自己教曲。

　　陳科那一輩的成員，據陳看記憶所及，還有吳景拉二弦、吳連陣彈三弦、吳萬子唱曲、莊水敕唱曲、林清溪吹洞簫，陳科本人則負責琵琶和嗳仔。其中，林清溪曾任芳苑鄉長。此外，據芳苑村義芳社郭龍川事後補充，林清溪曾自香港買回林祥玉所編的《南管指譜》，借給北斗秀螺社，並抄成四本，後

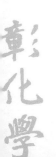

來義芳社又從北斗借來手抄。在當時南管指譜曲簿仍未廣泛印行之時，這樣的資料是非常難能可貴的。

至於陳看這一輩的成員，則有林清平（唱曲）、「宮仔」（姓林，彈琵琶）、林慶和（唱曲，在日治時代落海失蹤）、洪春喜及陳看本人（吹笛，後改吹洞簫）。當時共約十人左右，都是男性成員，目前還健在的，只剩下陳看和洪春喜二人。

本館因為是「歌館」，所學的不純粹是「洞館」的南管，也學車鼓。陳看記得其父以前有大約三本曲簿，裡面有一、二百首曲，有些是南管，有些是車鼓。可惜這些曲簿被「宮仔」拿走，便不知去向了，陳看記得自己還參加過車鼓演出，後場樂器有大廣弦、殼仔弦及嗳仔，前場則有演員穿著戲服，邊唱邊帶動作。

—— 1995年8月4日訪問陳看先生（77歲，館員），王櫻芬採訪記錄。

王功振興國術館（獅陣）

振興國術館原名「接興國術武道總館」，主要從事推拿、接骨，但出陣時為了要讓名號聽起來更雄壯威武，而使用「振興」作為館名，獅陣則名為「兩廣醒獅團」。

王功的振興國術館是由受訪者巫松軒的父親巫瑞意於一九六六年成立，但武館的起源則可追溯到巫瑞意的乾爹洪份。洪份是溪湖汴頭里振興館的武師，若還健在，約九十五歲。洪氏是溪湖人，但常來王功，也是傳授巫瑞意金獅陣和推拿的師父。一九六九年出生的巫松軒，則在四年前（時年二十多歲）接下此館，不但曾獲多項榮譽，也有新的發展。

　　振興館學太祖拳、金獅陣，供奉達摩祖師，並祭祀關聖帝君。本館有「獅鬼仔」，也藏有洪份留下的銅人簿和許多藥簿。獅頭原本是金獅（「合嘴獅」），館內還保留一個六、七年前做的獅頭，現在則用廣東獅（「開嘴獅」），因為現代人較喜歡看比較花俏的陣式。獅團現在每天晚上七點半至九點半，在巫家前面練習。

　　三年前，兩廣醒獅團開始受聘演出，演出的場合包括寺廟進香、工地秀、開幕等。每次出陣大約二十人，因為三十名成員中，以十四歲到十七歲的在學學生居多，只能輪流出陣。學員大多為草湖國中的中學生，也有二林工商、正德工商的學生。每次出陣，一人可分到一千元至一千五百元。一般而言，工地秀表演對外收取三萬八千元至四萬二千元的酬勞；寺廟進香則因所需時間較長，一出陣就是一整天，而以一天五萬元為行情。

　　除了受聘演出外，獅團在各項比賽中也都有很好的成績，一九九四年「中正盃獅藝錦標賽」獲得社會組亞軍；一九九五年一月「香港國際獅藝邀請賽」，在二十幾隊中獲得第八名；一九九五年七月去中國參加「廣東省增城城市掛綠盃國際龍獅大賽」，也在十六隊的激烈競爭中，獲得第五名。

　　今年三月起，獅團中包括巫松軒等十人，開始成為職業的獅隊成員。他們代表「鹿港天后宮獅藝隊」到臺灣民俗村駐團表演，每天表演二場（下午1:40～2:20；3:10～3:50），一星期除週末外，自己選擇一天休息。每人月薪二萬五千元，鹿港天后宮的贊助者「王萬進文教基金會」和臺灣民俗村各支付一半。這樣的薪資雖然不多，因為巫松軒還要負責拉車接送，但他希望改善一般人刻板印象中「舞獅會學壞」的觀念，並培養職業風氣，而不再是「出陣才賺錢，不出陣就賠錢」的情況。

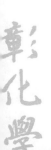
彰化學

巫松軒說，這十個人的家人原本也不同意，但現在也都能接受這是份正職的觀念，而且總比讓小孩出去學壞還好。至於表演內容方面，為了不使日復一日的演出落於形式化，他們希望每半年就能有所創新和突破。

—— 1995年8月5日訪問巫松軒先生（27歲，館主），王櫻芬採訪，趙菁欣整理記錄。

王功勤習堂（金獅陣）

　　勤習堂的成立年代，已無人能記得清了，只知道在大正十三年（1924）以前就存在了，發起人兼第一任館主林老井是當時的村長，若還健在，約一百多歲。

　　林老井從員林（後改制為埔心）瓦窯厝勤習堂請來第一代武師「做佛仔師」（姓張）。「做佛仔師」師承「唐山師」，教過很多武館，當時仍住在員林，每晚騎腳踏車來王功教武，非常辛苦，故早期出陣所收的紅包，全部交給師父。到了「做佛仔師」不教了，他們仍親自將紅包送到員林給「做佛仔師」。「做佛仔師」總共教了約十年，接著就由其子張金美來教了約四年六個月（「做佛仔師」育有金美、和美、水金三子，都在教武術）。其後則由在地人楊通、吳清水、吳串擔任武師，他們和張金美都是師兄弟，故算是第二代武師。受訪者楊憲章則為第三代武師，以前教的小孩，現在都已三十多歲。楊憲章出生於昭和二年（1927），於一九四七年（受訪者十九歲時）開始學武，在一九八五至八七年時，也曾在王功國小教過。

　　勤習堂傳承太祖拳和金獅陣，奉「太祖」為祖師，可能也有奉祀達摩祖師。上二代時，尚具備藥理知識，其後則未流

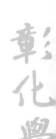

傳下來。以前用的「合嘴獅」獅頭是張金美製作的，現在和其他「傢俬」都已不存在了，似乎是被帶去臺北。當時購置「傢俬」的經費，是由學員合資添置，館主並未出錢，但「先生禮」則由前二任館主林老井、李春海負責。其後，本地出身的「先生」都沒有收錢，也沒有人接任館主，而漸漸成為「暗館」。

本館練習時間是每晚八時到十一時，共三個小時，曾在李春海家中練習過，日治時代因為警察會取締，只得四處流動，並找隱密處練武。

本館出陣為「神明生」、廟會慶典等熱鬧場合。以前會收取紅包，但現在若寺廟邀請，都不收紅包，偶爾廟裡會送菸代替，只有本館缺「傢俬」時，才會收取酬勞。

當被問到是否與其他武館「交陪」時，楊憲章笑說，以前的武館彼此像是有仇一般，平常各教各的，不打架就很好了，現在他們老一輩不教徒弟的，時常因出陣人手不夠，而互相支援。至於「拚館」的事，到楊憲章這一代已不再發生了。

── 1995年8月5日訪問楊憲章先生（69歲，武師），王櫻芬採訪，趙菁欣整理記錄。

永興曲館（八音）

永興村的八音團是由受訪者洪想（肖猴）的父親洪雪發起。洪雪若健在，年近一百一十歲，本館是他三十多歲時發起的，因此本館的成立，應是據今七、八十年前。洪想本人在十三歲時參加本館，到了他五十歲（1970年）左右，本館才「散館」，不再活動。如此推算起來，本館活動時間大約有

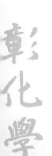

五十多年的時間。

　　本館當年並沒有特別請「先生」來教，但可能多少與本村的車鼓陣學了一些基本功，本村的車鼓陣往年極負盛名。當年的主要成員有洪雪及洪想父子（負責鈸、鑼）、洪開（洪想之弟，負責磬，現年五十歲左右）、林月堂（負責吹噯仔，若健在，約八十三、四歲）及洪紗（洪雪之弟，負責殼仔弦及大廣弦，若健在，約九十歲左右）。其中，林月堂原是永興村車鼓陣的噯仔手，因該陣師父去世後「散館」，才加入本館。林氏尚未加入本館之前，是由與洪雪年齡相近的黃在負責吹噯仔。

　　八音團出陣通常以喜事場合居多，如迎親、「神明生」、新年「鬧廳」等。提到迎親，洪想說，以前迎親要「鬧熱」四次，分別是訂婚、完聘（又稱納綵）、迎娶、歸寧，其中還有所謂的「分姐妹飯」。日治時代還有這些婚俗，但已逐漸消退，直到戰後便沒有了。此外，「放水燈」或較盛大的喪禮，也會請八音團出陣。永興八音團大多到庄外演出，洪想以前曾連續出陣一個星期，忙到沒時間回家。

　　當時出陣一次，大概可收入十幾元，一個人賺差不多一斗米就很好了，而當時一個播種師傅要很拚命才能一天賺一斗米，而且只有木匠、土木匠、播種師傅等，才有辦法賺這麼多。

　　洪氏說，他們當時演奏的曲目，包括【七句詩】、【三句半】、【萬年歡】等，也摻一些九甲的曲目，但沒有南管曲目。洪想說南、北管是「一點一挂」，含糊不得，八音、車鼓或九甲則沒有這麼嚴格。八音團現在已停止活動二十幾年，「傢俬」雖還放在洪想家中，也已成了小孩子們的玩具。

—— 1995年8月5日訪問洪想先生（76歲，館員），王櫻芬採訪
　　記錄。

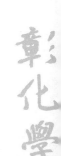

永興曲館（車鼓陣、牛犁陣）

永興村的車鼓陣以前很有名。負責人是「車鼓鈴」（林鈴），若健在，現年一百多歲。有沒有「先生」來教，受訪者並不清楚。洪想記得這個車鼓陣在自己二十幾歲時（即1940年代）還有活動，到了日治時代末期，就「散陣」了，前後活動時間最少有二、三十年。（採訪者案：若以「車鼓鈴」的年齡推算及其他芳苑人的說法，則此館的成立年代應更早，活動時間也更長）。

車鼓陣的人數較少。洪想記得有一支吹（噯仔）、二支弦、月琴、笛，還有五名車鼓旦。若演出牛犁陣時，還要有一人拿牛頭。

至於何時演車鼓？何時演牛犁？則視上棚與否而定。上戲棚時演「車鼓弄」，演員需穿戲服，有口白、唱曲，還有扭來扭去的動作，好看極了。當時，常有「拋彩籃」的噱頭，演員演到熱烈時，會將彩籃拋到觀眾群中，接到的觀眾就得支付紅包作為酬金。在平地演出則為牛犁陣，要加上一個牛頭。

以前永興的車鼓陣經常受外庄之邀，外出演出。演出場合包括迎親、「神明生」、送殯等「好歹事」。至於「上棚做」，大多在庄中的「鬧熱時」。

永興車鼓陣成員一律男扮女裝，但從外庄請來的車鼓陣則不盡然，例如頂廊仔的車鼓陣，就全為女性成員。

永興車鼓陣以前的噯仔手很出名。芳苑義芳社的郭龍川記得「臭煙仔」（諧音）的噯仔很出名。同是義芳社老成員洪萬慶也記得，以前永興車鼓陣的噯仔，在新娘出嫁時，吹出哭泣的聲音，令人聽了感到心酸而落淚。

但是，現在這些車鼓陣的老成員已全部過世了。

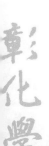

—— 1995年8月5日訪問洪想先生（76歲，八音團團員），王櫻芬採訪記錄。

永興學習堂（獅陣）

永興村又名溝仔垺，以前還分頂溝仔垺、下溝仔垺，現統稱永興。永興村共二十四鄰，約四百多戶人家，主要姓氏爲洪姓，其次爲林、陳二姓。本村的村廟是福興宮，奉祀媽祖。

永興學習堂獅陣當年極負盛名，受訪者洪苧是最後一任的館主，他的父親洪遠（若健在，約一百零三歲、肖蛇）是前任館主。至於該館創立於何時？則不得而知。

洪遠擔任館主時，請來的「先生」是鹿港人梁石，人稱「狗神師」，若健在，已一百多歲。「狗神師」的功夫出神入化，會「縮骨功」（把身體縮到竹簍中）。他在鹿港的「先生」是中國來的（姓名已佚）。「狗神師」教遍幾十個庄頭，包括大城鄉茷寮村、二林鎮土壟厝、埤頭鄉十三甲（最後教）及芳苑鄉的王功、芳苑（芳苑那館是「暗館」）。

學習堂繼「狗神師」之後的第二位「先生」，便是「狗神師」的高足林海亭（亭諧音，疑作停）。林氏是王功人，爲洪遠的師兄弟，但比洪遠年輕，若健在，應是九十三歲（屬兔），林氏侄女是洪苧的妻子。林海亭自二、三十歲開始教館，至逝世爲止，教了許多地方，除永興之外，還教過王功、萬興、草湖、五厝頭等地，其中，王功和草湖都有出獅陣。這些館雖是林海亭去授武，但洪苧經常替他教武。

洪苧擔任館主時，年僅二十多歲，練習場地在他家，「傢俬」也放在該處。當時成員有幾十人，出陣時總有個四、五十人。獅頭屬合嘴的「簐仔獅」，出陣時經常要由幾個人輪流替

換。扮「獅鬼仔」的也有好幾個人輪流。當時還在學武，練得較勤。一旦學會了，可以出陣之後，則是臨出陣前幾天，才召集人馬練習。館務經費則是由師兄弟們共同分攤，出陣收的紅包則交給「先生」。當時學習堂與其他同館號的館較有往來。林海亭死時，其他同館號的館員也都來弔唁。

洪苧當館主幾年之後，由於發生七七事變（1937年），臺灣進入戒嚴狀態，「傢俬」被日本人沒收，學習堂也就因而「散館」了。

—— 1995年8月5日訪問洪苧先生（81歲，館主），王櫻芬採訪記錄。

永興勤習堂（獅陣）

永興除學習堂，原來還有一間勤習堂。勤習堂在大正十年（1921）左右，請「做佛仔師」來教武，但後來因為某些因素，在昭和十六年（1941）時，改請林海亭來教。由於林海亭屬學習堂系統，與「做佛仔師」不同館號，因此使本館的身分有些曖昧不明。或許因為如此，受訪人林朝程不太願意多談，只是熱心地帶採訪者訪問王功的勤習堂及較晚成立的振興館。

—— 1995年8月5日訪問林朝程（79歲，本館館員，現任王功福海宮主任委員），王櫻芬採訪記錄。

芳苑成樂軒（北管）

〈訪問洪清爽先生部分〉

成樂軒的前身為新樂軒，成立年代已不可考，只知最少已有百餘年歷史，到了約七十年前，才改名成樂軒。成樂軒是芳苑唯一的北管曲館，曾經盛極一時。

受訪者洪清爽是成樂軒現存少數二、三位館員之一，現年八十歲，以前擔任該館頭手鼓、總綱。洪清爽的祖父洪宗然也是館員，若健在，現已一百四、五十歲。與洪宗然同輩的成員，還有一位洪道（洪朝宗的父親），人稱「道先」，是位「北管先生」。

較洪宗然晚一輩的成員有洪側、周老虎、洪等、洪文秀及蔡祐等人。洪側是洪清爽的父親，若健在，現年一百零六歲。他十幾歲時學習北管，曾向許多位「先生」學習，對北管有深入的接觸，擅演小旦。同輩的另一位成員蔡祐則是「北管先生」，而其父蔡文遠卻是極為出名的「南管先生」，任教於本村歷史悠久的南管社團聚雅社。

洪側跟隨過許多「先生」，包括本館上一輩的「道先」、西螺的湯房（「房先」）、鄒國良（「房先」的徒弟），以及永靖人「阿圓仔先」（姓蔣）。「阿圓仔先」來教時，洪側二十多歲，而洪清爽尚未出生，故已是八十多年前的事。當時還請過一位來自彰化鄉下的「阿城先」，此外，「木村先」及「裕階先」也都曾來教過，但年代不詳。

等到洪清爽十二歲時（昭和三年，1928），他開始跟隨祖父與父親的腳步，成為北管子弟。洪清爽的啟蒙老師是來自鹿港的「清先」（黃世清）。黃世清是道地的「北管先生」，專教後場，兼擅文武棚，非常飽學。與洪清爽同時學的，大概有二十幾人，包括陳聘等人，但現在還健在的，只剩下二、三人了。

「清先」斷斷續續地來教了好多館，除本庄外，「清先」還到沙鹿、鳳山、永靖以及北斗的「奏鈞天」教過。當年北斗

彰化學

「奏鈞天」館內有數十支大旗，每支都得由二、三人扛，旗上的刺繡都是「繡浮面的」，漂亮極了。以前曾任北斗鎮長的楊萬上便曾任該館館主。此外，洪清爽記得北斗還有一個北管曲館，叫作「新樂軒」（採訪者案：應為雅樂軒）。

「清先」不教成樂軒之後，不久就發生七七事變，開始禁止鼓樂，當時連「神明生」的外台戲也不准演出，因此，成樂軒只好停止活動。

戰後不久，成樂軒便又恢復活動，館員約有三十多人。復館後，先請「清先」來教了一館，當時「清先」同時也在沙鹿教曲。「清先」教了一館之後，便請沙鹿人「藤先」（詹藤）來接替。「藤先」是「南管底」的，專教後場。「藤先」教了一館之後，便請「惡人仔先」（葉美景）來教前場的「腳步」。葉美景來教了三、四年之後，又請「清先」來教了二館。「清先」之後，還請了一位林姓員林人「阿英仔」。「阿英仔」原來是西屯一個職業亂彈班的女演員，來教了一館之後，便沒有再請其他「先生」來教，這時已是三十七、八年前的事。此後，若逢需要出陣的場合，成樂軒仍有出陣。但到了十九、二十年前，則連出陣也完全停止，成樂軒自此可算是正式「散館」。

「清先」當年來教的第一齣戲是《晉陽宮》，但只學排場，並未上棚演戲，因這齣戲中有許多唱腔的段子，因而適合排場，「上棚做」則並不十分精彩。日治時代，「清先」還教過三、四個學生學《四郎探母》等「外江戲」，但學得並不完整。大抵來說，「清先」會的「外江戲」較少，因此教得也少。成樂軒在國民政府遷臺之前不曾上棚，上棚是戰後葉美景來教「腳步」之後的事，葉美景來教的第一齣戲是全本的《鬧西河》。除此之外，他們學過的戲齣還包括《巡北河》、關公

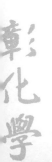

戲、《黃鶴樓》、《打春桃》、《藥茶記》、《鐵板記》、《走三關》、《長阪坡》、《天水關》、《水裡沙》、《金水橋》、《石頭記》、《玉環記》、《寶珠記》等。此外，牌子也學了很多。

當年成樂軒的子弟戲曾到豐原、二林、西螺、潭子等地演出。以往每逢上棚演戲，常向潭子的餘樂軒租借戲服。當時，餘樂軒是個「有錢館」，戲服非常齊全。除了餘樂軒之外，成樂軒與中部的許多館閣也常有往來，包括豐原、西螺的館閣，以及鹿港的玉琴軒、玉如意等。洪清爽本人常被這些友館請去幫忙，例如豐原集成軒「拚館」時，便曾找他去幫忙。至於成樂軒本身則不曾「拚館」，因為芳苑鄉只有成樂軒一個北管曲館，所以不曾有過軒、園「拚館」的情況。

洪清爽起初先學通鼓及響盞，響盞打得極好，還會「拾蕊」、「拾花」。後來因為原本擔任頭手鼓的洪枝年紀大了，搬到二林，無人擔綱，而洪清爽識字，便在周老虎的建議下，開始學打頭手鼓，擔任總綱。因為擔任總綱者，必須記得所有角色的念白及唱曲，因而無暇學習其他樂器。演戲時，他也經常扮演小花及大花。

目前，洪清爽家中仍保有幾本總綱，包括《紫台山》、《毛蟹記》、《燒窯》等，其中寫著「民國三十七年成樂軒」，仍保存相當完整。可惜有許多總綱已被師兄弟拿去抄而未歸還，例如豐原一位「頭叫師仔」拿了好幾本去抄，葉美景也拿走好幾本，因此大部分總綱都已散佚。此外，洪清爽家中也還保有當年的樂器，如殼仔弦、大鼓、鑼等，但因翻修房子，大鼓及大鑼都已置於屋外廢墟，甚為可惜。

有關成樂軒以前的經費來源，在洪清爽父親那一輩時，是由洪側、洪等、洪蚵、周老虎等四人輪流負責「先生」的膳

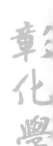

食，一人負責十日，至於「先生」的住宿，則是另租房子供「先生」住。到了洪清爽這一輩，則由十個股東負責，館員們也自由捐贈。若出陣有紅包收入，則交出作為「公金」。到了「公金」不夠支付「先生禮」，就由股東們分攤。葉美景來成樂軒教曲時，洪清爽本人便是股東之一。葉美景來此教曲的四年中，只拿「先生禮」，食宿全部自理，因為他的妻子當時也一起搬來同住。

目前成樂軒成員已所剩無幾，以前奉祀的西秦王爺，原置於鎮南宮（即四方公廟），但現在因翻修之故，移置於舊普天宮（但採訪者去舊普天宮，卻未找到）。問及洪清爽若現在看著總綱，是否還能演奏？洪氏笑著說，那麼多年沒有練，早就忘了。

成樂軒成員與「先生」年份對照表		
距今年代	成樂軒成員	外聘「曲館先生」
100年	洪宗然（洪清爽的祖父） 洪道（「北管先生」） 洪側（洪清爽之父） 洪等	未詳姓名 湯房＞鄒國良＞「阿圓仔先」（姓蔣）＞「阿城先」；另外，「木村先」、「裕階先」及本館的洪道也教過。
80～90年	洪蚵 洪文秀 周老虎 蔡祐（「北管先生」，其父蔡文遠為著名「南管先生」）	
70年	洪清爽（總綱） 陳聘	1937年之前：黃世清（教了數館） 戰後：黃世清（一館）＞詹藤（一館）＞葉美景（「惡人仔先」，約三、四年）＞黃世清（二館）＞「阿英仔」（一館）
37～38年	休館，但仍有出陣。	
19～20年	「散館」，不再出陣。	

〈訪問洪禎祥先生部分〉

　　洪禎祥現年七十四歲，其祖父洪文津（若健在，已百餘歲）、父親洪清澤（若健在，約九十五歲）都是成樂軒的北管子弟。洪文津當年是著名的小旦，據說能自己拉弦並演唱，聲音響亮，一直到新街，都還聽得到（案：新街位於芳苑以南約二公里）。

—— 1995年1月14日訪問洪清爽先生（80歲，總綱），8月6日再度訪問洪清爽先生，王櫻芬、黃幸華採訪，王櫻芬記錄；8月4日訪問洪禎祥先生（74歲，村人），王櫻芬採訪記錄。

芳苑聚雅社（南管）

　　芳苑共有五村，即芳榮、芳苑、芳中、仁愛、信義，日治時稱一堡、二堡、三堡等。這五村距離很近，並無明顯界線，而以舊普天宮附近的街區為其共同中心。舊普天宮為此地的公廟，內有一方匾額，上書「海國安瀾」，下款「咸豐九年」（1859），故最少已有近一百五十年的歷史。

　　芳苑以祖籍泉州府同安縣馬巷廳的洪姓最多，居民以農、漁業為生，不少從事蚵養殖業。進入工商社會之後，人口嚴重外流，許多芳苑人遷到臺北松山五分埔，從事成衣加工業，遷至二林、北斗者，也為數頗多。

　　聚雅社是芳苑最早的南管曲館。據說，自芳苑開港以來，就有南管；而自芳苑有南管時，就有聚雅社了。此係因芳苑仍為清朝重要港口時，來此貿易的漁船大多來自蚶江、澎湖，而這些船員幾乎每個人都會南管。由於船員上岸後，往往要等

一、二個月才能再度出航，南管自然而然便傳入了芳苑。

聚雅社的成立年代雖已不可考，但清領時期已存在，應毫無疑問。受訪者之一的聚雅社成員郭龍川說，聚雅社以前有一支老琵琶壞了，送修時，發現裡面的製作方式與臺灣的作法不同，應是早年自中國傳來，製作方式相當粗糙，已有百年以上的歷史。

聚雅社的成員和「南管先生」，目前仍可追憶的，可上溯到蔡文遠和「洪文宏」（諧音）那一輩。蔡文遠是出名的「南管先生」，人稱「蔡文遠，三十六套指任你選」，表示他「指譜全」，精通三十六套指。「洪文宏」也是「南管先生」，若健在，應已一百四、五十歲。他們二位都是本庄人，可見當時已過了泉州、澎湖人來此傳授南管的階段，已培養出本地的「南管先生」。

比蔡文遠、洪文宏低一輩的館員，包括洪皆得、洪初、洪瑞、洪五雪及郭評。洪皆得是信義村人，擅長二弦、琵琶，尤以二弦為佳。洪初擅琵琶，與洪皆得二人皆曾在聚雅社傳授曲藝，但未正式開館。洪瑞是芳榮村人，擅洞簫。郭評是郭龍川之父，若健在，現年一百零二歲，三十歲左右曾登台演過梨園戲，飾演旦角，由此推測，聚雅社在七十年前左右，曾有梨園戲的活動。

再下去一輩的成員有洪萬協、紀達及洪火炎等人，其中，洪萬協學成出師，成了正式的「南管先生」。洪萬協是信義村人（若健在，現年一百零二歲），曾跟過三、四位「先生」學習南管，最早的一位是本館的「洪文宏」，後來也曾隨洪皆得學曲。

再次一輩的成員則有洪本（人稱「願仔」）、洪有路（信義村人，以捕魚為生）、洪榮等人。洪本今年七十八歲，師承

洪初，主擅三弦。洪榮也是「初先」的學生。洪有路則是「萬協先」的學生，師徒都是同村的人。

不過，據洪萬協之子洪明衛（人稱「水對」）所述，「萬協先」二十幾歲時，開始學南管，三十餘歲時，曾在聚雅社正式開館。

「萬協先」四十歲時，被二林東南邊漏瑤庄（今復豐里）的一位富豪地主曾清河（河字諧音，疑作和）請去擔任家庭教師，教曾清河及其友人學習南管。因為當時的藝妲大多會唱南管之故，前後教了三年多。曾清河經常坐著私人轎車，帶著「萬協先」四處「拜館」，目的其實是要試試「萬協先」的曲藝高下如何。「萬協先」在這三年多中，隨著曾清河跑遍全臺各地館閣，不但增廣見聞，也提昇了他的南管造詣。曾氏甚至還曾提議要帶「萬協先」遠赴香港、廈門「拜館」，可惜「萬協先」患有氣喘，體力無法負荷。不過，曾清河曾經從香港帶回一本曲簿，倒是對「萬協先」的南管造詣產生重大影響。這本曲簿雖不知由何人編纂，但顯然帶有「骨法」（除了唱詞外，還注有工尺譜及琵琶指法），與以往手抄本不同。「萬協先」由這份曲簿得到骨法後，琵琶造詣大進，對於掄、點、挑等指法都有講究，為他人所不及。

「萬協先」離開曾家後，又去二林街內傳授南管，共教了六、七個月後，才回到芳苑。

「萬協先」回到芳苑之後，聚雅社又正式開館，請「萬協先」來教。這次開館是由許漁行（漁行名號）發起，由洪公超（一作洪抄）擔任館主，館址設在漁行店舖樓上，位於芳中村，在芳中街、中平路交叉口。據說洪公超是財主，在二林經營榨油工廠。

這次開館，「萬協先」共教了二館，學生包括郭龍川（只

學一館）、洪囝（一作陳囝）、洪鈴（人稱「大頭鈴」）、黃正宗及洪綁（「瘸手綁仔」）。

過了不久，洪公超在信義村家中另起一個九甲館，請王萬福來教九甲仔，用的也是聚雅社的館名，如此一來，聚雅社便同時有「洞館」與九甲館，前者位於芳中村，後者位於信義村。不久之後，一些「洞館子弟」開始在外面另找地點聚會練習，後來終因與館內意見不合，這些「洞館子弟」便於1951年左右，另外正式成立一館，取名義芳社，而聚雅社「洞館」部分的館員所剩無幾，後來逐漸停止活動，而聚雅社只剩下信義村的九甲館。

當年聚雅社的老館員洪本說，當初沒錢購買樂器，一開始先用月琴代替三弦，後來又自己製作三弦和二弦。義芳社的洪萬慶也補充，以前要學琵琶很困難。當時弦很貴，都是用細黃的弦，使用不久就斷了。

洪本說，當時「皆得先」教得非常仔細，任何細節絕不輕易放過，故學生進度很慢。「萬協先」則教得較快，一個曲子練過二三遍，大致可以了便教新曲，所以進度較快。聚雅社教曲的一貫傳統，便是多教大曲（上撩曲，如三撩曲和七撩曲），如【倍工】、【北調】等，不論「皆得先」、「初先」、「萬協先」皆是如此，而這個傳統也一直延續到義芳社。這些大曲現在已很少人會演唱，而大多數的南管館閣也只是教些簡單易學的短曲。

可惜的是，「萬協先」以前的曲簿已不知去向，只知道他以前常帶到聚雅社的曲簿有三本，一本小的，二本大的，是洪氏自己手抄的，裡面部分曲子帶有「骨法」。

—— 1995年1月15日訪問洪萬慶先生（70歲，義芳社成員、南

管先生），王櫻芬、黃幸華採訪；8月3日訪問郭龍川先生
（68歲，聚雅社及義芳社成員）、8月6日訪問洪明衛先
生（81歲，洪萬協之子）、洪本先生（78歲，聚雅社成
員）、郭龍川先生、洪萬慶先生，王櫻芬採訪記錄。

芳苑聚雅社（九甲）

　　芳苑的聚雅社原本是南管「洞館」，約五十年前，見本庄
的北管團也在演戲，故想學九甲仔，演了三年之後，許多人因
要經商而離去，從此不再活動。

　　九甲仔的曲師是王萬福，來教的二、三年間，約十個十四
歲左右的農家男孩學了《陳杏元和番》、《八美圖》等戲，
「先生禮」主要是由館主及大人合資，聚雅社學九甲之後，歷
任館主爲洪公超（若健在，現約百歲，未學曲）、郭月梨（若
健在，約百歲，弦仔）、洪火炎（若健在，約百歲，弦仔、鑼
鼓）等，他們這些老一輩的成員有十來個，都擔任後場。學前
場的都跟受訪者同輩，如郭龍羅（小生）、王連經（小生）、
陳囡（老生）等，練習的地點在洪公超家門口的廣場，利用晚
上八點至十一點的時間練習。曾在主祀媽祖的普天宮演過二
次，分別是「媽祖生」及七月「放水燈」時。在主祀五年王爺
的大眾廟演過一次，時間爲五月廿七日。

　　本館用過的樂器如殼仔弦、大廣弦、噯仔、大鑼、鈔（深
仔）、鼓等，也留下幾本曲簿，放在洪春（人稱「賣茶春」）
處。戲服當初都用租的，沒有購買。本館也沒有奉祀任何祖師。

　　本庄以祖籍泉州的洪姓居多，約占七成。

—— 1995年8月18日電話訪問洪添發先生（63歲，館員），蔡

振家採訪記錄。

芳苑義芳社（南管、九甲）

　　義芳社是由芳苑的「洞館」館閣聚雅社分出來的，時間在一九五一年左右。當時，聚雅社的館主洪公超在信義村家中另起一個九甲館，學演九甲仔，原有的「洞館」則仍設在芳中村。不久之後，一些「洞館子弟」出去另找地點聚會，由洪皆得傳授。後因各種原因，決議另外成立一館，取名義芳社，地點設在芳樂街，就在普天宮旁邊。剛開始請「萬協先」（洪萬協）正式開館，教了二館左右。

　　後來停止活動一段時間後，又計畫開館，由幾位館員商量，決議選出四位輪流教館，一人教一個月，完全義務教學。因郭龍川原本晚上在私塾教漢文，遂由他第一個教，他有許多學生，因此一開館，正逢暑假，馬上就有二、三十個小孩來學。第二個月換了老師，由洪再鎮教曲，結果學生全部跑光，故館員決議請郭龍川教完一館（四個月），當時的學生之一是楊慶隆。此後未再正式開館，但館員仍持續活動，達五年左右。後來，由於人口外流嚴重，如郭龍川遷居臺北，洪萬慶到二林設館（名為新義芳社），故義芳社便因而「散館」。

　　二十幾年前，在舊館員的倡議之下，決定再度開館，請北斗秀螺社的館員「武松」（姓氏不詳）來教曲，但參加者大多為舊館員，新加入的學生則有洪允成等人，但教不到一個月，就停止了。只有老館員洪壽春遇到有出陣機會時，便召集一些舊館員，一起出陣賺錢，並曾由洪江懷出資幫忙購置樂器、服裝等。後來，設在洪清爽家中的老人會，也曾添購整棚的南管樂器。洪壽春還未過世前，時常由洪壽春彈琵琶，「願

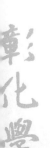

仔」（洪本，現年七十八歲）唱曲。此外，現在的新普天宮也有南管樂器，是當年洪江懷與洪壽春私下學曲的時候買的，現在置於新普天宮，可供閒時同樂。義芳社並沒有留下曲譜，但是「願仔」曾拿過自己的曲子給洪允成，洪允成找人抄寫並裝訂成一冊，封面寫著《閩南清曲》，郭龍川記得裡面大概有十幾首曲子，包括〈恨冤家〉、〈不良心意〉、〈冬天寒〉（屬【短滾】）。

一九九四年，郭龍川與洪萬慶二人在芳苑國小校長洪燕翼的邀請下，到芳苑國小傳授南管持續至今，並曾數次參加全縣的發表會。為了芳苑國小的教學，郭龍川每星期往返臺北、芳苑二地，為服務鄉梓及傳續南管而不辭奔波，精神的確感人。

以前義芳社的經費來源，是由十人集資，另外村民也有捐贈，出陣的紅包作為「公金」，不夠的部分，則由股東們分擔。若是館員或是有捐贈的村民來邀請出陣，該館免費出陣，否則就要收取紅包。出陣的場合包括「好歹事」，每年普天宮的「媽祖生」也都要出陣，但只是晚上在廟中排場，並未踩街。

有關「祀先賢」的程序，義芳社係沿襲聚雅社的作法，並非各地的南管館閣都是如此。喪事出陣時，必須先祀先賢，一開始先奏【叩皇天】，邊演奏邊行進，走到靈前後，再唱〈三奠酒〉，唱「初奠酒，獻先靈」後，禮生上前奠祭第一杯酒，唱再奠酒、三奠酒時亦然，祀完先賢之後，邊奏【雙清】（應是譜套《三台令》的末節【正雙清】），之後便開始「逐庄」，陣頭尾隨於靈車後，逐過庄內主要街道，送至庄外方結束。南管的陣頭因音量小，通常排在陣頭的最後，以免被鑼鼓聲掩蓋，後來據說也有裝上麥克風擴音。「逐庄」途中除演奏指、譜之外，也會唱曲，邊走邊唱，唱的都是較悲哀的曲子，

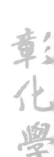

如〈重台別〉、〈嶺路崎斜〉等。演奏指、譜時，也曾加上、下四管，作爲十音會奏，原本還應有噯仔，但因本館無人會吹，要用時必須從北斗請人手來幫忙。

凡有本館或秀螺社館員的父母或館員本人過世，都會互相調度人手，幫忙出陣。如郭龍川雖遷居臺北多年，仍曾經被調回芳苑或北斗幫忙。據說北斗秀螺社早期便是芳苑人（姓顏）去傳授的，其侄顏明宗與「願仔」同輩，曾回來芳苑教他們學看「骨法」（即南管的工尺譜），教的曲子記得有〈望明月〉、〈百鳥圖〉、〈輕輕行〉、〈懶繡停針〉等。顏明宗現在仍健在，居於北斗，但身體狀況不佳。

—— 1995年8月3日訪問郭龍川先生（67歲，義芳社成員），王櫻芬採訪記錄。1996年7月12日電話補訪，王櫻芬採訪記錄。

芳苑村曲館（大鼓陣）

普天宮是芳苑最主要的村廟，此大鼓陣附屬於普天宮，是近幾年才成立的，成員約三、四人，分別擔任鑼、鼓、鈔等樂器。負責人是洪媽想及洪清椊。這個大鼓陣是半職業性質，若爲媽祖廟出陣，屬於義務性質，但若是外面來邀請，則要收取酬勞。

—— 1995年8月4日訪問郭龍川先生（68歲，聚雅社、義芳社成員），王櫻芬採訪記錄。

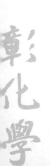

芳苑村英義堂（獅陣）

芳苑分為芳榮、芳苑、仁愛、芳中、信義等五村。芳苑村共十四鄰、居民約幾百戶，主要姓氏為祖籍泉州府同安縣馬巷廳的洪姓，居民主要以漁業為生，目前人口外移嚴重，留在村內的人家，不少以採蚵為業。

英義堂是芳苑村的獅陣，所用的獅頭接近「篏仔獅」，是「合嘴獅」的一種。芳苑村英義堂成立於日治時代，距今約六十五年前，亦即二位受訪者之一的洪萬請（現年八十五歲）約十八、九歲時。當時是本館首次開館，發起人為林蚶目（現年九十多歲，已遷居本鄉文津村）。當時請的「先生」黃湖（應是黃龍湖），出身自草屯英義堂，來芳苑英義堂只教了一館「暗館」，歷時四個月後便休館。黃湖教的是白鶴拳，除了草屯和芳苑之外，他曾在二林英義堂教過一館，也是「暗館」。

休館了十五年後，第二次開館是在距今約五十年前，亦即另一位受訪者康來信（現年七十三歲，原是永興村人，在芳苑村長大，已遷居二林鎮多年）二十三歲時，第二次開館請的「先生」，是首任「先生」黃湖的徒弟草屯人「阿城師」（姓氏不詳）。另外還請了一位人稱「尚仔」的草屯「先生」。當時第二次開館的發起人是洪才良（已逝）。這次開館，只教了二館，便又休館。

第一次和第二次開館之間，休館了十五年，是因請「先生」的開銷很大，不但要供應食宿，還要「先生禮」，必需要有錢人出來主持，才有辦法支付，而漁民一般都較窮困，無法負擔，因此便未持續設館。

當年於每晚八點集合開始練習，至十一點解散。第一代學員是在首任館主林蚶目家練習，第二代則是在第二任館主洪才

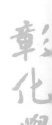

良家練習。練習完通常要準備點心給「先生」吃。此外，平常對「先生」也很尊重，要替他煮茶、搧扇。「先生」的膳宿及「館金」主要由館主負責，其他團員也多少捐贈一些，貧窮者則免此負擔。至於「公金」則由股東共同負擔。

至於出陣的場合，大多為「神明生」、「雕金身」、遶境等廟會。若是本村的活動，皆為義務性質；若是別村來邀請，則大多會支付紅包。紅包在休館時期作為「公金」，開館期間則交給師父。本村的主廟是普天宮，此外還有其他村廟，如五年千歲廟、大眾爺廟及李大仙廟。這些廟「鬧熱」時，本館都會出陣幫忙。當時成員有四、五十人，出陣時，則大多動用三十幾人。

約在十五、六年前，他們有第三次的活動，但這次並未請「先生」來，而是由他們這些早期的館員自己教武，當時約三、四十名子弟來學。如今，英義堂雖沒有經常性的活動，但遇到需出陣時，仍能湊足人數出陣。目前本館的「傢俬」及獅頭仍在，置於芳苑村劉能才家中（以前的館址在光明路上）。「傢俬」種類很多，包括大刀、雙刀、雙鐧、華光寶刀等。獅頭是洪才良當館主時製作。至於銅人簿、藥簿則已被以前的館主帶走，此外並沒有拳譜。本館奉祀的祖師包括白鶴童子、華光祖師、達摩祖師等數位。

—— 1995年8月3日訪問洪萬請先生（85歲，館員）、康來信先生（73歲，館員），王櫻芬採訪記錄。

信義村勤習堂（金獅陣）

信義村的獅陣是因為十多年前，有一尊媽祖的神像重新修

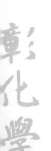

復，要迎回奉祀，村長洪教想由村中邀請一個武師黃長和，便出錢請他來「牽陣」，當時約有二十餘人學武，現在只剩下一些七十歲左右的老人擔任後場，其他人都遷居外地了。今年本村「迎媽祖」時，有感於獅陣缺人手，又請黃長和教劉下歷（五十多歲），從五月學到現在，可以持獅尾，獅頭由黃長和自己扛，加上後場三、四個人手，這些就是信義村獅陣的成員。

黃長和夫婦原為二林挖仔人，因十二年前從事營造業失敗，兒子遷至溪湖，夫妻則搬來芳苑。黃長和的拳術是其祖父傳下來的，戰後初期，在二林挖仔設有「暗館」，傳授白鶴拳，二十年前，挖仔的金獅陣成立之後；去教了一些孩童，十二年前，教芳苑路上村頂廊仔，再去二林西斗、二林國中教武。平常與二林外竹的金獅陣較有往來，漢寶、崙腳曾有人來買黃長和糊的獅頭，為模製輕型的。

—— 1995年8月17日訪問黃長和先生（71歲，館主），蔡振家採訪記錄。

仁愛村振興館（獅陣）

據芳苑村英義堂的早期館員洪萬請、康來信所知，芳苑以前另有一武館振興館，位於仁愛村，館址是在洪江懷（四十多歲，是新普天宮的副主任委員）的家中，當時洪江懷尚年幼（或許還沒出生）。該館有好幾位「先生」，包括中國來的「先生」，但只設一館而已，「洪允側」（諧音）則是該館的「頭叫師仔」。

—— 1995年8月3日訪問洪萬請先生（85歲，鄰館武師）、康來

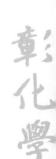

信先生（73歲，鄰館武師），王櫻芬採訪記錄。

頂廊仔和興牛犁陣、車鼓陣

四十多年之前，頂廊仔有一位「洪棌蔡」（諧音），開始在村中教車鼓及「牛犁仔」，館號「和興」。當時這位曲師已七十歲，同時也是創館館主，享壽八十三歲高齡，他八十歲時，還能參加迎神的陣頭。

學車鼓、牛犁陣的，前後有三輩的人。頭一輩有六人，現約六十歲；第二輩較少，僅三、四人跟著前輩學，磨經驗；第三輩即受訪者洪文旺等，有五、六人，總計教了四、五年。這些成員都是男性。

「車鼓弄」的表演，前場有二丑二旦，有時再加上一個老婆婆，都按照「十二月懷胎、跪某、病囝」的關目搬演。牛犁陣則需要更多的人，有二旦、三丑、老婆婆及一頭牛。演「老蒼蒼、跪某」等。後場樂器有鼓、鑼、鈔（深仔）、殼仔弦、大廣弦、噯仔等。

在三月「迎媽祖」遶境時，或村廟武龍宮八月十日吳府千歲聖誕時，牛犁陣也會跟陣頭行走，到了晚上入廟，約八點就要上台演戲。此時除了「車鼓弄」、「牛犁仔歌」等「雜念仔歌」外，也表演南管、水車歌等。車鼓陣唱的南管速度，較一般南管的「洞館」快，本館學過〈刈斷三更〉、〈牽君手紗〉、〈相思梧桐〉等，有抄曲簿，但已亡佚了。其他車鼓、牛犁歌都是口傳的，沒有傳抄下來。演車鼓的戲服是由公家出錢，並由館主去買。第二任館主當時也曾跟路上厝謝寬旭那一團一起出陣。

在三十一年前，和興牛犁陣開始以此賣藥、「走江湖」，

次年更兼學歌仔戲，掛牌成立「和興少女歌劇團」，走向純粹的職業劇團，此時多爲女性團員加入，男團員皆轉任後場。

學歌仔的，有受訪者之妹洪秀枝（現年近四十歲）等，及路上厝、新街、三塊厝一些女孩子，學會之後就嫁作人婦，有些則轉爲職業演員。

歌仔戲的演員可以互相借調，故本館與西螺、溪湖、和美等地的劇團較有來往，而牛犁陣因二陣之間難以配合，不能互調人手。

本館學車鼓、牛犁陣時，沒有拜祖師，到了學歌仔戲時，才奉祀田都元帥。

—— 1995年8月18日電話訪問洪文旺先生（56歲，和興少女歌劇團團主），蔡振家採訪記錄。

後寮曲館（歌仔陣）

本庄村廟爲龍鳳宮，奉祀的神明包括玄天上帝、廣澤尊王、中壇元帥等，故祭典以三月、八月、九月爲主，尤其是廣澤尊王誕辰（八月廿二日），會固定出陣。

後寮的歌仔陣沒有館址及名稱，創立於一九五五年，當時有一些五十多歲的老人，曾經學過歌仔，但成員日漸凋零，便想號召年輕人來學，一年之間，斷斷續續學了三館，「先生」洪再傳師承謝五柳，爲三合村過坤人，有戲班經驗，前後場都會，來教曲時四十五、六歲，享壽六十多歲。

當初老一輩的成員學過《張文貴》等戲，受訪者這一輩只學了一齣《張世賢》，除了沒有「踏腳步」之外，戲的形式跟台上搬演的一樣。當時約有十五人學曲，平均年齡十五、六

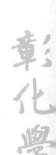

歲,皆爲農家男孩子。主要成員有「青河」(鼓,現年五十五歲)、童平助(殼仔弦,若健在,約五十五歲)、黃永寬(大廣弦、笛、旦,現年五十六歲,受訪者)、郭聯邦(小生)、童義月(小旦)、江敏雄(丑、響盞)、郭昆崙(丑、響盞)。他們沒有學身段,也從未妝扮演過戲。

村中若有結婚、「拜天公」,都會跟八音團去「鬥鬧熱」。「迎神明」時也常出陣,包括外庄朋友邀請的。本陣出陣全屬義務性質,但「先生」過世後,就沒有出陣了。

本館當初都利用晚上練習,由七、八點練到十一、十二點,輪流在團員家練習,故沒有所謂的館址及館主。點心也是由大家輪流煮,多爲米粉、麵條等。「先生禮」由學員分攤,總計萬餘元。

本館的歌仔簿有二、三本,但現在已佚失了。

—— 1995年8月19日訪問黃永寬先生(56歲,館員),蔡振家採訪記錄。

新街武館(獅陣)

新街沒有正式的武館,只是約六十年前,村中爲了迎神「鬧熱」,請武師來「牽陣」,只舞獅頭,未眞正教館,也沒有學拳,持續約十年後,就不再活動了。受訪者二十多歲開始學獅頭,許多事並不清楚,只知道武師叫「蔡仔」(時年四十多歲),其他成員都已亡故。

—— 1995年8月18日電話訪問洪全坤先生(85歲,館員),蔡振家採訪記錄。

路上厝景樂軒（北管、八音）

〈訪問謝寬旭先生部分〉

　　路上厝位於芳苑西南部，庄中約有一千多戶人家，主要的姓氏是祖籍福建同安縣馬巷廳的謝姓，來臺至今已經有十五世了。此地居民多從事農業或是當司機，人口較無外流的現象。村口有一座小廟，廟前有一個康樂台，供各式表演之用，村子另一側還有一座觀音亭。村中唯一的學校路上國小，校舍整理得十分整潔，每年級有一班，每班都只有個位數的學生，而老師則多達十餘人。校方為推廣民俗藝術，特別安排學生於週三、週六，分別學習八音和宋江陣。

　　路上厝的景樂軒是十多年前（1970年代），由在地人謝五柳召集成員而設館，奉祀西秦王爺。謝五柳今年已經八、九十歲了，年輕時候跟隨「碧珠歌仔戲團」到處演出，從內台後場演到外台前場，對於唱、彈、吹、打都在行，尤其是吹奏嗩吶，更為拿手。謝氏在歌仔戲團時，以北管的音樂旋律為戲編曲，而後四處傳授八音、北管，一直到年歲大了，把歌仔戲團的工作交給其子，才回到路上厝，召集了七、八人，成立景樂軒。

　　景樂軒初成立時，成員中只有目前在路上國小教曲的受訪者謝寬旭，是從國小畢業就向謝五柳學曲，其餘都是初學者。謝寬旭本身學拉殼仔弦和嗩吶，因嗓音不好，並沒有學唱曲。當時由於沒有曲譜，都由師傅以口傳心授的方式教導，扮仙戲包括《三仙會》、《三仙》，南管曲包括〈三千兩金〉、〈秋天梧桐〉以及【番竹馬】、【百家春】、【朝天子】、【水底魚】、【妝台秋思】等曲牌，至於北管曲牌【緊中慢】、【平板】、【流水】、【西皮】等，也都有學習，甚至還有〈王昭

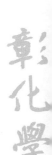

君〉等歌曲。當時團體練習都在謝五柳家或是謝寬旭家進行，採不定期練習的方式，樂器則存放在「先生」家。至於曲簿，謝寬旭自己收藏了一本弦譜集錦。

只要庄內有「好歹事」需要景樂軒出陣，團員就會演出，演出八音或是北管，全憑個別需要，八音是小編制，只要有銅鐘、嗩吶及二、三支弦樂器即可；北管則再加上鼓以及唱曲。以前出陣時，常會和員林的雷震天以及雲林的吳天羅對陣。謝寬旭提到一首過場譜〈算帳譜〉，是本庄首創，曲譜的內容是大禹治水時的預算編列，全曲的特色及趣味在於喊價的數字羅列，最後言明七三分帳。如果對陣時，別的曲館出難題，景樂軒一定以此曲回敬，請他們演奏這首獨門的〈算帳譜〉，給予一番顏色。

〈訪問謝五柳先生部分〉

謝五柳祖籍為泉州府晉江縣馬巷廳十二都後寮鄉井頭堡，生於大正元年（1912），現年八十七歲，二十歲時參加九甲班，二十五歲在景樂軒學北管子弟戲的文武場，學了二、三年。學成之後，參加職業戲班，曾教過後寮村、二林漏瑤庄等四十幾處的子弟館，從國民政府遷臺（1949年）之前，一直教到四十歲，才開始組織戲班，做內台巡演。謝氏自己就擁有一、二十個戲班，每個戲班成員有二十幾人，直到五十五歲，才演出「民戲」（外台戲）類型的「平安戲」。一直到七十歲，方由兒子接手經營。

日治時期，路上厝景樂軒已存在，以前在庄人「義和」家練習，「先生」為「任先」（諧音，姓洪），是外地請來的，共教了三年，之後便「散館」了。四年前，才又復館，由謝五柳傳授，大約有十人來學（包括謝寬旭等），學的內容則包括

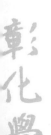

北管、九甲都有。

　　謝五柳在受訪時，當場自拉自唱，表演了一段北管唱腔，也念了一段四句聯。

　　謝五柳說，以前路上厝有牛犁陣，還上過電台，可惜那些女孩都已出嫁。另外，頂廊也有車鼓陣。

—— 1995年1月15日訪問謝寬旭先生（56歲，曲師），王櫻芬採訪，黃幸華整理記錄；8月4日訪問謝五柳先生（87歲，曲館先生），王櫻芬採訪記錄。

路上厝振興社鐵武團（宋江陣）

〈訪問謝寬旭先生部分〉

　　路上厝的宋江陣在芳苑很有名，乃是祖籍泉州同安縣馬巷廳的謝姓宗族祖傳，以「振興社鐵武團」為館號。謝姓先祖隨鄭成功來臺之後，就創設武館，主要為了防範土匪。六十多年前，有個武師「大箍棋」教受訪者謝寬旭的父親等人，他來教了至少二館，時約卅、四十歲，這是在西路上的活動；同時，在東路上，有個嘉義朴子的「力師」來教，他是振興社系統的拳師，跟西螺的「阿善師」同一拳路，時年亦為三、四十歲。

　　在三、四十年前，又有一位嵩山少林寺出身的李海來教拳，時年五十歲，還曾去二林、芳苑、新街等地教過一些「暗館」。當時「先生禮」都是由老一輩較熱心的成員，在庄內各戶收錢支付。一九六四年後中斷教館，之後雖陸續訓練，但都未成氣候。

　　本館的練習地點在庄中的幾處大埕。日治時代，上一輩的成員曾大規模在「義合」偷練拳，其他像謝家祖厝、村長謝世

珍處、謝經風家前面、觀音亭等，都曾作爲練習場地。

鐵武團宋江陣的陣容是扮演水滸傳的英雄人物，有「雙旗」宋江及朱武，以天罡三十一人、地煞五人，共三十六人，組成一個宋江陣。振興社的拳路則是長肢的蝶仔拳，出手時，有同手同腳的特點。其先祖也傳下一本記載醫理的藥簿，受訪者謝寬旭也藏有《水滸傳》一百零八條好漢的彩色圖冊。

鐵武團因人多、陣容大，很少應外庄之聘而出陣，主要爲本庄「刈香」而出陣，如一九七〇年本庄的五府千歲到麻豆、南鯤鯓進香，而今年本庄代天府安座，也可能出陣。其他像一九四五年到二林、一九七〇年縣長就職到彰化、一九七八年參加鹿港民俗表演、一九八〇年縣運會、一九八一年松山奉天宮安座大典等，也都有出陣。日治時期，本館也參與在二林舉行的「迎御大典」。出陣的卅六人均著戲服，妝扮成英雄人物表演，因宋江陣一向不允許別人穿越其中，到二林出陣時，曾因獅陣誤闖，而發生「拚館」之事。由於宋江陣武器比獅陣的武器還長、粗、硬，故容易占上風。

鐵武團在謝融（時任芳苑鄉鄉長）家中開館，之後，一九八〇年代陸續有人分出，計有四人申請館號，並參加國術會組織，這四團及其負責人分別是「彰德」謝文曲、「寶樹」謝銀長、「甕德」謝寬旭、謝恢棕。

〈訪問謝銀長先生部分〉

相傳清領乾隆年間（1736～1796）謝氏祖先渡海來臺，定居在二林堡路上厝，利用農暇時間，模仿《水滸傳》中的人物，操練十八般武藝以禦外侮，除賊防盜，稱之爲宋江陣，流傳至今，已有二百多年的歷史。目前路上厝宋江陣健在的成員中，最老資格的，幾乎要算是現年七十七歲的受訪者謝銀長。

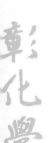

謝氏十三、四歲時，就參加庄內的宋江陣。他加入的動機很單純，謝氏兒童時代就喜好武藝，常看宋江陣訓練，庄內的長輩鼓勵他參加，於是他就參加該陣，成為其中的一員。他的師傅就是庄中的長輩，祖師也是謝姓祖先，由此可知路上厝宋江陣純粹是祖傳的。

　　路上厝為農業村庄，平日大家務農，若要出陣，才聚集庄內能武者進行集訓。在謝銀長幼年，宋江陣具有集體約束力。若有庄內長輩招喚兒童去集訓，不得不去。宋江陣需要的人數很多，結合團體技藝、武術操演，也有相當的難度，如果不是族人團結，恐怕早已解散，無法存續迄今。

　　比受訪者更長一輩的老師傅都已過世，包括謝本（若健在，現年九十幾歲）、謝三串（諧音，若健在，現年九十幾歲）、謝沙（若健在，現年九十幾歲）、謝清年（若健在，現年一百多歲）、劉芋（若健在，現年近百歲）、謝喜慶（若健在，年近百歲，最擅長叉、「丈二」）、謝選（若健在，現年九十幾歲）、謝振東（若健在，現年九十幾歲）等。

　　在老師傅之中，謝本曾到過溪湖鎮北勢尾設館教宋江陣。不過，謝銀長看過北勢尾的宋江陣，不知為何，竟有出現五、六面丈二頭旗的情形，與路上厝傳統的二面頭旗不同。據說當年傳到臺灣的宋江陣有二種：傳到臺南的是單面頭旗，路上厝的傳統則是雙面頭旗。

　　對於到外庄設館的事，謝銀長也不以為然。因為他們都有發毒誓，不能把宋江陣教到庄外。所以他認為謝本會英年早逝，是由於違反了誓言所致。因此，曾經有臺南人要找謝銀長當宋江陣裁判，也被他婉拒。

　　與謝銀長同輩的師兄弟有劉趁（七十八歲，劉芋之子，目前中風）、謝本（若健在，現年七十七歲）、謝林正（若健

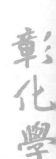

在,現年七十七歲)、謝武水(若健在,現年八十七歲)、黃才(若健在,現年七十五歲)、謝朝慶(若健在,現年八十幾歲)、謝垂寶(若健在,現年七十八歲)、陳添旺(若健在,現年七十幾歲)等。

路上厝宋江陣在芳苑、二林一帶非常有名。一九四五年,路上厝宋江陣曾在二林媽祖廟南面「造城池」,要表演「破城」。其典故據說是「鼓上蚤」時遷與一群女子發生衝突,後來那一群女子跑入城中,故宋江等人前去破城。「破城」有一定的規矩,三十六人輪番上陣,有一定的步數。如此表演相當罕見,因此轟動一時。

那次表演,曾因誤會險些造成路上厝宋江陣與番仔田(二林鎮香田里)振興社獅陣火拚。當時受訪者在宋江陣內,手拿鉤鐮。依照一般臺灣民間的慣例,迎神賽會中,獅陣若與宋江陣相遇,必須禮讓後者。那時宋江陣尚未入廟,正好媽祖廟口有人放置紅包與樹葉,引番仔田獅陣前去「咬青」,於是變成獅陣搶在宋江陣前入廟。宋江陣的頭旗因而向前一揮,所有宋江陣的成員馬上跳出來,準備真的進行廝殺。當年宋江陣的「傢俬」,全部都是真的武器。如果真的動手,不知會造成多少人員傷亡。幸好,宋江陣內的成員有認識番仔田陣頭的人,連忙制止,方才罷手,否則後果不堪設想。不過,也因為當年在二林媽祖廟口的緊張局勢,至今許多二林地方人士記憶猶新,路上厝宋江陣也因此名噪一時。

傳統路上厝的宋江陣由三十六人組成,此數目並非完全等同於三十六天罡星。其中有三十二天罡星(天魁星宋江、天罡星盧俊義、天機星吳用、天閒星公孫勝、天勇星關勝、天雄星林沖、天猛星秦明、天威星呼延灼、天英星花榮、天貴星柴進、天富星李應、天滿星朱仝、天孤星魯智深、天傷星武松、

天立星董平、天捷星張清、天暗星楊志、天祐星徐寧、天哭星解寶、天巧星燕青、天牢星石秀、天暴星解珍、天劍星阮小二、天損星張順、天敗星阮小七、天究星穆弘、天退星雷橫、天壽星李俊、天異星劉唐、天殺星李逵、天微星史進);四員地煞星(地壯星孫二娘、地賊星時遷、地空星周通、地陰星顧大嫂)等。

三十六人中有關勝、林沖、秦明、呼延灼、董平等「五虎將」,雖然也有母夜叉孫二娘、母大蟲顧大嫂等女性角色,但路上厝過去的傳統並沒有女性參加,清一色都是男性成員,出陣時才「打面」化妝。直到現在因人手不足,才有女性成員加入。

不過,無論如何,謝銀長仍堅持必須至少維持三十六人訓練為一團宋江陣。十幾年前,路上國小校長謝登(已逝)曾找謝銀長、謝文曲(現年六十四歲,開設國術館)、謝多林(現年六十多歲)訓練國小學生操演宋江陣。後來,一度因學宋江陣人數不足,訓導主任希望他們訓練一批二十四人的宋江陣。謝銀長認為如此完全違反先人的傳統。若被庄人知道,會受到責難,遂不接受。

宋江陣表演項目有單人「傢俬」、四連環「傢俬」對打與團體空手拳。路上厝的空拳屬於振興社系統,所打的拳路屬於「蝶仔拳」。據說是路上厝的富人聘請外地的拳頭師傅傳授的,後來「蝶仔拳」也變成宋江陣重要的一部分。

謝姓是路上厝的大姓,現在路上厝的謝氏祖祠有新、舊祖祠之分。以前宋江陣的「傢俬」放在新祖祠內,不過,鑰匙管理人不是謝銀長,所以不能一睹著名的路上厝宋江陣的真實「傢俬」。至於謝銀長訓練的路上國小宋江陣所拿的「傢俬」,只是小副的,放在學校內。謝登當校長時,對推動宋江陣薪傳的事很認真,每天早上讓謝銀長帶著小學生訓練一小

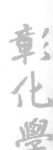

時。到了一九九一年，他們曾在臺北中正紀念館廣場表演，今年六月還剛在彰化埔心國小「傳統藝術成果發表會」中展露鋒芒。

路上厝沒有庄廟。觀音亭，在謝氏童年時，只有一塊刻有佛號的香木，到了丁亥年（1947）才興建，現在算來也有五十年了。至於代天府的五府千歲金身，本來放在舊的謝氏祖祠，至庚午年（1990）梅月十五日才遷入臨時新廟。謝銀長就是此廟的廟祝，他語重心長地說：希望新廟落成時的「入火」儀式，還能有一團年輕人組成的宋江陣表演，讓世人知道著名的路上厝宋江陣還很活躍。

—— 1995年8月19日訪問謝寬旭先生（56歲，館員），蔡振家採訪記錄。1996年9月25日訪問謝銀長先生（77歲，宋江陣師傅），陳龍廷訪問記錄。

＊芳苑鄉草湖國中獅陣

草湖村有十二鄰，居民一千多戶，主要姓氏為陳、王二姓。村廟為保安宮，主祀王孫大使，至少已有八十年以上的歷史，例行祭典在五月四日舉行。

草湖國中是芳苑鄉二所中學的其中一所，其獅陣創立於一九九二年九月，係因家長會會長陳文和的熱心發起而成立。

獅隊分為武獅隊和醒獅隊，於每週三下午三點至五點的聯課活動時間，在籃球場練習。成員有三十人，由國一至國三的男學生組成，有些學生在國小時，就曾參加過獅隊，例如漢寶國小的畢業生。

獅頭也是醒獅、武獅二種都有，武獅是由胡新虎師傅製

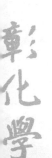

作，所需器材皆由教練施大勇先生負責添購，並存放在學校訓導處。

施大勇教練是南投人，爲國家級獅隊教練，現年五十多歲，係同義堂出身，亦任教於文化大學、南投縣鳳鳴國中和其它社會團體。

獅隊出陣以參加比賽爲主，每次出陣約十五、六人，眞正上場時，則有打鑼、鼓、鈸的六人和舞獅二人。自一九九三年起，草湖國中醒獅隊在每年的彰化縣民俗體育競賽和九月底舉行的中正杯獅藝錦標賽中，都有很好的成績。

此外，獅隊也參加過教育部舉辦的全省社區示範觀摩，以及救國團去年舉辦的全國性活動，但對於廟會活動，則因屬私人性質而盡量不參加。

── 1995年8月5日訪問胡靜嫻女士（50歲，草湖國中訓導主任），王櫻芬採訪，趙菁欣整理記錄。

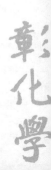

第二章　大城鄉的曲館與武館

　　本鄉在彰化縣西南端，地當濁水溪口北岸，西濱臺灣海峽，全域屬濁水溪沖積扇。北臨芳苑鄉、二林鎮，東連竹塘鄉，南隔濁水溪與雲林縣相望。鄉名昔名「大城厝」，其原由乃因清領道光年間（1821～1851）同安縣吳姓族人相繼拓墾於此，形成大集村，並築土壘以禦盜匪，故得稱。

　　大城鄉約有六十三平方公里，主要農作物包括水稻、甘藷、甘蔗、花生、玉米、西瓜、蔬菜等，尤以甘藷、西瓜產量最大。近海居民也從事沿海漁撈業。

　　大城鄉目前所知有八個曲館，分屬大鼓陣、歌仔陣、南管洞館及八音等四個系統。屬於大鼓陣者，為頂庄興農社、茉寮順興大鼓陣、成樂軒大鼓陣、山腳村大鼓陣以及永和村大鼓陣等五館；山腳村萬安宮安樂團及錦明社為歌仔陣；屬八音團者，為永和村八音團。

　　就成立時間來看，除八音團成立於大正年間（1912～1925），並在幾十年前解散之外，其餘七館皆在戰後成立，依序為一九四五至四六年：萬安宮的安樂團及錦明社，其中錦明社已於五、六年前「散館」；一九六〇年代有頂庄興農社及成樂軒大鼓陣；山腳村大鼓陣成立於一九七一年左右；茉寮順興大鼓陣約於一九八五年成立；永和村大鼓陣成立時間不明。其中，興農社最初為歌仔陣，「散館」之後，大約在二十年前成

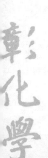

立大鼓陣，仍沿用興農社爲館名。成樂軒最初成立時爲北管曲館，於二十幾年前「散館」後，由該館館員另組大鼓陣，仍沿用原來的館號至今。

就師承而言，大鼓陣之中，頂庄興農社請外庄的陳東立來教歌仔戲，大鼓陣的「先生」與順興大鼓陣同爲陳永倍，而陳東立則是陳永倍的叔父。永和村大鼓陣大多演奏八音的曲目，其館員曾於本村的八音團練習時在旁邊聽邊學，並無師承。成樂軒北管時期請來社頭雅樂軒的蕭梧桐執教，大鼓陣則以北管的底子出陣。山腳村大鼓陣所使用的音樂，主要取自萬安宮安樂團歌仔陣，屬南管的系統，師承似可溯自安樂團的「先生」謝五柳。歌仔陣方面，安樂團師承芳苑路上厝的謝五柳，與芳苑鄉的路上厝景樂軒、後寮歌仔陣同一師承，錦明社的「先生」爲一職業布袋戲班的後場師父。至於永和村八音團，沒有採訪到師承相同的資料。

目前所知，大城鄉共有七個武館，分屬順武堂及振興社二個系統。屬順武堂系統有三館：五間寮順武堂、荣寮順武堂、尤厝順武堂；屬振興社系統有四館：西城村振興社、安東寮修豪館（其前身爲振興館）、管仕厝振興社、潭墘村振興社。

就成立時間來看，日治昭和年間（1926～1945）成立的有荣寮順武堂、尤厝順武堂及潭墘村振興社，戰後成立的武館有管仕厝振興社、西城村振興社及安東寮修豪館。其中，西城村振興社曾於十多年前「散館」，今年（1996）又開始教導小孩。七館中最晚成立者爲一九八一年開始之五間寮順武堂，但已於十年前「散館」。

在順武堂系統中，五間寮與荣寮均師承許崑崙，尤厝師承「吳居師」。其中，荣寮順武堂在許崑崙之前，曾由嘉義新港人「番仔榮」教過；「吳居師」曾跟隨其父及其他師父學武，

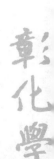

其父屬「阿善師」的系統，但「吳居師」屬順武堂，是從中國少林寺傳下來的系統。

屬振興社系統之武館中，西城村振興社師承本庄王當海及鹿港洪媽科，潭墘村師承陳天明（「棋師」）及其子陳昭坤，陳天明主要師承自西螺七崁「阿善師」的徒孫「豐榮師」，陳昭坤自小向其父及「豐榮師」習藝，所以陳昭坤爲「阿善師」之第四代弟子，管仕厝振興社也師承陳天明父子，安東寮修豪館師承可溯自「通仔」（王通），以及王通之徒張昭智、張忠和。

管仕厝振興社以前有許多女子習藝學拳，曾經贏得國術比賽冠軍。此外，該館另外尚有二個分支：一爲二林鎮香田里（舊名番仔田）振興館，另一則爲村內的順武堂，館名是由陳天明取的。

現今的修豪館約於一九八六年設館，但之前仍有一個舊的修豪館，在一九七一年左右成立，設在西城村，之後新館才在安東寮設館。修豪館不靠任何廟宇資助，也不接受政府的補助，其內部組織相當完備健全，並已由電腦處理館內財務。

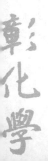

大城鄉曲館與武館分布圖

●曲館　▲武館　＊聚落名　——村里界線　——鄉鎮界線

01 豐美村
02 菜寮村
03 頂庄村
04 山腳村
05 大城村
06 西城村
07 東城村
08 潭墘村
09 三豐村
10 西港村
11 台西村
12 東港村
13 公館村
14 永和村
15 上山村

01 五間寮
　▲振武堂

02 ＊菜寮
　●浦鳳大拍牌
　▲振武堂

06 ＊西城
　＊振興社

05 ＊大城
　＊成樂軒

14 ＊下牛稠
　＊曲館

07 ＊安東寮
　▲格義柝

04 ＊下山腳
　●城安軒來樂團

03 ＊頂庄
　●東夏社

08 ＊尤厝
　▲協武堂

＊振興社
　＊管仕厝

＊振興社
　潭墘村

麥寮鄉

台灣海峽

芳苑鄉

二林鎮

竹塘鄉

崙背鄉

五間寮順武堂

大約十六年前，菜寮的許崑崙來此傳館，當時有四十幾人學，許崑崙只教了一館，受訪者許丁財曾去幫忙。館主是林溫居，傅萬教為「頭叫師仔」，大約十年前就「散館」了。

── 1996年4月15日電話訪問許丁財先生（50歲，菜寮村村長），林美容採訪記錄。

菜寮順興大鼓陣

受訪者許永進（又名許金生），約於十年前成立順興大鼓陣，起因是別的村庄都有大鼓陣，只有菜寮村沒有，所以也想組團。當時請陳永倍傳館，而陳氏師承其父陳得，陳得原先在戲班表演。本館請陳永倍來教了四個月，「館金」一萬元，由學員出錢，大鼓陣的經費一部分由「公金」負擔，一部分由成員自費購買樂器、「傢俬」。目前「傢俬」均存放在村廟之中，練習場所也在廟中，六月十八日池府千歲聖誕時，大鼓陣會義務出陣。

許氏當時只向陳氏學習牌子，並未學唱曲，至於弦仔，則因為難度較高而沒有學。常吹的牌子有【風入松】等，所用之鼓為大鼓而非班鼓，喪事出陣常吹【慢吹場】，喜事則吹【緊吹場】。

因為目前大鼓陣只為村裡的活動義務表演，故無「公金」制度。大鼓陣設在廟內，故也不用另外拜神。每次出陣如果欠缺樂手，會請頂庄村的許狷幫忙。目前大鼓陣有四、五人參加，除了許永進較年長之外，其餘的團員多在四十歲上下。

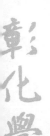

—— 1995年6月3日訪問許永進先生（57歲，館主），陳瓊琪採
　　訪，黃幸華整理記錄。

菜寮順武堂（獅陣）

　　菜寮村共有三百八十多戶人家，村民約一千八百人，其中
許姓約占一半，祖籍是福建泉州。

　　菜寮的村廟三太宮，主祀池府千歲，是許姓先民隨鄭成
功來臺時，自原鄉攜來。獅陣只為廟會出陣，不為喪事出陣。
一九九五年大城鄉舉辦農產品展示會，順武堂獅陣也曾出陣。
一九九六年三月國代選舉時，本館曾應農會之邀，前往助陣。

　　菜寮村的大鼓陣大概起源於十多年前，由四、五個興趣
的村民組成。他們自外地聘請「先生」來教，村內迎神、「刈
香」等活動，都是義務參加。大鼓陣現由許永進（又名許金
生）主持，並請五更寮的「齋公」陳永倍來教，大概學了幾個
月，就能出陣了。

　　受訪者許丁財為菜寮村村長，談起本村學武之淵源，是因
為本村位於「水尾」，每逢開水閘，就會發生糾紛，常受外村
欺侮。因此，六十多年前從嘉義新港聘請老師父「番仔榮」來
教武防身，然後一代一代義務教導，傳承下來。

　　本庄許崑崙是「番仔榮」的第一代順武堂弟子，於一年多
前逝世，享壽八十幾歲。許崑崙除了教導獅陣之外，也教拳及
大刀、長矛等武器，他對草藥、銅人簿等也有涉獵，但功夫不
及其師兄弟（即許丁財的叔祖父，曾開設順武堂接骨所）。除
了本庄之外，許崑崙也教過隔壁五間寮（豐美村），受訪者許
丁財曾去五間寮幫忙教過，他的徒弟曾在潭墘村順武堂教過，
但兩村的順武堂並沒有互相聯絡。

　　許崑崙在庄裡是義務教導，因此順武堂一直維持義務出陣的原則。其子許新居現年六十六歲，現為順武堂館主。目前本村仍有林壬癸（七十幾歲）與謝遊（六十幾歲）等老一輩的成員在庄裡傳授年輕人，獅陣成員有三十五、六人。

── 1995年6月30日訪問許丁財先生（50歲，館員、村長），
　　陳瓊琪採訪，黃幸華整理記錄。1996年4月15日電話訪問
　　許丁財先生，林美容訪問、重整記錄。

頂庄興農社（歌仔陣、大鼓陣）

　　頂庄村共有二百多戶人家，居民主要祖籍為泉州。村廟全安宮，建於八年前，奉祀的主神為五年千歲。

　　受訪者許狽於三十年前組歌仔陣，取名興農社。歌仔陣「散館」之後，大約二十年前，成立了大鼓陣，並繼續沿用興農社舊名。

　　最初，興農社自外庄聘請陳東立來教歌仔戲。陳東立是大城鄉三芳村人，原先在戲班裡表演，曾在永樂社、錦玉集等團待過，其後因年事已高，才開始授徒。他吹鼓吹，擅於後場之文場，也懂前場「腳步」以及唱戲。等到陳東立過世之後，又請其侄兒陳永倍來教大鼓陣、「齋公」、北管和南管。現在陳永倍在當「齋公」，他從父親陳得處學打鼓及念譜，也學了不少歌仔戲鼓吹之牌子，曾在頂庄、榮寮以及社頭等地傳授，自取館名為振興社。

　　經過陳永倍教導後，許狽及一班弟子們曾上棚演戲，演出《孝子圖》。許狽擔任文場的吹。由於歌仔陣屬私人性質，非村中公有，所以「傢俬」費用靠團員們貢獻分攤。歌仔陣為村

中「作鬧熱」時，並不收錢，若外村聘請演出時才收費。館主為許狽，團員共有十八人。

現在興農社的大鼓陣遇到全安宮「作鬧熱」時會出陣，而全安宮每五年才做一次「鬧熱」。不過，每年十月，興農社會演一次戲。大鼓陣出陣全採自由付費的方式，沒錢也無所謂；出陣若有收入，則會平分給各個團員。目前大鼓陣共有團員六人，平均年齡為六、七十歲，以館長許狽最年長。六個人加入大鼓陣，全都是兼差性質。

過去的歌仔陣祭祀田都元帥，但「散館」後已「謝神」了。現今大鼓陣因未正式設館，因此並不拜祖師。

—— 1995年6月30日訪問許狽先生（79歲，館員），陳瓊琪採訪，黃幸華整理記錄。

大城成樂軒（北管、大鼓陣）

成樂軒大約成立於三十五年前，發起人吳燈秋是第一任館主。他因為對曲藝頗感興趣，且可當成副業，所以才設館。成樂軒剛開始叫做「錦香社」，因為起初覺得北管比較難學，而且「北管先生」較難請到，所以想學歌仔戲。但是請來的「歌仔戲先生」（蔡清課，失明，下山腳人）不內行，所以便辭退了。之後才從社頭請來「北管先生」蕭梧桐，「先生」將此團改名為「成樂軒」，正式學習北管。

蕭梧桐出身於社頭雅樂軒，曾經待過戲班，常到各地演戲，來大城教曲之前，曾經教過社頭的某個曲館（名稱已忘記），透過別人介紹到大城來教北管。蕭梧桐前後教了六個月，已忘記「館金」的價碼。「先生」來教時，出陣的紅包都

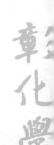

是由「先生」收取。蕭梧桐從扮仙戲開始教，最初教的是《三仙白》、《醉八仙》；曾教過的戲碼有《斬瓜》（福路）、《困南唐》，也曾上棚演出。另外，牌子部分有弦譜【百家春】、【寄生草】。受訪者蔡馮（1954年生）在二十三歲時參加成樂軒，學的是文場的弦、吹，沒有學司鼓，學司鼓的是當時的館主吳燈秋。其他的館員尚有許火（弦仔）、王店（鑼鈔、唱曲）、王陣（唱曲）、吳健池（鑼鈔）、魏連欽（鼓）等。以前上棚演戲時，還有女性團員加入，她們當時約十八歲左右，學了四個月就上台演戲，一共演過四次，之後就紛紛嫁人，如今也是四、五十歲的人了。

一九八二年時，又請雲林的楊萬通來教了一個月左右，他並非眞的教新曲，而是幫他們複習以前學過的舊曲。成樂軒在一九八五年時，曾參加彰化縣政府舉辦的四鄉鎮老人會比賽，包括二林、大城、竹塘、芳苑四鄉鎮，成樂軒原本獲得冠軍，但是因爲平均年齡太輕，不符合比賽規定，所以沒領獎。

成樂軒原本設館時，是祭拜西秦王爺及田都元帥，「傢俬」放置在大城村廟咸安宮內，但成樂軒不屬於公有，廟裡如有「神明生」才會參加。館內平日練習也是借別人的空屋，而不是在廟裡。咸安宮的慶典是三月十五日，每年幾乎都會請戲班演戲，成樂軒只在咸安宮上棚演出一次。另外，二林建醮也曾請他們去演了二天。一般來說，成樂軒還是以排場爲主，因爲演戲的花費太多（如搭台、戲服），館內的經濟狀況無法維持。成樂軒約於二十年前解散，「散館」後，「傢俬」也從廟內遷出，起初寄放在大城派出所，後來又搬去朋友家。從廟內搬出時，成樂軒就將西秦王爺及田都元帥「退神」，其儀式是請廟裡的法師辦理的。

成樂軒「散館」後不久，蔡馮又與其他館員另組一個大鼓

陣，屬於職業性質。除了部分成樂軒的館員外，還有蔡末（現年九十一歲，永和村人）、蔡枕茂等人加入。大鼓陣的成員都是原先就學過曲的，所以平時不用練習，只在出陣前複習即可。一個月大概出陣十幾次，以喪事及進香的場合較多；出陣常用的曲有【寄生草】、【百家春】、【萬壽無疆】等，並沒有因不同場合而採不同曲目。他們出陣一次需要四個人：鼓、吹、大鑼、鈔，一人一天一千元，進香因爲時間比較長，則是一千五百元。平時出大鼓陣人手都足夠，若要出北管則得召集人手，但也是以本地人爲主，不用到外鄉鎮調人。

蔡馮表示，大城鄉只有他們這一團大鼓陣不用向外借調人手，其他如頂庄村的團是利用老人會的經費買「傢俬」，自己出陣，並未跟「先生」學過。蔡馮以前曾到永和村教館，但他們只學了一個月。他去永和村教，是因爲親戚朋友的關係，此外，未曾教過其他地方。因大城鄉是純農業村，村內沒有工廠，沒有太多的工作機會，年輕人多到外地工作，所以下一代幾乎沒有人學這些傳統曲藝。

—— 1995年6月29日訪問蔡馮先生（65歲，負責人），黃幸華、陳瓊琪採訪，陳瓊琪整理記錄。

西城振興社（獅陣）

西城村村民大約一千五百人，屬於咸安宮的祭祀圈。咸安宮位於大城村，但祭祀範圍尚包括東城、西城、安東寮等，每年三月十五日保生大帝慶典有大「鬧熱」。西城村另有村廟受天宮，奉祀玄天上帝，大約建於二十三年前，每年例行的祭典爲三月三日。

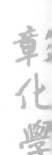

　　大城鄉最早的獅陣是王當海主持的振興社。王當海的次子王進德因本身有興趣，故利用夜晚空閒之時，跟隨父親學習武術。王當海在六十歲身故之後，王進德又向鹿港請來的洪媽科學習。洪媽科也出身於振興社，但拳種、腳步略有不同。

　　振興社早在二、三十年前，就由王當海設館了。當時由他擔任館主，設館的目的是為了提供消遣和娛樂。後來團員們因事忙、嫁娶而逐漸離去，以致振興社於十多年前「散館」。「散館」之前，每晚都有練習，通常是從八點鐘練到十點多。如果聊天聊得久一些，練習時間就會往後延。不論如何，實際練習時間約兩個小時，練習時有點心供應。一九九六年二、三月的時候，王進德又開始找一些小孩子來學，目前仍在訓練當中。

　　每年三月十五日保生大帝聖誕，是大城鄉很大的慶典，每逢此日或是別村建醮邀約，西城振興社就會出陣。過去出陣可以得到一包菸、一條毛巾以及一件汗衫，現在出陣就不一樣了，要算工錢，邀約的人也會酌量包紅包。

　　洪媽科曾在二林三和村、東興里、芳苑崙腳地等村傳授武術，當時並沒有送「先生禮」，洪氏也不接受，但出陣所得之紅包則交給師父。由於洪氏自己開設一家國術館，也諳接骨，所以經濟上不成問題。

—— 1995年6月29日訪問王進德先生（37歲，館員），陳瓊琪採訪，黃幸華整理記錄。1996年4月16日電話訪問王進德先生家人，林美容訪問、重整記錄。

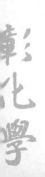

下牛稠曲館（八音團、大鼓陣）

　　下牛稠屬永和村，不算有過真正的曲館，因為從未請
「先生」來教過，受訪者都是自學的。約在大正五、六年左右
（1916～1917，受訪者蔡末十二歲時），因村內有人迎娶新
娘，需要樂團，村民遂組織一個八音團，其中有吹、笛子、
弦、鑼、鈸、班鼓等，大約都是二十多歲的人參加。蔡末在一
旁邊聽邊學，如大鼓、拉弦、唱曲等都是無師自通。但從前的
八音團，在幾十年前就解散了，團員多已去世，目前只剩蔡末
一人。

　　蔡末偶爾會參加大鼓陣出陣，但永和村大鼓陣也不算固定
組織，沒請「先生」來教，人員也是臨時湊齊，出陣時大多要
向別庄調人手。蔡末會的曲子都是八音的部分，從未學過北管
的嗩吶、曲牌。

　　大城鄉其他村庄如西港、頂庄、下山腳也有大鼓陣。

—— 1995年6月29日訪問蔡末先生（92歲，館員），黃幸華、
　　陳瓊琪採訪，陳瓊琪整理記錄。

安東寮修豪館（獅陣）

　　受訪者葉土約於三十歲開始習武，至今已九年，當年他剛
自臺北回鄉，發現鄉下沒有什麼娛樂活動，碰巧庄內振興社因
舊館燒毀之後，停頓太久，故將達摩祖師迎至安東寮，並在舊
館的基礎上成立新館，這就是安東寮修豪館的誕生。舊修豪館
在葉土開始學之前一、二十年即已成立，最初設在西城村，由
雲林縣四湖鄉來的老師父「通仔」（王通）授館。修豪館在安

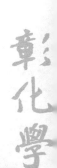

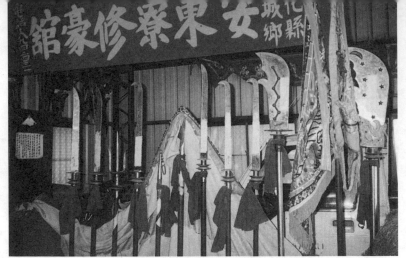

▲ 大城鄉安東寮修豪館之傢俬（黃幸華攝）。

東寮設館之後，由振興社舊日弟子張昭智及張忠和來傳授，並由張昭智之兄張游明擔任館主，張游明也會教武，且頗嚴格。但主要是張昭智及張忠和二人在教，二人所學之「傢俬」頗廣泛，最擅長大刀（關刀），並學拳（南拳），但修豪館之武術是綜合性的，其特色在於「五行八卦陣」。「五行八卦」是由老師父「王通」所教，受訪者葉土稱呼他爲「師公」。

修豪館所學之拳術，並非全部來自振興社，有些可能是王通自創，招式較爲繁複細膩，難度也較高。除了陣頭、拳法之外，他還教了「法師」，爲廟宇建醮之用。因爲地方的習俗往往和神明有關，例如獅頭和神有關，所以學拳頭者常會連帶學「法師」，因爲能利用之處極多。現在修豪館是由法師王界元傳授，王氏年約四十，原是大城鄉人，後移居桃園，與張忠和是師兄弟，只在安東寮傳授一館（四個月）就沒有再開館了，不過仍被視爲安東寮修豪館的精神領袖。

修豪館不靠任何廟宇資助，但只要是地方上的廟宇有需要，就必定配合。原來的振興社也不靠廟宇資助，附近的獅陣亦然，原因是廟宇本身並無能力養獅陣，所以「鬧熱」要依賴村內或是附近的獅陣支援。修豪館並非職業團體，不論是村內

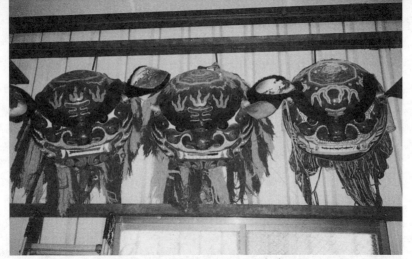

▲ 大城鄉安東寮修豪館之獅頭（黃幸華攝）。。

活動或外村需要支援，均會參加，但端視是否有時間而定。本
村也參加大城村咸安宮每年三月十五日保生大帝聖誕時「作鬧
熱」的祭祀活動。

　　目前修豪館在大城國中教導學生，每週六下午的課外活
動時間，都由團員參加的師友義工團帶領，因此大城國中具有
相當不錯的聲譽，學生不曾在社會上惹是生非，學生也有不錯
的學習成績，所以大部分的家長也表示支持。學生需經家長同
意，才能參加練習或出館表演。

　　修豪館多年努力之下，已陸續教了一、二百位學生，目前
常參加活動的約有五十人，年齡從十六至五十歲之間，而帶領
傳授之團員都在三十歲以上，出陣時全陣約有八十人，半陣則
為三、四十人。傳授之團員不稱自己為師父，因為師父只有一
人，其他成員則以第一代、第二代師兄稱之。

　　修豪館拜獅頭及達摩祖師。其獅頭屬「篾仔獅」，或稱
「畚箕獅」，獅頭經開光點眼之後不能隨便運用，不同於玩樂
用的獅頭，必須經過「淨香」之後才能請。鎮館所用的獅頭不
同於鎮宅之獅頭，具有「獅被」，平常為示敬意，要將獅頭懸
掛起來，以防別人觸摸。

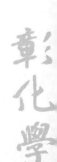

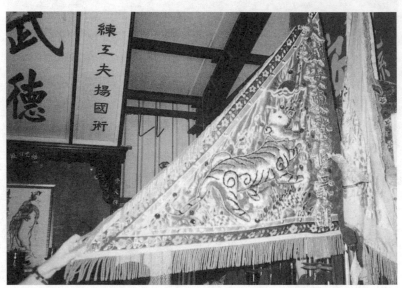

▲ 大城鄉安東寮修豪館之龍虎旗（黃幸華攝）。

　　葉土曾學過一館「暗館」，亦即請師父來私下傳授，沒有對外授館，當時傳藝的師父已歿。他傳授的是太祖猴拳，由於是「暗館」，等於外家拳，因此不對外公開，也沒有館名。

　　修豪館保留藥簿、銅人簿及祕方，舉凡扭傷、內傷等均有祕方，但不對外傳授，也不經營國術館。因此，雖然將這些資料保存下來，葉氏強調，現代人生病時，還是應該去看醫生。

　　修豪館的內部組織有館主、武師、總務、會計等編制。至於出陣所得，則視情形而定，如為喪事出陣，要將所得分給大家，以求破除穢氣；若為廟會出陣，則將所得留下作為「公金」。有時也對外募款，作為買「傢俬」之用。修豪館並不接受政府的財務補助，一是不想被牽制，二是維持學武之尊嚴。師父也純粹義務授館，不收「館金」。至於出陣酬勞的多寡，

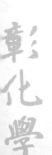

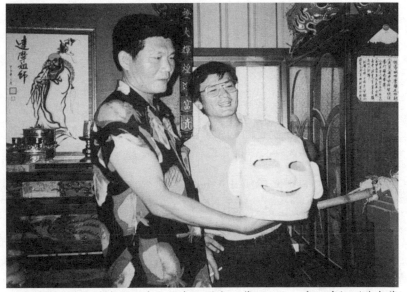

▲ 大城鄉安東寮修豪館所存之獅鬼仔（左：葉土、右：康日清）（黃幸華攝）。

則由館員開會決定，目前館內財務也藉由電腦幫助處理。

修豪館和本鄉別館的兵器、拳路大致相同，最大的不同在於排陣，例如榮寮的順武堂採「長蛇陣」（即龍絞陣），源自薛仁貴；而修豪館重驅邪，採「五行八卦陣」，兩者各有特色。

館內仍保存有「獅鬼仔」，但已不再運用。因為「獅鬼仔」舞姿不美，現代人不願跳得像小丑一般，所以遭到淘汰。

修豪館設於安東寮之館主住所，達摩祖師也奉祀在他家。每星期三、六在館主家練習，館主會利用「公金」準備點心，人多時，曾有一晚煮三鍋點心的紀錄。館員按例稱館主為大師兄，他學的是振興社的系統，在修豪館只負責館主之職，任期不受限制。館主每月有一千元補助管理、祭祀之花費，而且每次出館，總是會將團員所得再加一千元，作為館主之酬勞。

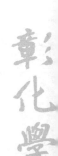

　　出陣時，獅陣首當前衝，取其護衛之意，隨後跟著龍虎旗以及館旗，兵器則跟著戰旗走，由舉戰旗者發號司令，通常有八旗兵，可變換陣形。獅陣用的獅頭可以顏色分出尊卑，依次為金、紅、黑、青，「金面獅」最高級，使用之人限制也最大，地方獅所用的多為「青面獅」。獅陣可分為文陣和武陣，文陣是用於熱鬧慶祝之時，而武陣則為「拚館」之用，參加的人必須具良好之腳力。昔日「拚獅王」，勝者得以在獅頭上寫「王」，「王面獅」為敬重該館之意，獅鬚若為紅色，也具尊崇之意。表演時需要在兵器上貼符，以保平安。

　　第一次採訪時，修豪館之館主為張忠和，副館主為吳明煙，葉土則為總幹事，教師有王械源、張昭智、吳展、張寬仁、梁貞雄等多人。館內懸有數面「八仙彩」，是為「拜獅」送的，是廟宇對武館表達最高尊崇之意。第二次訪問時，館主則為吳明煙。

──　1995年6月28日訪問葉土先生（40歲，總幹事），陳瓊琪採訪，黃幸華整理記錄。1996年4月16日電話訪問葉土先生，林美容訪問、重整記錄。

尤厝順武堂（獅陣）

〈訪問張永盛先生部分〉

　　此次訪問張永盛（原姓黃，為張姓養子）、黃來環叔侄二人。張永盛出生於大正十年（1921），居住在潭墘村尤厝。村庄中約有八十戶人家，三百人左右，並無主要姓氏。村廟是呂山寺，奉祀清水祖師。

　　張永盛自十八、九歲起任公職並兼習國術。戰後，因為國

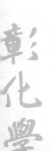

術盛行，各縣市均有國術館的設立。張永盛的師父來自雲林縣口湖五條厝，姓吳，人稱「居師」，當年他來到大城鄉傳授順武堂獅陣。白天的時候，張永盛在鄉公所工作，晚上就參與獅陣表演。張永盛大概學習了三、四個月，獅陣就可出陣，並且曾到麥寮媽祖廟「迎媽祖」。

「居師」在本地授徒長達三十一年，其間也往返故鄉授武，所傳授之弟子有三代。「居師」共師事過四位老師，其中，中國籍二人、臺灣籍一人，再加上他自己的父親。

順武堂所採用的獅頭屬「麒麟獅」，有青、紅、金三種顏色，使用時顏色並無任何區別，但辦喪事時，則要採用「白面獅」。

「居師」的父親屬「阿善師」的系統，但「居師」屬順武堂，是從中國少林寺傳下的系統，也是奉祀達摩祖師。

過去順武堂的館所，設在館主的家中，練習時就在家門口的大埕進行，經費均來自館主的捐獻。順武堂所用之獅頭是老師父自己做的，以前都是用土做模，再糊紙，製作一個，需時一個月。但由於手工製的獅頭太重，如今製作的材料都已改用玻璃纖維，此外，順武堂的獅陣並沒有用「獅鬼仔」。

〈訪問黃來環先生部分〉

黃來環小時候，因為順武堂的師父（應為「居師」）到村中教導叔叔張永盛，得以向同一位師父習藝。順武堂源自中國，師父到村中時，是昭和十年（1935）。張永盛曾任館主之職，而師父前後在此地傳授了三代弟子，總共教了三館，也曾在二林、竹塘、和美、麥寮以及北港等地教過。黃來環自十多歲起，就一邊隨師父學習，一邊教學，曾先後在二林、臺中、豐原、海尾、漢寶等地傳授順武堂系統的武術。

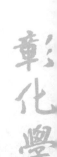

順武堂排陣和宋江陣的不同點有二：一是宋江陣要化粧成所扮演之角色，而順武堂之排陣則不需要；二是兩者所用的「傢俬」不同。大致說來，二者差距不大，但黃來環認為武陣較宋江陣好看。武陣大概學習了六個月之後，就能「牽陣」。

黃來環教陣的時間長短，視內容而定，若是文陣，就得學習舞獅，一館四個月就足夠了；若是教武陣，因為要從國術基礎教起，再加上拿「傢俬」必須小心訓練，使學員不致於發生「傢俬」互相撞擊，所以需要二館左右。

往日出陣，拜獅的紅包，都是給師父的，現在則不同，需要由師父及館主出錢。為了召集出陣，就得負擔弟子的車馬費，以彌補他們請假的薪津損失；而在學成員則要向學校請假。所以，出陣所收的紅包全部充做「公金」。因此，要組成一個陣頭，真是所費不貲。目前出陣是「好歹事」皆出，不過，為廟會「鬧熱」而出陣的機率較為頻繁。基本上，只要有機會就會出陣。至於別村有熱鬧時，如果需要陣頭，順武堂也會義不容辭地出陣。所以出陣多寡，端賴當地人士是否熱心參與而定。

「居師」不但傳下拳腳武術，同時也傳草藥。草藥屬「十八銅人」系統。以前老師父們泰半不識字，但是「居師」識字頗多，所以會將藥譜記錄下來。但現在的人都不願學拳術、藥理，只要較耗體力的事，就會令他們卻步不前。

—— 1995年6月29日訪問張永盛先生（75歲，館主）、黃來環先生（54歲，館員），陳瓊琪採訪，黃幸華整理記錄。1996年4月15日電話訪問張永盛先生之子，林美容訪問、重整記錄。

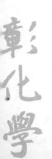

管仕厝振興社（獅陣）

潭墘村管仕厝居民大約有四十戶，二百多人左右，其中顏姓占三分之一，居民祖籍主要是福建泉州。村中主廟為保安宮，奉祀天上聖母，每年三月二十一日舉辦例行的祭典。

受訪者顏玉柱現年七十三歲，大約自三十歲開始習藝，白天因為工作之故，只有晚上才得以學拳頭及武術。當時傳館的師父共有二位，第一位是在振興社傳藝的「棋師」（陳天明），「棋師」過世之後，顏氏繼續向「棋師」之子陳昭坤學習。後來顏玉柱也曾與朋友們互相切磋，但不限於振興社的系統。

顏玉柱回憶往年振興社的盛況時，指著牆上泛黃的照片說，以前有許多女子在振興社習藝，其中也包括他自己的女兒。當年因為村中女孩子閒暇時間很多，所以他就發起召集全村的女子學拳，她們曾經贏得國術比賽冠軍。振興社屬少林拳派，顏玉柱認為它的拳路是「姑娘拳」，以前有一位有錢人學此拳，被其婢女偷學到竅門，後來，主人在擂台上比武敗陣下來，反被婢女取得勝利。由於振興社是「姑娘拳」，出手不用重力，只注重閃避要靈巧，故又稱為「蝶仔拳」。

顏玉柱當年是管仕厝振興社館主，由他負責召集人馬，練習場所也是在他家中。振興社有一個分支，稱為振興館，在二林鎮香田里（舊名為番仔田）開館。振興社及振興館的鑼鼓打法不同，光是用聽的就能分辨出來。而拳法也由振興社分出三派，分別是振興社、振興館以及芳苑鄉路上村的宋江陣。三派中，除了「蝶仔拳」相同之外，其他的拳術多少都由師父們自行發展，衍生成一些新的路數，好比舞蹈中的「插花步」。

管仕厝振興社的經費剛開始時，起初均由館主支付，出去「拜獅」、出陣所得到之紅包，則存放在館中，以備獅頭裝備之

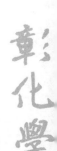

維修。至於紅包的金額不一定，有時贈送香菸，有時包現金，數目自一元至二十元不等。其中大部分都是二十元。當時幣值較大，二十元就很多了。現在則大約是從五百至一千元不等。

過去並未發生「拚館」的事情。不過，有時去麥寮或是下山腳，在迎神廟會遇到別庄的獅陣，各路人馬都想有所表現，互相較量技藝，火氣往往會變大。

同村尤厝的順武堂，是由振興社分出的，順武堂這館名則是「居師」自己取的。

顏氏表示，獅頭是有靈性的，能夠驅邪，但獅陣也有危險的一面。有一次，振興社被邀去為一間「不乾淨」的房子入宅，顏玉柱擔任鼓手，目睹該屋邪氣甚重，獅陣團員無論如何都進不了屋內，有人的帽子還被吹走。後來因為他們功力夠，知道如何擺獅、走獅步，才得以入宅。不過，陳昭坤那時候養的一條牛卻暴斃了。因此，大家對獅頭都十分尊重，並且待之以禮。

顏氏認為，獅頭的開光並不容易，由於「金面獅」是玉皇大帝面前之「護御獅」，只有「金面獅」才能辟邪。至於為喪事出陣所用的獅頭，必須是師父級的人或是武功深厚者才行，因為一般人無法承受獅頭的威力。喪事出陣所用的獅頭和普通獅頭並無任何不同，但要綁上一塊白布，腳步也要一步一步慢慢前進。至於有人用「白面獅」出陣，只是一種噱頭，純粹為了賺錢而已。

── 1995年6月29日訪問顏玉柱先生（73歲，館主），陳瓊琪採訪，黃幸華整理記錄。1996年4月15日電話訪問顏玉柱先生，林美容訪問、重整記錄。

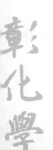

潭墘振興社（獅陣）

〈訪問陳昭烈先生部分〉

此次訪問對象原為振興社之師傅陳昭坤，因訪問地點設於其弟陳昭烈之自營藥局中，先由他講述一些背景資料。陳昭烈畢業自醫學院藥學系，不但自營的藥局，對傳統之藥譜也極具興趣。

陳昭烈之曾祖父及祖父輩都具有武術底子，他們原本居住在西港村，一直到其父（人稱「棋師」）時，才搬至潭墘村。「棋師」本名陳天明，他習武較上一代勤奮，曾拜過多位師父，最主要的，是來自西螺七崁的「阿善師」之徒孫「豐榮師」。

陳天明去世之時，陳昭烈才五歲，並不清楚其父的拳譜是否留存，也不知其武術流派。但其大哥陳昭坤已十八歲，因此學得很齊全，能自成一個派門，並且成為師父。

〈訪問陳昭坤先生部分〉

陳昭坤自小向父親陳天明以及西螺「阿善師」的徒孫「豐榮師」習藝，所以陳昭坤為「阿善師」第四代弟子，門派屬振興社。振興社由西螺傳至大城鄉，然後陳昭坤再傳至西港管仕厝、二林廣東厝。而安東寮修豪館再由二林學回大城鄉。陳昭坤自二十多歲開始教武館，最先是到二林廣東厝授館，每處均教一館四個月，並在一九七二年起，連續三年指導國術比賽。

振興社為一民間社團，由有興趣者召集人手，並分攤費用，負責教導的師父倒不一定要收「先生禮」，純粹是一種民間技藝活動的傳承，更是農村社會的消遣娛樂。並且在武館習藝，使村民不易四處遊盪，招惹是非，又能學得技術，實在一

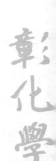

舉數得。

振興社拳路屬少林拳，兵器兼學各派。獅陣則是「麒麟獅」，獅頭上有麒麟火，而舞「麒麟獅」之腳步採「七星步」，需要排陣頭。至於藥理部分，師父傳下草藥、銅人簿等，均為少林寺一脈相承。草藥可自行摘採或購自草藥店，但政府不准武師讓傷者服內用藥，只能以外敷藥醫治。如此一來，由於無法內、外兼治，所以沒有什麼效用。

振興社拜達摩祖師，源自少林，而少林分南、北派，南北之分別，主要是以腳步站法區分。南方之腳步呈擺渡狀，兩隻腳一前一後站立；北方則呈騎馬狀，即紮馬步。振興社屬於南少林派。

陳昭坤的徒弟眾多，十年前光是在西港教一館，就有學生一百多位。當時教兵器、獅頭及拳術三部分，陳昭坤因為是西港人，因此不收「館金」，而在管仕厝、國術會等地，也都是義務傳授。目前振興社的練習時間為每週二次。

本村及隔壁村都開設國術館，且傳習舊有的獅陣系統。他們所用之獅頭相同，因為均源自「阿善師」。但「阿善師」所教之七個弟子各有不同拳數，所以各館之間的拳數相異。

上一代有二位師父，一是來自西螺的「豐榮師」，一是來自麥寮的「棋師」（「棋師」應是「豐榮師」之徒），當初二人經常為比武而打架。

── 1995年6月29日訪問陳昭烈先生（50歲，陳昭坤之弟）、
　　陳昭坤先生（63歲，武師），陳瓊琪採訪，黃幸華整理記
　　錄。

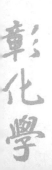

下山腳萬安宮安樂團（歌仔陣）

　　萬安宮的歷史已超過二百年，供奉的主神是輔順將軍（馬舍公），曾於一九八六年改建。廟裡神明慶典都請戲班來演出，萬安宮的歌仔陣與大鼓陣很少參與。歌仔陣大約在四十幾年前（1945～1946年）就已成立，取名為安樂團。當時約聚集五、六十人一起學，成員有林大格（打鼓、弦吹）、蔡鐵城（七十四歲，弦）、辜金才（歿，弦吹）、林定吉（七十六歲）等人。其中，林大格約十八歲時加入，請來的「先生」是芳苑路上厝的謝五柳，教了一百天左右。

　　歌仔陣所用的曲目，有歌仔調的【七字調】；有高甲的【將水令】、【相思引】；還有一些是弦仔譜，如【百家春】等過場譜。這些曲目都混合使用，比較沒有場合的限制。萬安

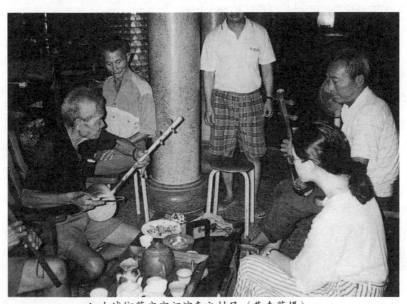

▲ 大城鄉萬安宮裡演奏之村民（黃幸華攝）。

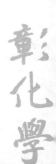

宮歌仔陣屬於老人會俱樂部，其「傢俬」也都是由老人會出錢買的，平時都在廟裡活動，非職業性質，也沒有出陣。

＊下山腳大鼓陣

大約十幾年前，林大格又發起另一個大鼓陣，沒有團名，一般就稱為山腳村大鼓陣。大鼓陣與歌仔陣不同之處，在於它並不隸屬於村廟，而是半職業性質，出陣一次五千元。大鼓陣所使用的音樂大致與歌仔陣相同，也屬於「南」的系統，但大鼓陣所用的牌子比較多，較常用的有【普天樂】、【新竹馬】（與【番竹馬】不同，比較簡單）、【大鑒州】、【風入松】、【水底魚】、【步步高】、【慢吹場】，其中的【百子喪】、【山芙蓉】，只能用在喪事場合，喜事是不能用的。

＊下山腳錦明社（歌仔陣）

歌仔陣成員之一蔡媽喜表示，他最近才加入萬安宮歌仔陣，以前出身於山腳下的另一個歌仔陣錦明社。錦明社成立於五十年前，大約五、六年前才「散館」。錦明社曾請一位職業布袋戲班的後場師傅來教了四館，也曾上棚演戲，劇名是《走馬記》。錦明社不屬村庄公有，是私人性質。

—— 以上三館於1995年6月30日訪問林大格先生（65歲，大鼓陣負責人）、蔡媽喜先生（70歲，錦明社成員）、洪昌榮先生（56歲，安樂團成員），黃幸華、陳瓊琪訪問，陳瓊琪整理記錄。

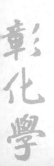

第三章 二林鎮的曲館與武館

　　二林鎮位於彰化西南濱海地區，地當舊濁水溪下游與魚寮溪之間的濁水溪沖積扇上，東接埤頭鄉，西連芳苑鄉，南鄰大城鄉、竹塘鄉，北與溪湖鎮、埔鹽鄉隔舊濁水溪相望。本地往昔為巴布薩族（Babuza）的二林社（Gielim）所在地，居民以泉州籍移民後裔為主，也有少數潮州、嘉應州籍移民後裔。

　　二林全域九十二平方公里，主要農產品為金香葡萄、甘蔗、水稻。二林鎮共分二十七里，據耆老表示，以前幾乎每一庄頭都有獅陣，至少也有一個陣頭作為迎神賽會的代表。由田野調查確知，全鎮至少曾有三十多個曲館與武館存在，但現今仍活躍的，只有十二個左右。

　　二林的行政區域歷來變化頗大，清領乾隆年間有二林上堡與二林下堡之分。二林上堡涵蓋溪湖外四塊厝、大突頭、埔鹽朴鼎金一帶，還有芳苑、埤頭部分地區，以及二林萬興、原斗、北勢附近。溪湖外四塊厝今日雖不屬於二林鎮，但民間信仰的關係卻與二林極為密切。

　　目前所知，二林鎮有十五個曲館，包括南管（二館）、北管（一館）、歌仔陣（五館）、「九甲南」（一館）、車鼓陣（三館）及大鼓陣（三館）。其中，北管、歌仔陣、車鼓陣幾乎早已銷聲匿跡了。

　　唯一的「九甲南」是錦樂社，位於二林萬興，目前正在

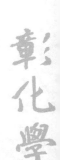

重整。以前萬興有「曲館窟」之名，孕育出許多鄉里聞名的藝人，日治時期就有上棚演戲的記錄，可惜受訪者並不清楚上一輩的師承，但由館中前輩曾到埔鹽石埤村、浸水庄等地授藝的情形看來，萬興的九甲館似乎是彰化地區頗為重要的源頭。此外，西保的保興社大鼓陣也與萬興的前輩藝人有密切的關係。

在南管方面，師承主要來自鹿港與芳苑，尤其是芳苑街內新義芳社的「曲館先生」洪萬慶，當年即受邀前來授藝，因而定居本地。另外，值得一提的是布店組南管，布店同業在戰後因興趣而請「先生」教曲，成員常與洪氏合奏。

唯一的北管曲館仁和軒，約成立於日治末期，主要的發起人是洪泥水，洪氏與「楊仔闊」都學過北管，師承來自北斗、芳苑。洪、楊二氏去世之後，便請永靖的蕭金長來教。

本鎮歌仔陣師承幾乎全屬外地，如萬合的曲館源於芳苑路上，港尾與崙子腳師承北斗菁埔，代馬的曲館則來自溪湖北勢尾，另一團則不詳，曲館之間沒有師承的交流，且極早「散館」，成員皆已併入新成立的職業大鼓陣之中。

車鼓陣的師承也是各自獨立，港尾的曲館源自溪湖西勢厝，萬興由同庄人所授，代馬師承埤頭鄉十一號仔，溝頭則屬庄中祖傳的曲藝，但授藝期間，曾有一位芳苑五功溝仔墘的「萬發仔」來教過「大四門」。

在三館大鼓陣中，西保保興社南管大鼓陣為職業性質，萬合隸屬庄廟新興宮，西庄則屬於二林鎮農會四健會的附屬機構。

目前所知，二林鎮有二十個武館，基本上，可分為勤習堂、順武堂、振興社等三大系統。

勤習堂系統主要分布在二林西北部，包括挖子、崙子腳、港尾、萬合、丈八、萬興、西庄等地。師承之一來自西螺的

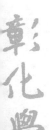

「廖仔秋」，以及田中的「阿塔」（姓楊）、「見智師」（姓楊）、「阿曾」（姓楊）等人；另一師承則來自員林溝皂的張紹書。

順武堂系統清一色師承自雲林的著名拳師吳居（「居師」）。二林街內、外竹、中西、土仔崙、廣東厝等地，均爲順武堂的傳承。

振興社系統分布於二林街內青面國術館、番仔田、廣東厝等地，但各館的師承較爲獨立。其中，番仔田振興社獅陣曾名噪一時。

至於同義堂的部分，目前僅知在港尾尚有傳承，師承溪湖後溪的黃進（「老進」）。在地理位置上，港尾與後溪僅以舊濁水溪相隔，可見其地緣關係。受訪者也認爲「老進」爲人和善、很有人緣，因此，人口較少的港尾一度同時存在同義堂與勤習堂二館獅陣。

一般而言，日治時期的武館多爲練空拳的「暗館」，戰後才有獅陣。除了獅套之外，還包括「傢俬套」。獅陣大多以庄頭爲單位，若同一庄出現二館獅陣（如港尾、萬興、萬合等庄），彼此必常出現競賽意味濃厚的「拚館」。不過，隨著練武風氣沒落，如港尾與廣東厝已逐漸出現同庄人不分彼此，合併出陣的情形。

一般而言，同一武館系統的傳承，有極高的向心力，尤其近年爲因應保存民族藝術的聲音，過去傳承勤習堂系統的西庄、挖子等庄，再次聘請師傅來傳獅套。這些武館現在想要重振聲威，還是會請同一系統的師傅來教。二林北勢順武堂獅陣復興的情況也是如此。

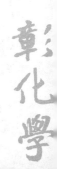

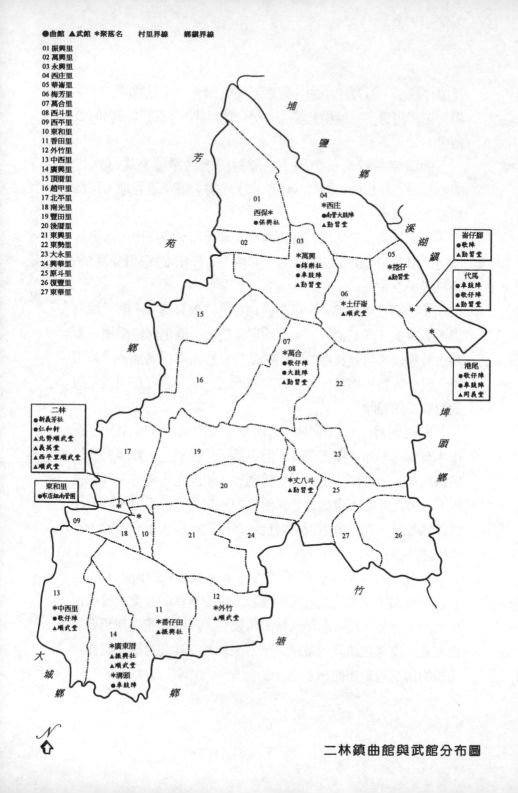

●曲館 ▲武館 *聚落名 　村里界線 　鄉鎮界線

01 振興里
02 萬興里
03 永興里
04 西庄里
05 華崙里
06 梅芳里
07 萬合里
08 西斗里
09 西平里
10 東和里
11 香田里
12 外竹里
13 中西里
14 廣興里
15 頂厝里
16 趙甲里
17 北平里
18 南光里
19 豐田里
20 後厝里
21 東興里
22 東勢里
23 大永里
24 興華里
25 原斗里
26 復豐里
27 東華里

埔鹽鄉

芳苑鄉

溪湖鎮

崙仔腳
●歌陣
▲勤習堂

代馬
●車鼓陣
●歌仔陣
▲勤習堂

港尾
●歌仔陣
●車鼓陣
▲同義堂

埤頭鄉

竹塘鄉

大城鄉

西保
●保興社

*西庄
●南管大鼓陣
▲勤習堂

*萬興
●錦樂社
●車鼓陣
▲勤習堂

*挖仔
▲勤習堂

*土仔崙
▲順武堂

*萬合
●歌仔陣
●大鼓陣
▲勤習堂

二林
●新義芳社
●仁和軒
▲北勢順武堂
▲義英堂
▲西平里順武堂
▲順武堂

東和里
●布店組南管園

*丈八斗
▲勤習堂

*中西里
●歌仔陣
▲順武堂

*番仔田
●振興社

*廣東厝
▲振興社
▲順武堂
*溝頭
●車鼓陣

*外竹
▲順武堂

二林鎮曲館與武館分佈圖

N

西保保興社（南管、大鼓陣）

以前的萬興庄包括頂保（振興里）、中保（萬興里）與下保（永興里）。西保在萬興庄西側，舊稱頂保。

萬興庄以前是「曲館窟」，曾有歌仔戲班四處演出。較著名的演員包括陳塔（「老塔」，擅演苦旦）、「天仔」（諧音，擅演小生）與陳串（擅演「老雞婆」與折磨他人的角色）。

西保保興社原本是地方的子弟社團，雖自稱南管，實為「南唱北打」（王功一帶稱作「九甲南」）。受訪者楊增平十七、八歲時，參加西保庄的子弟社，但已忘記館名。當時的館主是林啓約（後來遷居臺北，若健在，約九十餘歲），晚間在林啓約家（民保巷五號）練習。以前曾安「公爐」，「散館」之後便廢除了。

教導本館「九甲南」的「先生」包括「臭池仔源」（黃姓，教鑼鼓，以前在附近務農，並找受訪者前來學曲）、陳炮（若健在，約八十餘歲，萬興南面湖厝人，擅長吹）、陳尙（教曲，唱韻佳）、陳串（若健在，約九十餘歲，教念白）等人。楊氏還記得的本館成員包括王炮（七十六歲，二手鼓）、林禮（六十三歲，小鑼）、林名嚅（六十四歲，弦）、林來春（六十五歲，小鑼）、林忠厚（六十二歲，吹）、吳連進（六十五歲，小鑼）等人。

本館共學二館時間，學了《六使斬子》、《四幅錦裙》等三、四齣戲。受訪者楊增平學小生，扮演楊六使，並擔任後場的頭手；其兄楊增柳學吹，扮演楊令婆。不過，本館不曾上棚演戲，萬興以前曾有一館車鼓陣上棚演出，本館則只去負責後場。

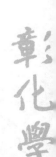

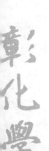

楊增平在學子弟戲之前，也學過獅鼓，故後來學「扮仙」的鼓介也很快。楊氏認為北管的鼓介較慢，「九甲南」則比較快。

楊氏兄弟目前以南管大鼓陣為業，南管館名保興社，大鼓陣全名為保興宮紫仙堂大鼓陣。保興宮是庄廟名，紫仙堂則是私人壇名。西保庄若有「好歹事」，保興社皆免費出陣。若保興宮有迎神賽會或「刈香」等活動，如主神媽祖到南瑤宮、北港、新港「刈香」，朱府千歲到麻豆、南鯤鯓「刈香」，本館也會自動參加。至於若應邀出陣，則有酬勞收入。本館出陣的音樂有陰陽之別，喪事的音樂比較低沉、哀傷，喜事的則較具歡樂氣氛。因為現在人手不足，本館甚至可用三人負責五樣樂器。吹、大鼓與鈔各一人，小鑼由大鼓手兼掌，大鑼則由鈔手負責。

本館與芳苑鄉草湖（文珍村）較有「交陪」，因為二、三位師兄弟住在該地，彼此經常互相支援。

—— 1996年9月12日訪問楊增平先生（64歲，館主）、楊增柳先生（70歲，館員），陳龍廷採訪記錄。

萬興錦樂社（九甲南）

萬興庄的庄廟為保安宮，主祀保生大帝。每年的正月十五（上元）、八月十五（中秋）及十一月「謝平安」都有慶典，尤其以上元為最。自正月初九開始，每晚「迎暗燈」直到十五日結束。因此，本庄曾有獅陣、車鼓、大鼓陣、南管等子弟社團。以前娛樂較少，庄人鼓勵子弟參與地方社團，晚上才有正當的去處，比較不會學壞。

　　受訪者陳金塗於十七、八歲時參加萬興錦樂社，擅長前場的唱曲，陳明傳則擔任頭手鼓。錦樂社曾一度中斷近三十年，直到一九九五年七月，二位受訪者才再度召集庄人加以訓練，主要的動力，則來自二林鎮農會理事長洪穩闊的鼓勵，方能保存庄中的傳統曲藝。

　　錦樂社屬於「九甲南」，又稱「南唱北打」。本館雖以南管自稱，但受訪者仍清楚本身所學異於一般的南管。陳氏表示，南管又稱「洞館」，能使用洞簫，但不能上棚演戲；「九甲南」不使用洞簫，可以上棚演戲。

　　受訪者是曲館第二代的成員。陳金塗的兄長陳川、陳和二人，才是第一代的子弟，若健在，約九十餘歲，可見本館在日治時期即已存在。本館保留下來的文物中，有萬興青年團所送的錦旗及一對寫著「萬興庄田都元帥」的泛黃布旗。雖沒有直接標明年代，但受訪者認為萬興里在日治時期即為萬興庄。

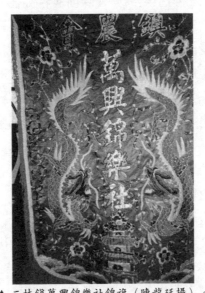

▲二林鎮萬興錦樂社錦旗（陳龍廷攝）。

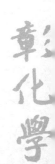

　　本館的「先生」有三位，都是庄人，受訪者學曲時，「先生」皆已六十餘歲（若健在，約百歲以上）。分別是陳煉（後場「先生」，擅長頭手、吹等）、洪火（前場「先生」，人稱「天仔」，擅長生角）、陳串（前場「先生」，人稱「雞婆串」）三人，陳金塗曾向「雞婆串」學了十天左右。

　　三位「先生」教戲的規定很嚴，一旦登台，兩手必須平放膝上，不能隨意翹腳，否則會立刻被「先生」責罰。除了萬興庄的子弟班之外，「先生」也曾到埔鹽鄉的石埤腳、浸水庄、番同埔教過。但是，這些曲館都已解散，石埤腳的九甲館也已經變成大鼓陣。

　　錦樂社是「先生」出外表演時所命名，當年的錦樂社團員，除了陳煉、洪火、陳串之外，最有名的演員是人稱「阿塔旦」的陳文塔，當地有句俗語說「若嘸阿塔旦，戲金扣一半」，可見當年風靡一時的情形。

　　錦樂社的首任館主是萬興人陳前（若健在，已逾百歲），在陳川、陳和參加錦樂社時，由陳前負責召集學員。第二代館主陳清秀，是受訪者參加時的召集人，當初練習的集合場地就在陳清秀家（位於萬興永興里中央南街）。以前的練習時間，都是晚上的六點到十一點。當時是戰後初期，經濟不充裕，故由館員輪流供應「先生」點心。學員必須祭拜祖師田都元帥，與結義兄弟同樣慎重。本館的「館金」是由學員分攤，而非庄中支出。學員共有四十幾人，但學成的僅十餘名男性成員，並無女性參加，故旦角都由男子裝扮。

　　本館的第一代成員除了陳川、陳和（若健在，九十餘歲），還有陳文可（若健在，八十餘歲，精通後場樂器，時常代替「先生」教學）等人。第二代以後的成員則包括陳再加（六十四歲，擅演老生）、陳文吉（五十餘歲，擅演小生）、

陳金炮（五十餘歲，擔任雜角）、陳明是（五十六歲左右，擔任雜角）、楊火煙（六十三歲，擅長大鼓）等人。受訪者陳金塗當初學了一、二館，雖也會唱苦旦、小旦的戲曲，但因身材高大，故較常扮演武將、皇帝或大官等角色。

本館第二代成員學過《丹桂圖》、《剪羅衣》與《秦世美反奸》三齣戲碼。秦世美，即平劇所謂的陳世美。此外，受訪者曾與後一輩的成員一起向陳串學過《四幅錦裙》、《三狀元》、《楊宗保取木棍》等戲。

陳金塗二十一歲左右，曾在庄中上棚表演。有一次演《秦世美反奸》，演到悲情之時，台下熱情的觀眾竟把銅板丟上台來。另一次較特別的，是館主陳清秀的生日。成員在陳氏住宅門前搭棚演出《剪羅衣》全本，足足需要六個小時，幾乎演到天亮。

此外，陳氏二十餘歲到南鯤鯓「刈香」時，也曾上棚二次。因為本館不是職業班，故不曾外出表演。臺灣昔日還曾有一種習俗，若南管與北管同時表演，南管可將戲台搭在「龍邊」較大、較重要的位置，北管則搭在「虎邊」較不重要的位置，以示南管的優越性。

現在的萬興錦樂社，是受訪者在一九九五年六、七月間重整的，希望能傳承中斷三十多年的「九甲南」。目前參加的成員中，學唱曲的女子較多，包括陳櫻花、陳金珠、許愛珠、蔡碧治、朱阿額、黃秋妹、「錦秀」等人，由陳金塗教唱【福馬韻】、【倍思】、【相思引】、【將水】等，還有一首以「恨冤家」為首的曲目，後場為邱泊照（現年五十五歲，正在學吹）。並在每星期二、四、六、日晚上八點左右，於萬興保安宮的廟埕練習。

陳金塗三十餘歲後，雖不再參與表演，但仍記得大部分的

音樂與戲文。陳氏表示，歡迎有關單位前來參觀，或給予實際的經費支持。同時，陳氏也期盼熱心人士能提供「九甲南」的曲譜，共同整理、發揚傳統曲藝。

── 1996年9月12日訪問陳金塗先生（63歲，前場師傅）、陳明傳先生（67歲，後場師傅），陳龍廷採訪記錄。

萬興車鼓陣

〈訪問黃火煨先生部分〉

受訪者黃火煨幼年就對音樂很感興趣，也曾自製樂器。十三歲時，就和三、四位牧牛的同伴一起學車鼓。教車鼓的「先生」是吳水源（現年六十八歲左右，原為萬興振興里人，後遷居草湖的八甲湖），當初練習的場地在吳氏家中，吳氏之子吳應後來也演車鼓。本館演出三年的酬金都交給「先生」，算是學習車鼓的「先生禮」，也報答指導曲藝的情誼。

吳水源師承洪天與「龜里先」（姓陳，人稱「臭串仔」），原本學車鼓，後來改學南管，學了一年之後，就出陣到外地表演。此後三年，吳氏開始學後場樂器，在澎湖服役期間，也都在戲院拉弦。可惜吳氏二十四歲以後，因必須出外工作，對音樂不再熱衷。但由於吳氏的音感很好，現在萬興錦樂社也請吳氏在後場幫忙。

錦樂社屬於「南管九甲」，不同於車鼓。黃氏認為車鼓沒有拜祖師，在表演的過程中，可以自行穿插劇情，除了歌仔外，也可以唱「南管九甲」；但「南管九甲」必須照本宣科，不能任意竄改。由於南管有拜祖師，不能穿插唱歌仔調，否則算是「背師」，會當場被「先生」責罰。至於車鼓學的是「相

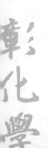

褒歌」，如〈桃花過渡〉，若學過「四句聯」就能表演。例如〈懷胎歌〉、〈病子歌〉等。車鼓的戲齣並不一定，可以隨意自編。

本館以前曾經上棚表演，所穿的戲服與歌仔戲相同，演過《秦世美反奸》、《安安趕雞》、《桃花過渡》、《山伯英台》、《蟾蜍婆打網》等。只要看到有趣的故事，皆能編成劇本演出。《秦世美反奸》、《安安趕雞》並不屬於車鼓的戲齣，而是「南管九甲」，必須照本演出。車鼓比較通俗，以男女笑談居多，台詞也比較俚俗，但觀眾反而比較愛看。若在平地演出，車鼓大多演「牛犁歌」。黃氏擅長演丑角，在調戲旦角的過程中，常引發觀眾的笑聲。

以前車鼓陣從未有女子參加，近年才加以改變。本館的前場都是男性，除黃氏外，尚有陳櫻皇（三十餘歲去世，擅長車鼓旦）、陳啓宗（阿宗仔，三十餘歲去世，擅長車鼓旦）、楊天助（享年五十餘歲，擅長丑角）等人。而車鼓的後場樂器則有大廣弦、三弦、殼仔弦、吹等。主要成員除黃氏之外，尚有黃馬誌（吹）、陳文對（弦）、黃朝藤（弦）等人。

〈訪問黃朝藤先生部分〉

受訪者黃朝藤在十二、三歲時學車鼓，主要是爲了庄中娛樂所需。萬興車鼓的「先生」是吳應、吳水源父子。黃氏二十餘歲時，另向西保的「南管先生」黃□源（忘記全名）學後場。一九九五年六、七月，黃氏也參加萬興的錦樂社，將失傳三十餘年的曲藝重新復興。

—— 1996年9月13日訪問黃火煨先生（62歲，館員），9月12日訪問黃朝藤先生（61歲，館員），陳龍廷採訪記錄。

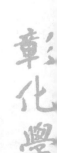

萬興勤習堂（獅陣）

〈訪問黃水裁先生部分〉

萬興庄以前有勤習堂（由溪湖田中央「見智師」的徒弟傳授）與館名不詳的「開口獅」（由鹿港人「阿攏」來教）二館獅陣。

〈訪問黃火煋先生部分〉

受訪者之父黃良山曾在萬興庄教獅陣，總共教了四館，屬於勤習堂的系統。但老一輩的成員都已去世，武館也早已解散。據說，黃氏擅長大刀、「丈二」、鐵尺等「傢俬」。受訪者本身未學武術，也不太清楚過去的發展，僅在七、八年前接續其父在萬興振興里開設的國術館而已。

〈訪問吳河冷先生部分〉

黃良山是受訪者的舅父，據說黃氏功夫精湛，會縮骨功，能睡在蒸籠中。

— 1996年9月16日訪問黃水裁先生（80歲，鄰庄武師），9月14日訪問吳河冷先生（47歲，館主外甥），9月13日訪問黃火煋先生（60歲，館主之子），陳龍廷採訪記錄。

西庄南管大鼓陣

西庄以前有歌仔陣，受訪者陳木興在二十餘歲時曾參加過。先生是萬興人「臭串仔」與崙腳寮人「雞歸源仔」。本館當時曾學過【相思引】、【將水】。後來，二林鎮農會在農業

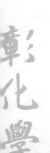

改良場開會，因爲縣政府補助農會推廣農漁業文化系列，鼓勵保存古樂，因此，西庄里里長陳賜重新召集庄人，請「平仔」（楊增平，萬興西保人）來教了半個月。受訪者是大鼓陣的召集人與館員，於每星期一、五晚上練習，地點在媽祖廟廟埕。

　　大鼓陣的學員都是務農的村民，年紀大多是五十餘歲左右的中、老年人，幾乎沒有年輕人參加，也沒有女性加入。主要成員有七、八人，包括孫牽（大、小鼓）、陳連福（大、小鑼）、陳文敬（大鑼）、陳顏（鈔）、陳杉（吹）等人。每逢庄內迎神、「刈香」與「好歹事」，本館都會出陣。

—— 1996年9月13日訪問陳木興先生（68歲，館員），陳龍廷採訪記錄。

西庄勤習堂（金獅陣）

〈訪問陳賜先生部分〉

　　西庄里位於二林鎮西北角，村民以務農爲業，有十二鄰，約二百三十多戶，陳姓是本庄的大姓。受訪者十八歲左右（時值戰後初期），有庄人請勤習堂的師傅（楊姓，人稱「阿曾」，田中人）來教武，本館學的拳路屬於硬拳的太祖拳。

　　一九九二年初，二林鎮農會在農業改良場開會，由於縣政府鼓勵農會保存傳統文化，受訪者時任西庄里里長，遂請同屬勤習堂系統的黃村敬來教了約一館的時間。一九九三年，本館在東勢林場獲得全省民俗活動比賽第二名，第一名則是芳苑的兩廣獅。一九九五年慶祝農民節，本館出陣到中興新村表演，獲得李登輝總統致贈的紅包，本館成員都感到很光榮。一九九六年，因爲省農會理事長當選立法委員，二林鎮農會遂

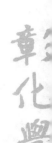

請本館送匾到中興新村致賀。

〈訪問蕭石尚先生部分〉

　　受訪者原爲西庄人，後來遷居崙仔腳，約十七、八歲時，曾參加過西庄勤習堂，學了約八個月（二館）的時間。本館當年由「臭豬」負責，「先生」則是其兄長「阿曾」（田中人，姓楊，已去世多年）。

〈訪問孫豪亮先生部分〉

　　本庄的庄廟是慈靈宮，主祀媽祖，廟宇正在建造當中。受訪者是目前西庄獅陣的負責人，也是西庄農會小組隊長。本館的成員，本來有二十四、五人，現在較常出陣的約十八、九人。主要成員中，也有女性，但大部分的學員在國中畢業後，都選擇赴外地升學，不再參與獅陣，這是目前較困擾的問題。

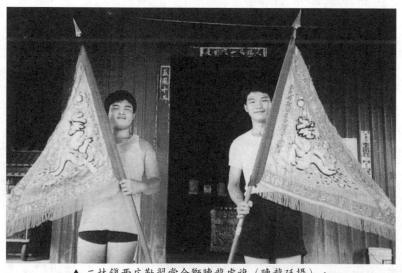

▲二林鎮西庄勤習堂金獅陣龍虎旗（陳龍廷攝）。

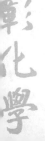

至於受訪者印象較深的成員，則有陳東榮、陳瓏憲、陳瓏樺、陳士明、陳世林、藍俊傑、陳淑凌、陳梅雅等人。

　　本館的練習時間是每星期三、六，地點在媽祖廟前。「先生」黃村敬（居住華崙里挖仔，經營建材行，擅長舞獅頭，較不注重拳路）星期六才會親自來教，每館的「館金」約三萬六、七千元左右。目前獅陣的獅頭、「傢俬」、旗幟都放在庄廟的臨時廟宇中。每逢媽祖到鹿港「刈香」或庄內過年、「謝平安」時，獅陣都會義務出陣。

—— 1996年9月13日訪問孫豪亮先生（46歲，館員）、陳賜先生（70歲，里長）、蕭石尚先生（72歲，館員），陳龍廷採訪記錄。

挖仔勤習堂（獅陣）

〈訪問黃村敬先生部分〉

　　受訪者黃村敬師承伯父黃水裁（溪湖外四塊厝人），原為溪湖鎮外四塊厝人，十一歲遷居本庄，外四塊厝與本庄同屬泰安宮「十四庄媽」的祭祀圈。

　　泰安宮位於華崙里崙仔腳，此廟祭祀圈的產生，是因昔日農業社會常有強盜，鄰近十四庄的居民不勝其擾，兼以附近各庄都屬於較弱小的雜居姓氏，曾經為了水利灌溉而與大姓起衝突，因力量較弱而吃虧，故集合十四個庄頭，共同建造泰安宮，抵禦外侮。為了防禦強盜，庄中前輩曾約定，在田裡工作時，若聽到鼓聲，就隨手拿起鋤頭、鐮刀、叉等農具，趕往發出鼓聲的地點集合。

　　獅陣是附近各庄團結勇敢的象徵，參加獅陣的成員，除了

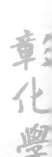

練拳強身、防身之外，另一重要因素就是迎神賽會。庄頭的獅陣皆非職業性質，經費要依靠庄頭的支持。否則，一陣獅陣至少二、三十人，光是成員的服裝、車輛、飲食費用，開銷極爲驚人，若沒有庄中力量的支持，武館恐怕早已解散。

黃氏認爲華崙里一帶的獅陣仍可維持的原因，是泰安宮每三年到鹿港「刈香」，再隔三年前往北港「刈香」，等到從北港回來，會在泰安宮祭祀圈的庄頭遶境。爲了配合廟會慶典，目前崙仔腳、代馬、港尾等地都還有獅陣。挖仔本來也有庄頭所屬的獅陣，但早已解散了。

〈訪問莊眞輝先生部分〉

挖仔以前曾有獅陣，是由瓦窯厝的人來教的，但自從受訪者莊眞輝遷入本庄之後，從未看過武館出陣。莊氏認爲，可能因爲挖仔已變成外來人口的聚集地，原本的居民則不斷遷出，故獅陣早在三十年前就解散了。此外，挖仔昔日也有歌仔陣，但早已解散了。

—— 1996年9月14日訪問黃村敬先生（42歲，村民），9月19日訪問莊眞輝先生（80歲，村民），陳龍廷採訪記錄。

崙仔腳歌仔陣

受訪者蔡水源原居崙仔腳，後來才搬到挖仔。蔡氏二十餘歲時，崙仔腳的「頭人」蔡再發曾召集庄內十餘名青年一起學歌仔陣。

當時請的「先生」是「永和」、「永堂」二位北斗青埔人。「先生」教了約一館（三、四個月），「先生禮」由學員

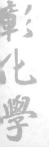

平均負擔。受訪者不知「先生」的師承，只知曾爲歌仔戲班的演員。

泰安宮媽祖遶境時，每個村庄都必須出陣頭，崙仔腳也訓練庄中的歌仔陣「鬥鬧熱」。歌仔陣在庄中「迎媽祖」時曾出陣，當時鼓架都還得用人扛。此外，本館與代馬的歌仔陣較有「交陪」，當初只學了一齣戲《玉珮記》，不曾上過棚，也沒有祭祀祖師的習慣。

蔡氏記得的師兄弟中，仍健在的包括蔡金木（現年七十二歲左右，打鼓）、「阿平仔」（可能姓蔡，現年七十餘歲，歕吹）、周興（現年六十餘歲，歕吹）等人。至於已故的成員，則有蔡再發（若健在，已八十餘歲，頭手）、莊火（若健在，已六十餘歲，打大鈔）、蔡炮（若健在，已七十餘歲，小鑼）、蔡萬福（若健在，已八十餘歲，歕吹）、蔡永樂（若健在，已六十餘歲，精通各種樂器）等人。

當時，成員每晚都到蔡再發家中練習，學員都是同庄人，但並沒有女性參加，由於大家都忙於農事，學得並不算成功，後來就解散了。

—— 1996年9月19日訪問蔡水源先生（69歲，館員），陳龍廷採訪記錄。

崙仔腳勤習堂（獅陣）

〈訪問蕭石尚、蕭清迫先生父子部分〉

崙仔腳屬華崙里，庄廟泰安宮曾是鄰近十四庄的公廟，祭祀圈目前包括整個華崙里的代馬、崙仔腳、挖仔、港尾、詹厝、柳子溝以及溪湖鎮的外四塊厝等七庄。過去因爲迎神賽會

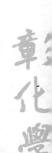

的需要，附近每一庄若有陣頭，幾乎都非常活躍。

受訪者蕭石尚原爲二林西庄人，約十七、八歲參加西庄的獅陣。二十二歲退伍之後入贅本庄，遂參加本庄的獅陣。雖然西庄與本庄的獅陣師承不同，但都屬於勤習堂的系統。西庄勤習堂是由田中人「臭豬」與「阿曾」（姓楊，已逝）來教。館主是「臭豬」，「先生」則是其兄長「阿曾」。

本館起源甚早，約成立於日治時期。當初是庄中富人「坎經」與「老凍」請西螺的廖阿秋（曾教過田中、溪湖外四塊厝、阿公厝等地，若健在，約百餘歲）來教的。後來，本館就由「坎經」與「老凍」（二人皆姓莊，受訪者不知完整姓名，若健在，已九十餘歲）作爲第一代傳人，傳授教庄中的子弟，

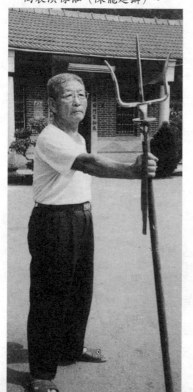
▼二林鎮崙仔腳勤習堂館員蕭石尚表演傢俬（陳龍廷攝）。

至今已有七、八十年了。「坎經」後來也赴外地授館，曾在秀水鄉陝西庄教過，後來則到臺東授武，並在當地去世。「坎經」與「老凍」之後，莊眞輝是重要的武師，許多成員都是由莊氏所教的。本館的「先生」教導庄人純屬義務，不收「先生禮」。若非庄中的凝聚力與向心力，根本無法維持下去。

本館尚健在的成員包括莊眞輝（八十歲，遷居挖仔，已中風）、蕭石尚（七十二歲，藤牌）、蔡萬家（七十餘歲）、黃地（七十餘歲）、

莊錢（七十七歲）、莊良星（七十餘歲）、莊朝麟（六十餘歲）、莊興隆（「阿猴」，五十五歲，長叉、空拳，獅頭手）、蕭清迫（四十九歲，獅頭手）、蕭清音（四十四歲）、莊萬忠（四十九歲，獅頭手）、莊萬發（四十七歲，獅頭手）、陳家藤（大刀）、莊古裝（空拳）。已故的成員則有莊財源（若健在，七十餘歲）、莊天賜（若健在，七十餘歲）、詹得發（若健在，八十餘歲）、李犬（若健在，近八十歲）、李啓（若健在，近八十歲）、李六鄰（若健在，七十餘歲）等人。

　　本館至少傳承了五、六代，主因是庄廟泰安宮爲著名的「十四庄媽」，當年的祭祀圈多達十四庄。以前幾乎每一庄都有自己的獅陣，也至少需派出一個陣頭「鬥鬧熱」。日治時期，本庄就有「暗館」，練空拳，純粹強身，很少出陣，直到戰後才有獅陣。

　　本館多半在年末天氣較冷的三個月練習，大約十一月時，就開始打獅鼓召集庄人。以前晚上若要練習，必須先在「坎經」家供奉的達摩祖師前燒香。起初在「坎經」家後方練拳，若要訓練「牽圈」，需比較寬的場地，則到媽祖廟的廟埕。「牽圈」時，所有的成員必須憑獅鼓的信號變換陣式。蕭石尚五十歲後，因忙於農務，就較少參與練習。目前則在現任館主蕭清迫家的大埕練習，獅陣的「傢俬」也放在蕭家。蕭氏認爲，獅陣使村人不會外出爲非作歹或飆車。學獅陣的成員多半是發育中的青少年。對成員而言，運動量足夠，教獅陣的「先生」常煮藥茶給青少年飲用，對健康很有幫助。不過，現在升學壓力大，年輕一代較不肯學武，相當可惜。

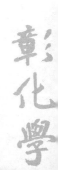

〈訪問莊眞輝夫妻部分〉

　　受訪者莊眞輝八、九歲即開始學武，起初師承田中人「見智師」（姓楊），又向另一位田中人「阿塔師」（楊塔）學拳。後來，「坎經」（莊經丈，已過世二十九年）到南部請廖阿秋到庄中授武，莊氏也一起學習。莊氏也曾師承「坎經」，故既爲師兄弟，也算是師徒。不過，若論輩分，莊氏須稱呼「坎經」爲五叔。「坎經」到秀水鄉陝西庄教獅陣時，曾交給莊氏執教。後來，「坎經」到臺東設館，莊氏也前去幫忙。在「坎經」之後，莊眞輝與莊建益（五十七歲，遷居溪湖阿公厝，曾在國術比賽得名，並擔任國術裁判。在阿公厝免費教導獅陣。有女性成員學空拳、「對套仔」，曾到北斗小埔心「刈香」，頗轟動）都教過本館的成員。

　　三十一年前，莊氏雖已遷居挖仔，仍回到本庄教獅陣，不但未收「先生禮」，還煮點心給學員吃。直到十年前，莊氏才不再執教。莊氏表示，本館現年四、五十歲那一代的成員練得很勤，但後來的成員就差強人意了。莊氏教獅陣時，多在農曆二月中開始集訓，以便因應泰安宮三月二十一日到北港「刈香」及二十二日回程後的遶境事宜。一般而言，出陣需要三、四十人。尤其「牽圈」，若沒有四十人以上，無法出陣。莊氏曾排過「蜈蚣陣」，至於獅陣的「傢俬」則有「丈二」、大刀、叉、鉤鐮、斬馬、鈀仔、尖尾刀、鐵尺、雙刀、雙鐧、籐牌等。

—— 1996年9月19日訪問蕭石尚先生（72歲，館員）、蕭清迫先生（49歲，現任館主）、莊眞輝先生（80歲，武師），陳龍廷採訪記錄。

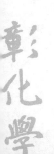

港尾歌仔陣

受訪者李樹材十一、二歲參加本庄的歌仔陣，據其表示，港尾勤習堂的成員李水棋（若健在，約七十三歲）曾在歌仔陣擔任頭手。教本庄歌仔陣的「先生」，人稱「永和仔」（蕭永和，埤頭豐崙村菁埔仔人，已逝多年，其長子也已去世）。另一位受訪者蔡火土曾是港尾的車鼓旦，在其印象中，港尾的歌仔陣比車鼓陣稍晚成陣。

—— 1996年9月16日訪問李路先生（73歲，村民）、李樹材先生（55歲，館員）、蔡火土先生（64歲，村民），陳龍廷採訪記錄。

港尾車鼓陣

受訪者蔡火土（人稱「阿土仔」）為人純樸寡言，幼年開始學車鼓。據說日治時期，庄中不平靜，高人指點須動鑼鼓，才會平安。因此，戰後初年（蔡氏十二、三歲時），庄人便提議組車鼓陣，學了三、四個月就能出陣。

本館學唱「牛犁歌」，而非一般的「答四句聯」。主要的角色有丑角（二名）、旦角（二名）和「老雞婆」（一名），以及一張犁、一個牛頭。車鼓陣表演的情形是由丑角帶路，手拿著粗糠，邊走邊撒。丑角會捉弄旦角，「老雞婆」要追打丑角，牛會攻擊丑角與「老雞婆」。

與蔡氏同一輩的成員包括張萬一（丑角，遷居旗山）、詹水爐（「老雞婆」）、李福（旦角）、李張孫（丑角，已逝）、張天長（歕吹，已逝）、張高先（殼仔弦）、林其雖

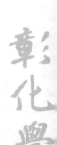

（諧音，大廣弦）等人。蔡氏本人扮演小旦，也會拉弦，但結婚（二十歲）後，就較少出陣。

本館當年除了學牛犁歌外，也學《包公審梅花》、《呂蒙正睏破窯》等戲碼。「先生」有二、三位，都是溪湖西勢厝人。其中一位，人稱「爐取」（諧音），另一位則是蔡仕義。「先生」未收「先生禮」，庄中參加遶境時，若有酬勞收入，通常會全數交給「先生」。

本館通常會代表庄廟鎮港宮迎接外地來的神轎，並隨庄廟去「刈香」。以前也曾有人因家中不平安，到廟裡求神之後，用車鼓陣送這些信徒回家。

── 1996年9月16日訪問蔡火土先生（64歲，館員），陳龍廷採訪記錄。

港尾同義堂（獅陣）

〈訪問莊萬生先生部分〉

日治時期，受訪者莊萬生二十一歲左右，港尾就有同義堂，師傅姓黃（溪湖後溪人，人稱「老進」，來庄中教獅陣時，已五十餘歲）。其子黃朝宗（若健在，約有七十餘歲）、孫子黃應座則在溪湖後溪開設國術館。「先生」來教獅陣，未收「先生禮」。因此，遇到農忙時，本館的成員都會到「先生」家幫忙。若出陣獲得酬金，也都會交給「先生」。

「老進」教的拳頭與一般武館不同，沒有太祖拳、白鶴拳等名稱。受訪者記得所練的「拳母」有「一二撐」、「下肢」、「綑肢」等名目。祖師的神位放在「老進」後溪家中，曾有臺北人前來「刈香」。

本館的「傢俬」有「丈二」、大刀、叉、鉤鐮、木耙、雙刀、雙鐧、尺仔等。莊氏擅長使雙刀、尺仔。以前練習是實際對打,「牽圈」則比個人「傢俬」更困難,必須有團體的默契,若有一人出錯,後面的成員便無法進行。所以,若要「牽圈」,必須練得很純熟。

本館的獅頭屬於「合嘴獅」,先用土做模,再用紙一層一層糊起來。主要的「齣頭」有睏獅、舐獅尾、踏七星、八卦。本館跟「開嘴獅」不同,「開嘴獅」沒有拳頭,是靠獅尾的力量,如「咬青」時,要靠獅尾將獅頭撐起來。

本館尚健在的成員包括張高先(六十餘歲,十餘歲開始學)、張高田(六十餘歲)、張金地(六十六歲左右)、張金池(六十二歲左右)、張老鐘(九十餘歲)、張萬成(八十餘歲)、張遂德(六十餘歲)、張炳川(六十餘歲)、張朝竹(六十餘歲,張朝成之弟)。此外,本館有「獅鬼仔」的設置,以前由「樹奇仔」(姓詹)扮演。

莊氏表示,本館現在只為「神明生」出陣,也會與其他武館的成員合併出陣。本館跟溪湖的後溪、牛稠、外四塊厝較有「交陪」,會互調人手。

〈訪問張朝成先生部分〉

受訪者張朝成年輕常到溪湖經商,故能認識一些鄰近的拳頭師傅。張氏未學武術,其弟張朝竹則是同義堂的成員,但已遷居大排沙(大永)。據張氏所知,港尾同義堂的師傅名叫黃進(後溪人),其子黃朝宗也已去世。

—— 1996年9月16日訪問莊萬生先生(76歲,館員)、張朝成先生(75歲,村民),陳龍廷採訪記錄。

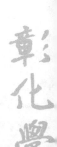

代馬車鼓陣

戰後,約受訪者蔡水池十餘歲時,庄人發起學車鼓陣,蔡氏也參加練習,專門演丑角,但蔡氏二十二歲後,就不再演出。由於車鼓的演員都是男扮女裝,由少年扮演比較好看。車鼓陣解散之後,原本的成員就改學歌仔陣。本館的「先生」人稱「假盤仔」,是埤頭鄉十一號仔的人。在本館最鼎盛的時期,曾到溪湖媽祖廟演出車鼓。在蔡氏的記憶所及,和美也有一陣「牛犁歌」。

── 1996年9月17日訪問蔡水池先生(62歲,館員),陳龍廷採訪記錄。

代馬歌仔陣(車鼓陣、歌仔陣、八音團)

代馬以前曾有車鼓陣,受訪者蔡水池也曾參加,但二十二歲之後,庄中的車鼓陣就解散了,成員遂改學歌仔陣。

二十餘年前,本館除了庄中迎神賽會外,也曾到王功、社頭等地表演。若有庄人迎娶,本館會先「扮仙」再「鬧廳」,每一位成員都扮演一個角色並唱曲,但未上棚演戲。

歌仔陣的「先生」外號叫「無鼻溫仔」、「弦仔」,是溪湖北勢尾人,現已八十餘歲。不過,事隔久遠,蔡氏已忘記當初所學的戲碼名稱,似乎是《陳三五娘》。

本館的成員有蔡啓賜(六十餘歲,頭手)、蔡金士(七十餘歲,吹)、陳文宗(鼓)、蔡祐雅(弦仔)、蔡水池(頭手、小旦)等人。蔡氏印象較深的則是楊萬見(六十餘歲,北勢尾人,隨「無鼻溫仔」來本庄學歌仔)。

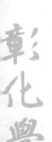

後來，本館成員逐漸流失，又改組八音團。因為歌仔陣至少需要十多人，八音團則只需五名成員即可出陣，包括噯仔、二弦、三弦、大鑼、小鑼。不過，代馬的八音團也已解散。

—— 1996年9月17日訪問蔡水池先生（62歲，館員），陳龍廷採訪記錄。

代馬勤習堂（獅陣）

本館由「頭人」蔡禁（若健在，約八十餘歲）發起，並在家中設館。三十年前，農人有三、四個月的空閒時間，幾乎每晚都在蔡家練習。現在平日沒有練習，若要出「傢俬」的大場面，才需要集訓，練習地點則多在蔡四川家中。

受訪者蔡水池是獅陣的第二代召集人，曾任華崙里里長，在里長任內重整獅陣，名稱是「二林鎮農會金獅陣」，三、四年間時常出陣。獅陣的經費皆由蔡氏出資，而非鎮農會供應，每次出陣約花費好幾萬元。蔡氏卸任後，若農會有事，本館較少出陣，並禮讓給崙仔腳的獅陣。本庄的獅陣與崙仔腳比較有「交陪」，若人手不足，也會互相支援。本館的「先生」是田中的「阿塔師」，現在則大多由庄人自己傳習武術。

蔡氏記得的第一代成員有蔡禁（館主）、蔡泰益（獅頭手）、蔡壬子、蔡雄（以上成員均已過世）、蔡做（七十餘歲）。第二代的獅頭手有蔡秋桐、蔡坤准、蔡長義、蔡天助、蔡二分、蔡宗曜、陳樹只、蔡萬金（「松山仔」）等人，現年皆已六十餘歲。另外，負責獅尾的是蔡盾（五十餘歲），蔡四川則擅長牌，但現在比較少用「傢俬」。後場的成員包括蔡祐雅（獅鼓）、蔡金士（打鈔）、蔡長秋（大鑼）等人。

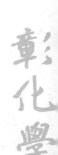

　　本館的獅頭是「籤仔獅」，但並無「獅鬼仔」。以前有拜祖師的習慣，但現在已不再沿習。

　　泰安宮的媽祖是「十四庄媽」，本館是爲泰安宮遶境慶典而成立的陣頭。此外，若泰安宮「刈香」時，本館也會出陣。

—— 19966年9月17日訪問蔡水池先生（62歲，館員），陳龍廷採訪記錄。

土仔崙順武堂（獅陣）

　　土仔崙現名梅芳里，以前在媽祖廟（泰興宮）後面有一座像小山丘的土崙，但現在已被怪手剷成平地。土仔崙原屬崙仔腳泰安宮「十四庄媽」的祭祀圈，但現在已獨立。原本的庄廟泰興宮，目前正在重新整建中。

　　受訪者陳闊口是庄中順武堂的第二代弟子，於庄中開設順武堂國術館。日治時期，陳氏十餘歲開始學武術，當年的召集者是已過世的「豬屎窟」。本館練習的場地在廟埕，並沒有「獅鬼仔」，也沒有拜祖師，除了學空拳之外，也有「對套仔」、「牽圈」，每次出陣約三、四十人。然而，戰後土仔崙就沒有獅陣了，當年的成員大多已過世，第一代的成員若健在，約已九十餘歲；第二代則也有七十餘歲了。

—— 1996年9月16日訪問陳闊口先生（74歲，館員），陳龍廷採訪記錄。

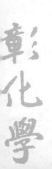

萬合歌仔陣

　　受訪者莊秋欽參加庄內獅陣、學獅鼓之前，曾參加歌仔陣，時年約十五、六歲。莊氏師承謝五柳（芳苑路上厝人，現年約九十二歲），謝氏現在還會與其子主持的劇團出外表演，常在桃園一帶演出歌仔戲。謝氏當年在本庄教了二、三館，有收較微薄的「先生禮」。不過，因謝氏在本庄有田地，農忙時，成員都會前往幫忙。本館所學的劇目有《紙馬記》、《石平貴王寶釧》、《鄭元和》等。莊氏本身學打鼓、歕吹，也演過前場的小生。本館的成員都是庄人，但因人口不斷遷出，老一輩的成員又日漸凋零，遂因人手不足而解散。

　　發起設館，並召集庄中子弟來學歌仔陣的「頭人」是陳后、陳老高（若健在，九十餘歲）、莊萬瓦（若健在，九十餘歲），成員共十一、二人，但沒有女性參加。練習的場地在陳后、陳老高家（一人住「正身」，一人住「護龍」），夏天在大埕練習，冬天則改到屋內。本館的「傢俬」，如弦、吹、鼓、鑼等，當時都放在該處，但這些「傢俬」現在都已亡佚了。

　　莊氏還記得的成員包括陳老業（若健在，約六十餘歲，歕吹，演苦旦）、江銀華（七十二歲左右，遷居桃園，鑼鈔，少演前場）、「波仔」（若健在，約七十餘歲，下萬合人，遷居臺東，演老生）、陳早（七十餘歲，後場）、陳慶號（六十三歲，遷居臺北，打鼓。娶女演員為妻，常演「民戲」）、陳明恭（「章仔」，五十餘歲，演大花、丑角）、陳民（若健在，約九十餘歲，演「老婆仔」）等人。

　　本館當初學了幾齣戲之後，就能出陣。歌仔陣算是「落地掃」，通常只是二人彼此對答、唱曲。本館當年演出時，觀

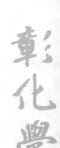

眾很多。莊氏表示，歌仔陣算是陣頭，但未穿戲服，也未拜祖師，只有正式演出的歌仔戲才會拜祖師。

本庄若有廟會或迎娶的場合，幾乎都會請本館來「鬧熱」，出陣的機會比獅陣還多。四十多年前，陣頭較少，若有喜事，大多會請本館去「扮仙」。除了本庄，庄外也經常前來邀請。 此外，莊氏表示，路上厝有「牛犁陣」，以前本庄也有，但未學成。

—— 1996年9月20日訪問莊秋欽先生（61歲，館員），陳龍廷採訪記錄。

萬合大鼓陣

萬合大鼓陣是近五、六年才由庄廟新興宮（主祀清水祖師，例祭日為正月初六）成立的，經費都由廟方支出，樂器、「傢俬」也放在廟中。本館純粹是庄廟迎神賽會的陣頭，若庄廟「神明生」等需要大鼓陣配合的場面，本館就出陣演出，不曾受邀到他庄。大鼓陣的館主，則由新興宮的值年爐主擔任。

本館的成員僅三、四人，重要的成員大多是原來歌仔陣的成員，未再聘「先生」指導。目前的成員有莊秋欽（六十一歲，打大鼓）、陳早居（七十餘歲，打鈔）、「山良」（下萬合金城巷人，歕吹）。另外，大鑼的人選則不固定，通常以臨時找人手的方式配合。

—— 1996年9月20日訪問莊秋欽先生（61歲，館員），陳龍廷採訪記錄。

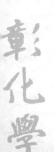

萬合勤習堂（獅陣）

〈訪問薛宗樂先生部分〉

受訪者服兵役之前（二十餘歲），曾參加獅陣。但事隔已久，已忘記師傅的姓名，且獅陣成員皆已遷居外地，故獅陣已解散了。

〈訪問莊秋欽先生部分〉

本庄庄廟新興宮主祀清水祖師，例祭日爲正月初六。每逢庄內「神明生」，本館都會義務出陣「鬥鬧熱」。以前庄內有二陣獅陣，會在慶典的場合「拚館」，相當激烈。

受訪者莊秋欽十餘歲曾學打獅鼓，所參加的獅陣屬於勤習堂的系統，是員林溝皂人張紹書（今年剛去世，若健在，約八十九歲。出殯時，本庄曾出陣送殯）所傳的。張氏教過員林溝皂、北斗、北勢寮與二林華崙里港尾庄等地。但是別庄只派成員去送殯，只有溝皂、員林某地及本庄出了獅陣。

大約一九五四至五五年左右，張氏來本庄教了二、三館，有教空拳、「傢伙」、「牽圈」。莊氏曾嘗試「牽圈」一、二次，因怕辛苦，故大多只負責打獅鼓，沒有練拳。

本館最早的館主是莊秋欽夫人的祖父陳木（已去世三十餘年，若健在，約百餘歲），當年練習的場地就在陳家大埕。當時的成員極爲勤奮，經常練習。本館「先生禮」由學員支出，沒有「公金」支付。後來，庄人就自行傳習，至少傳了二代人。現在的召集人薛宗樂（六十六歲，第二代成員）有學空拳，但不會舉獅頭。有時本館受邀出陣，若是大場面，會請「先生」前來坐鎮。莊氏記得曾有一次到秀水鄉出陣，師傅也到了，所得的酬勞全數都交給師傅。

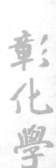

　　莊氏所知的第一代成員有陳金環（約七十四歲）、陳昔其（六十餘歲，在庄中開設國術館）、李晉森（六十六歲，在草湖開設國術館）、陳清祐（六十六歲，已中風）。第二代成員則有陳慶德（六十一歲，在臺中開設國術館）、陳清照（約五十八歲）、陳文雄（五十三歲）、薛有利（五十餘歲）、陳水窟（五十餘歲）、陳慶堂（六十四歲）等人。

　　莊氏表示，本館每次出陣，需要二、三十人。現在成員大多遷居外地，人手不足，較少出陣。若出陣，也僅出獅頭，沒有「傢俬」、「牽圈」。

　　至於本庄的另一陣獅陣，館名不詳，僅知是請埤頭鄉人「安仔」來教，大約在一九六一年解散，存在僅約十年左右。

── 1996年9月17日訪問薛宗樂先生（66歲，館員），9月20日
　　訪問莊秋欽先生（61歲，獅鼓手），陳龍廷採訪記錄。

丈八斗勤習堂（獅陣）

　　西斗里舊名丈八斗，戰後改名西斗，以盛產葡萄聞名。庄廟天后宮，主神媽祖每年會到鹿港「刈香」，「祖師公」會到清水岩「刈香」，玄天上帝到松柏坑，「三王」則到麻豆、南鯤鯓「刈香」。每逢香期，本館都會義務出陣，為神明「鬧熱」。

　　受訪者莊豐文是本館的獅頭手，本館目前也是二林鎮農會四健會的五陣獅陣之一，其他四陣分別是外竹、挖仔、代馬、西庄。但莊氏表示，本館並未得到農會補助。本館的成員白天忙於農事，晚上就一起練習獅陣，當作運動健身，所以，並不會跟農會計較。

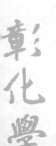

　　莊豐文十七歲時（三十九年前），請了一位外四塊厝的朋友黃長和來庄中教拳頭，起初只是「暗館」，後來庄人覺得庄廟經常到外地「刈香」，如果有自己的獅陣，會比較熱鬧，遂開始訓練獅陣。起初的地點是陳行家的大埕，較不會吵到別人，後來遷移到陳再壽家，是因為當地的大埕較寬，而且屋前有明亮的路燈，成員較能看得清楚。

　　黃氏在本庄傳授一館「暗館」，並訓練獅陣四、五年。除了本庄，黃氏也在芳苑頂廊仔、二林挖仔、二林國中等地教過。由於黃氏免費教學的緣故，學員經常出現虎頭蛇尾的現象，反而不易成功。本館的獅頭也是黃氏糊製的，黃氏先後糊製三粒，有「青面獅」、「黑面獅」、「金面獅」，都放在莊氏家中客廳。

　　本館出陣分為文陣、武陣，武陣有拿「傢俬」，至少需要四十多人，才顯得壯觀。文陣未拿「傢俬」，以舞獅為主，需要的人數較少（獅頭手三人、獅尾二人、打鼓三人輪流、打鈔二人、大鑼一人、旗手六人，再加上推車者，至少約二十人），現在則大多以文陣出陣。

　　本館的成員有二十多人，莊氏印象較深的有陳行（五十七歲）、陳再壽（約六十歲）、陳文定（約六十歲）、陳進成（四十餘歲）、「阿如」（約二十餘歲）等人。

　　莊氏本身擔任獅頭手，遇到重要場合，獅頭都由莊氏操持。本館有一回在芳苑媽祖廟口出陣，莊氏一人舉獅頭拜神、滾龍柱，連續表演近三小時，幾乎虛脫。莊氏表示，一般的獅陣怕辛苦，大多只有拜神而已。

　　本館出陣的規矩並非黃氏所教，而是莊氏向一位家住田中崁頂方姓友人（本身是玄天上帝的乩童）學來的。本館若要因應較大的場面，常會請方氏來幫忙。田中的獅陣是祖傳的，

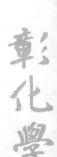

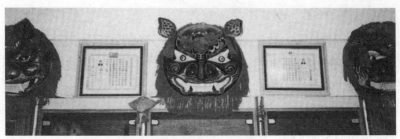

▲ 二林鎮丈八斗勤習堂之三色獅頭（陳龍廷攝）。

舉凡過橋、過溝、探溝、踏八卦、踏七星、踏四門、睏獅等細節，都有精緻的步法。但方氏發過重誓，未將「傢俬」教過外人。

除迎神賽會之外，若民宅不平安或新居落成，也會請獅陣前來「制煞」。一般師傅若未學全，只敢踏七星而不敢踏八卦。莊氏表示，獅頭手的進退步法都有一定的規矩，「制煞」若未成功，獅頭手會被冲煞，因此，若非功夫爐火純青，一般人不敢踏八卦。

在舞獅之外，莊氏對拳術、草藥、醫理，也有相當的研究。莊氏學過不少拳術，但從未與人打架，莊氏後來希望多做一些善事，替人解除疾患。莊氏在接骨、草藥方面轉益多師，其伯父莊水成教導辨認藥草，西螺廖炎教藥路，另一位西螺的師傅「矮仔炎」（廖永炎）則教接骨。因此，莊氏曾在鄉下義診三年。莊氏並透露民間的草藥祕方：炮仔花可治血脂過高；薑黃與五支鬚（會開黃花，四、五月才長）加上冰糖煮水喝，可治高血壓；羊母乳的葉子與荣心，煎青皮鴨蛋加茶油，可治水腫。

—— 1996年9月21日訪問莊豐文先生（56歲，館員），陳龍廷採訪記錄。

北勢里順武堂（獅陣）

北勢順武堂獅陣是一九八三年成立的社團，館名牌匾仍保留在受訪者洪紹銘家中，載有獅陣確切的成立年代。本館與庄廟伍天宮的關係極爲密切，本館的召集人兼總務洪紹銘也是庄廟管理委員會的常務委員。本館創辦的主要目的，是爲了伍天宮的慶典，才召集庄人組成獅陣，義務爲神明慶典出陣。

二林街內分爲東和、西平、南光、北勢四里。據耆老指出，日治時期，二林地區只有東和里仁和宮的媽祖、西平里的林府王爺，以及北勢里伍天宮的伍府千歲，可以收街內四里的「丁口錢」。伍天宮創建時間雖然只約四十年，但主神伍府千歲的神像與香爐，皆超過百年以上的歷史。日治時期，神像、香爐由爐主輪祀，直到一九五六年才建廟。

本館屬於順武堂的系統，是著名拳師吳居（「吳居師」，家境富裕，吳氏爲拜師學藝而將家產土地賣光）的門下所傳。吳氏的拳路可能是綜合太祖拳、白鶴拳而自成一家。早期並無順武堂館號，吳氏於一九六一年左右，曾到二林授武，當時只有「暗館」。直到一九八三年，伍天宮才開始有吳居門下所教的獅陣。教獅陣的二位「先生」是吳氏的義子李清柔（人稱「阿柔仔」，但邱炳煌認爲是吳氏的女婿）與「吳居師」的徒弟黃來環（人稱「芳苑師」，現居大城鄉尤厝）。本館成立之初，尚屬戒嚴時期，不准民眾擁有武器，遑論聚眾訓練。因此，必須先到派出所報備，本館遂找彰化縣議員洪金崙擔任館主，以免麻煩。

一九八四年爲本館最盛的時期，成員約有百人。後來成員大多外出謀職，其中三、四十人考取中央警官學校，畢業後擔任警察。現在仍常聯絡的，約有二十多人。包括洪錕燃（五十

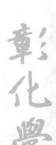

歲）、徐燕清（三十餘歲）、詹成（四十餘歲）、謝武（三十餘歲）、魏宏志（三十餘歲）、謝滄記（三十餘歲）、劉春勇（三十餘歲）、洪永岸（三十餘歲）、陳明芳（三十餘歲）、林寧宗（三十餘歲）、黃世明（三十餘歲）、康鉦欽（三十餘歲）、洪崙成（三十餘歲）、洪介亮（三十餘歲）、鍾永誌（三十餘歲）、許福賢（三十餘歲）、林景陽（三十餘歲）、洪文章（三十餘歲）、陳清松（三十餘歲）、洪夏堯（三十餘歲）、洪鴻昇（三十餘歲）、陳玉堂（三十餘歲）、洪竹根（三十餘歲）、林石（三十餘歲）、尤光明（三十餘歲）、洪國珍（三十餘歲）、張清吉（三十餘歲）、洪朱銘（三十餘歲）、洪文華（三十餘歲）、洪文喜（三十餘歲）等人。

伍天宮與本庄的關係非常密切，本館的成員也都是本庄的子弟，當年還是國中學生，訓練經費的來源都是向庄人募捐。一般出陣，至少要二、三十人。本館多將出陣所得的酬勞納入「公金」，續存一、二年，累積一、二十萬左右，再招待全體成員旅遊，因此成員的向心力極強。

本館的樂器（大鼓、大鑼、小鑼、鐃、鈸等）放在伍天宮的廟埕，「傢俬」（大刀、掃刀、雙鐧、叉、斬馬刀、丈二鎚、三眼鐵尺、藤牌等）則放在洪氏家中。本館的獅頭屬於「合嘴獅」，大部分漆成金色，稱為「金面獅」。此外，本館並不使用「獅鬼仔」，祖師的牌位上書「如在其上」四字，底下則有達摩祖師、九天玄女、越國太祖、白鶴仙師的名號，左右對聯寫著「天上真仙開七步，人間光勇化千方」。

本館訓練八個月就出陣，主要是在三月「刈香」期間，此外，八月初二九天玄女聖誕、十月十七日伍府千歲聖誕，或是外地的廟宇前來參香，必須由獅陣出去迎接，以示禮貌，本館每年約為這些場合出陣十餘次。除了義務出陣之外，入厝、工

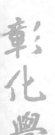

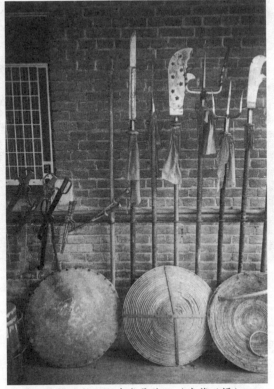

▲二林鎮北勢里順武堂長傢俬（陳龍廷攝）。

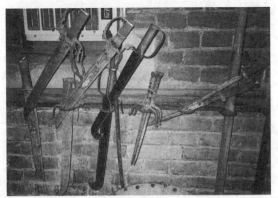

▲二林鎮北勢里順武堂短傢俬（陳龍廷攝）。

彰化學

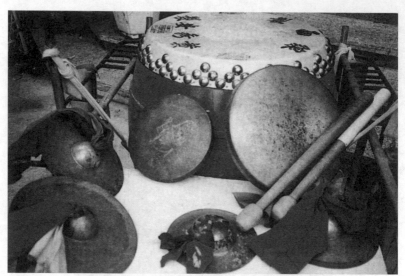

▲ 二林鎮北勢里順武堂鑼鼓（陳龍廷攝）。

廠開業、動土等場合，也常邀請獅陣，這是因為獅子有驅邪的
力量。以前候選人成立服務處，也常請本館出陣，但現在地方
派系太過複雜，本館已不再參與。

　　二林以金香葡萄聞名，一九八四年「第一屆二林葡萄仙子
選拔會」曾請本館演出，當時的表演轟動一時，至今仍為眾人
所樂道。此外，雲林口湖是「吳居師」的故鄉，當地的廟宇落
成，也曾請本館前去支援，成員還受到當地老拳師的稱讚。

── 1996年9月1日訪問洪紹銘先生（66歲，總務兼召集人）、
　　洪錕燃先生（39歲，館員），陳龍廷、林晏如採訪，陳龍
　　廷整理記錄。

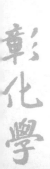

彰化學

二林順武堂

〈訪問洪東洋先生部分〉

　　四十餘年前，受訪者洪東洋二十三歲左右時，曾向著名的武師吳居學習拳術。吳居，人稱「居師」，雲林縣口湖過港人。當初請他來的動機，主要想學「觀神」的事，因大家都說他法術精湛，學習拳藝則是後來順便附帶的事。

　　當初的發起人是洪東洋之父洪考、里長吳順成以及洪良一。

　　吳居來二林教館的地點，就在洪東洋家（新生路振武貨運），前後總共教了一、二年，純粹是「暗館」。他們練拳健身，沒有獅陣。在這之前，吳居曾去外竹里開館，在那裡傳授的徒弟較多，並教獅陣。雖然洪東洋他們沒有獅陣，若有迎神賽會，他們也義務參加，表演空拳、「傢俬」、「對套仔」。吳居教的拳路是羅漢拳，而非太祖拳。

　　洪東洋印象較深的師兄弟有康煙騰（現年六十五歲）、陳樹紅（現年六十二歲）、洪良一（今年剛過世，若健在，約五十六歲，曾任鎮民代表會主席）等人。

　　吳居沒有收他們學武藝的「先生禮」，只有收教法術的部分。武館練習的時間都在晚上，大家輪流煮點心。館員經費都是自由樂捐。

　　吳居有草藥方面的知識，但沒聽說他會看地理風水。受訪者擁有師傅傳授的銅人簿，但不知放到哪裡去了。提及受訪者以前功夫多了得的傳聞，他只是淡淡地笑著說：「少年人卡袂曉想」。後來，吳居曾受西平里里長張興邀請，在其開設的第六酒家後面教武館。

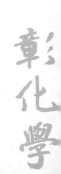

〈訪問康煙騰先生部分〉

　　吳居來二林新生路開館時，是「暗館」，因為當時仍為戒嚴時期，開館授徒不能大張旗鼓，故只有練拳健身，而沒有獅陣。當時吳居來教拳時，已經七十餘歲，現若健在，應有一百多歲。

　　康煙騰向吳居學的是羅漢拳，屬於硬拳。因為他以前就有根基，所以吳居時常要他代為傳授。不過，他現在以賣豆花為業，並沒有開國術館。十餘年前，北勢順武堂金獅陣成立時，他也曾出來幫忙。

〈訪問曾輝先生部分〉

　　「吳居師」住在二林洪考家時，受訪者曾經去幫忙過。

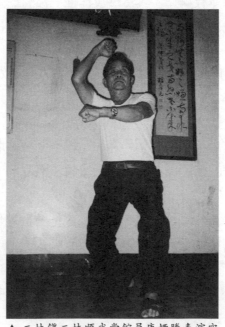

▲二林鎮二林順武堂館員康煙騰表演空拳（陳龍廷攝）。

　　有一位女子手骨斷了，不知道先前是誰醫治，竟手骨接反。師傅說：必須將手骨再次打斷，重新接上。在醫療過程中，將患者的父母都請來。開始的時候，師傅先「放筋路」，之後，突然抽出一支事先準備好的、約一尺長的鋤頭柄擊打，手骨立刻斷了，患者當場昏倒。然後，將患者綁在長板凳上，要受訪者以像絞甘蔗的機械般將女子的手骨調回正確位置。最後，師傅含水一噴，女子就甦醒過來。

　　一般人認為吳居在二林傳的弟子，以「煙騰仔」功夫最好。在受訪者看起來，洪考的兒子「東洋仔」功夫才精湛。有一次，在振武貨運內，三名大漢來找麻煩。後來，實在欺人太甚，「東洋仔」施展功夫，三人竟然倒退五、六步，連想要靠近也沒辦法，確實能將師傅傳授的功夫靈活運用。同樣身為師

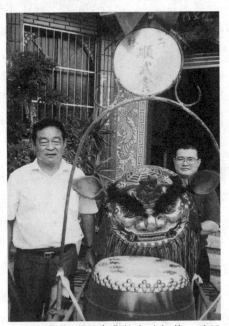

▲ 二林鎮二林順武堂館主洪紹銘、洪焜
燃及其獅頭、鼓架（陳龍廷攝）。

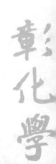

兄弟，他看得出來，「東洋仔」不但功夫好，爲人也謙虛，且得到師傅的銅人簿眞傳，「煙騰仔」則沒得到。

—— 1996年9月18日訪問洪東洋先生（64歲，館主之子），9月1日訪問康煙騰先生（65歲，館員），9月15日訪問曾輝先生（68歲，師兄弟），陳龍廷採訪記錄。

二林義英堂（獅陣）

受訪者康煙騰在向「居師」學藝之前，十四、五歲時就投入義英堂的陳兩順門下，學習太祖拳。陳氏是二林鎮長陳炎的父親，也是義英堂的師傅（案：陳兩順於一九六一年曾任二林仁和宮重修委員會主任委員，在該宮正門有丁未年祈安清醮時所書的匾額「保我黎民」）。本館的館址在二林北平里的三和醬油公司，但僅維持一、二年，就「散館」了。

—— 1996年9月1日訪問康煙騰先生（65歲，館員），陳龍廷採訪記錄。

西平里順武堂（獅陣）

「吳居師」到二林新生路教拳之後，西平里里長張興也請吳氏來授武。張氏當時經營第六酒家，在此同時，也請洪萬慶來教南管，相當熱鬧。

—— 1996年9月18日訪問洪東洋先生（六十四歲，館主之子）、洪萬慶先生（七十歲，新義芳社曲館先生），陳龍

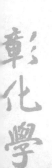

廷採訪記錄。

二林新義芳社（南管）

二林仁和宮主祀媽祖，媽祖「分靈」自鹿港，順天府王爺則分自南鯤鯓。

新義芳社是受訪者洪萬慶三十餘年前來此傳授的，當時洪學棟（本來在農會做事，後來在媽祖廟當廟祝）請他來教，正式開館只教了一年多，他搬來此地後，陸續傳授庄人，曲館活動幾年之後，因大家忙於工作而漸漸解散。在新義芳社之前，本地也曾有曲館，一開始的「先生」是市場內一位布商，之後則請鹿港的林清和來教。

館號之所以稱為新義芳社，是因為洪萬慶原是芳苑人，為芳苑義芳社的一員，先後師承洪皆得、洪萬協兩位師傅。洪皆得用古法教他們，有詞無譜，即「先生」示範一次、學生重複一次的方式；而北斗秀螺社顏明宗從北斗帶回新譜來教「骨法」（每一字的高音、旋律、長短音，皆標明在詞之下），按譜法教，這種教法即使「先生」不在場，學生也可以自己練習。

洪萬慶只教後場曲路、樂器，沒教「腳步」，故新義芳社並沒有「上棚做」。以前「萬慶先」在芳苑義芳社時，才有上棚演南管戲，教「腳步」的是「惡人仔先」（葉美景），他後來到臺北發展，現仍在世，約九十餘歲。「萬慶先」教的開門曲是〈秋天梧桐〉（敘述孟姜女送寒衣的故事），開門譜則是〈綿答絮〉。他除了在二林新義芳社教曲之外，也在芳苑義芳社、大城振義芳社教過，由三館館號之間的關係，可看出「萬慶先」不忘本的表現。一九九四年，芳苑國小校長請他去教，

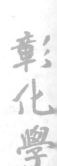

後來校長換人，學生畢業後也沒繼續學習，就不了了之了。

「萬慶先」解釋南管主要分為四種基本管門：四空管、五空管、倍思管及五六四乂管，管門底下又有不同調子。至於北管則分西皮、福祿。「萬慶先」沒正式學北管，只憑興趣與機緣，略懂一些。他教學層面很廣，有位弟子後來到臺北發展，回來後很感謝「先生」的教法，使他在臺北能應付自如，因此很尊敬「萬慶先」。由於新義芳社屬於「洞館」，祭祀孟府郎君（又稱「郎君爺」），有供奉神位，以前每年舉行春、秋二祭，祭典完還有「吃會」。至於「品館」則祭拜鄭元和，九甲仔班拜田都元帥，而九甲大多屬職業戲團。

以前曲館練習大多在下午二、三點開始，或從傍晚五、六點練到十點多，時間不一定，練完之後還會聊天，大家像朋友一樣。他們一館算一百天，正式教的一年多期間才有給「先生禮」，以募款及館員分攤的方式，由「公金」負責人（即館主）收齊後，再交給「萬慶先」。館址先後搬移過三次，最先是在館主洪學棟家，後來搬到西平里里長張興開設的第六酒家旁邊，最後移至媽祖宮（仁和宮）內，就以仁和宮做為聯絡的據點。

新義芳社有女性成員參加，以前去鹿港排場時，其中一名女館員洪月香的唱曲，讓人讚不絕口，轟動一時，其他如程麗珠、林美惠、洪秀美、洪秀珠等人，都有不錯的表現。這些女孩子都是未婚時學曲的，婚後就不再參加曲館活動了。發起人有洪學棟（歿，在芳苑成樂軒學北管）、洪允仲（歿）、洪本（歿），館員有洪添（洪秀美、秀珠之父）、陳諒、張木材（二林國中音樂老師）、楊龍江（擅簫）、洪勝（擅琵琶）、蔡旺（歿，擅弦仔）等人，前幾位算上一輩的成員。就算尚存的館員，也大多外出工作。「萬慶先」認為現在藉由學校社團

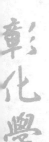

的組織，較易保存傳統音樂，單在民間已無法保存了。

新義芳社替公廟仁和宮或里民出陣，純屬義務，曾隨仁和宮到鹿港、麻豆、南鯤鯓「刈香」。里民有喜、喪事，也會來請出陣，有時會給點紅包，通常為喪事出陣的紅包較優沃。這些收入大多納入「公金」，作為添置樂器等用途，有時也會分一些給館員或聚餐，隨館主處置。

新義芳社常與芳苑義芳社及北斗的秀螺社互調人手。至於這附近的曲館，就洪萬慶所知，大城有一個北管，可去訪問蔡馮；芳苑成樂軒的部分，則可訪問洪清爽。

—— 1996年1月9日訪問洪萬慶先生（70歲，曲館先生），林昌華採訪，張慧筑整理記錄。1996年9月5日，陳龍廷重新訪問整理。

二林仁和軒（北管）

仁和軒是戰後才成立的。受訪人李甲，人稱「甲伯仔」，現年七十五歲，原本是北斗人，二十一歲來二林發展，後來媽祖廟才成立了北管子弟社仁和軒。仁和軒命名的由來，即依據媽祖廟仁和宮（廟址西平里中正路五十八號）而來，媽祖廟位居街西，又稱西二林，乃四里信仰的中心，若廟中有迎神賽會，四里里民都有義務捐納「丁口錢」。仁和宮的媽祖是鹿港媽祖廟的「分靈」，以前都要回鹿港「刈香」。

仁和軒的發起人是洪泥水、「楊仔闊」，兩人都曾學過北管。「楊仔闊」長李甲五十餘歲，曾在北斗媽祖宮學曲。洪氏是豆腐店老闆，家中較富裕，曾在芳苑鄉學北管，洪家人都曾學過，其兄弟還當了「北管先生」，洪氏本身也是仁和軒的

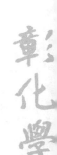

「先生」。當時有學習傳統戲曲風氣，他們想成立自己的子弟社，神誕慶典時就不必請外台戲。在社會風氣較保守的當時，他們出面鼓勵國小畢業的小孩來學北管戲，並表示北管劇本內容多是勸人爲善，所以學北管的小孩不會變壞。

歷任曲師，除了洪泥水、「楊仔闊」之外，還有蕭金長。他是社頭崙仔人，長李甲十餘歲，在永靖被招贅。洪泥水去世之後，蕭金長才來仁和軒教，他的弦、吹都很在行。

仁和軒成立時，媽祖廟並沒有出錢，資金由洪泥水與「楊仔闊」二位「頭人」出面募款。當時社會普遍較貧窮，想募得經費並不容易。仁和軒子弟拜師必須包約一、二十圓的紅包作爲「先生禮」。演出的機會有正月農民節、三月的「媽祖生」，還有隨同仁和宮的媽祖回鹿港「刈香」。除了神明慶典義務演出外，民間的喜、喪事，若受邀演出，皆有紅包收入。「頭人」將之保管爲「公金」，用來買服飾、頭盔、樂器等。但這些原放在洪泥水家中的東西，因某次淹水而全都損壞。

仁和軒的子弟，西皮、福祿都有學，拜西秦王爺爲祖師。開館的時候，曾將本鎮西平里昭西路洪水樹家中奉祀的西秦王爺請來供奉。可能洪氏的祖、父輩是專演民間戲的戲班成員，所以家中才有拜王爺。仁和軒館內並未雕刻王爺金身，也沒有王爺聖誕的祭祀慶典、「鬧熱」或「吃會」等活動。李甲說：這尊王爺很靈，如果「發爐」的話，曲館在三天內必然有事情發生。

李甲擅長前場，旦角、小生、花面都曾演過，但未學後場。因爲他來二林以前，曾經有一段時間在彰化當長工，那時他在彰化市大道公廟前的集樂軒學過北管戲，不過，已經忘記老師的名字。因此他在仁和軒內學習，領悟力也較快，「先生」若要教「腳步」，經常要他下場幫忙。開館第一齣戲

是《天水關》,由李甲演孔明(老生)、洪寶興演阿斗(小生)、洪旺演趙子龍(小生)。目前他保有當年在仁和軒學過的曲簿,劇目包括《送子》、《得子》、《金水橋》、《天水橋》、《新仙會》、《新金榜》、《走三關》、《哪吒下山》、《放關》(吳漢殺妻)、《東科》、《磨斧》、《玉麒麟》、《倒銅旗》、《破五關》、《醉仙會》、《三進宮》、《大封王》、《回窯》、《斬瓜》、《慶賀》等。

本館平常練習的時間並不固定,但地點多在仁和宮廟埕。每天早上「先生」寫曲書,學生隨時可來。教學的情況是「先生」發曲書教學生如何念,然後三日再來,與「先生」對照是否正確。李甲的同學大多是二林的子弟,共二十餘人,但大多已過世了。學前場的同學有傅富(擅長丑角)、洪文耳(擅長小生)、洪火樹(擅長旦角)、洪錦明(當時年幼)、洪錦地(洪錦明之兄弟)、洪旺(擅長老生、小旦、小生)、洪寶興(擅長小生)、吳順統(長李甲二十餘歲,擅長演「大花」戲,如《鬧殿》、《三進宮》、《關公收周倉》)等人。學後場的同學有洪都洲(擅長打鼓)、魏來興(擅長吹)、李樹旺(擅長吹)等人。李甲到了五十餘歲,才向「萬慶先」(洪萬慶)學「線路」,主要是南管的曲目,如〈為伊割吊〉、〈心頭傷悲〉等。

仁和軒曾隨媽祖到鹿港「刈香」,演出《倒銅旗》,很受歡迎。仁和軒也曾與芳苑的北管曲館有交流,當人手不夠時,常到該處借調人手,但李甲已忘了該館的館名。

以前,本館的館主曾替李甲向地方戲劇協進會申請牌照,但後來牌照被吊銷。仁和軒在李甲三十一、二歲時就「散館」,時約一九五○年代。

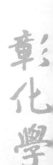

—— 1996年9月4日訪問李甲先生（75歲，館員），陳龍廷、林晏如採訪，陳龍廷整理記錄。

東和里布店組南管團（南管）

　　約一九五〇年代，在二林媽祖廟的南管曲館新義芳社成立之前，二林鎮的布店老闆就組成南管社團。受訪人洪滄浪今年六十歲，當年學南管時，屬於最年輕的一輩，其他大部分的成員，都是中年以上，被稱為「老歲仔班」。後來，此團的參與者因日漸凋零而解散，目前在二林地區尚可找到的當年成員，僅剩三人而已。

　　曲館主要的發起人洪添旺、洪允成皆是布店的老闆。他們以前常常晚上關門後，聚在一起玩牌，然後去吃點心。久而久之，就厭倦這樣的生活方式。突然有人建議學南管娛樂，一呼眾應，於是在一家中藥店（即洪允子家中）聚會，請「南管先生」來教。洪滄浪的叔叔洪獻潮也經營布店，因看到當年的洪滄浪才十八歲左右，白天在工作，晚上怕他年少喜好玩樂，所以也將他找來學南管，並代為支付學費。

　　本館的歷任「先生」有許金嘆、林清河、施清河三位。許金嘆是芳苑人，義芳社出身，也是洪萬慶的徒弟。教一陣子之後，成員開始嫌許金嘆的音樂素養不夠，可能下午才學，晚上便要教。因此，他們才去鹿港請林清河、施清河來教，這兩位「先生」是鹿港龍山寺聚英社出身，有非常深厚的南管素養，當年都已是七十餘歲的老先生。洪滄浪認為，要當「南管先生」，至少擅長三樣樂器，現在要找到精通五樣樂器（即琵琶、洞簫、三弦、二弦、拍板）的「南管先生」少之又少。傳授的時間約一年，去除農忙期間，實際學習差不多七個月左

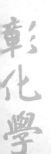

右，一館時間四個月，「先生禮」由學員分擔，林清河與施清河則住在媽祖廟仁和宮。

洪滄浪本人擅長的樂器有三弦、琵琶、椰胡。因為當年的機緣，打下南管的基礎，再加上自己的興趣，家中收藏有數十本曲簿，而且除了保存當年「鹿港先」留下來的龍山寺琵琶，也另外自製一支南管琵琶，甚至雕刻兩支椰殼胡。目前因為館友凋零，常與新義芳社的「南管先生」洪萬慶合奏。

目前尚健在的成員包括洪添旺（現年八十餘歲）、洪允成（七十餘歲）、吳皇都（五十九歲）、郭木生（七、八十歲）等人。已故的成員則有許知高、洪允子、洪獻潮（洪滄浪叔父）等人。

洪滄浪認為，在農業時代會想學南管的，多半家境較好，才有時間在晚上練琴。不過，如果要學得會南管，除了心情較清閒之外，還必須有耐心，他們「老歲仔班」的學員普遍年紀較大，所以學習的精神較不積極。學南管的年紀，差不多十七、八歲的青少年最適合；若年紀更小，則不適合學南管，因為玩性較強，學習不夠專心。

過去仁和宮神誕慶典時，本館曾去廟裡表演三、四遍，在廟埕擺了幾張椅子，時間一到就開始演奏。後來洪萬慶的新義芳社的成員出馬，本館就拱手讓賢了，因為新義芳社女性學員很擅長唱曲。洪滄浪表示，南管要女生來唱才好聽；男生嗓子粗，又上了年紀，當然要讓賢了。

—— 1996年9月6日訪問洪滄浪先生（60歲，館員），陳龍廷、林晏如採訪，陳龍廷整理記錄。

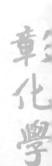

番仔田振興社（獅陣）

〈訪問紀和男先生部分〉

香田里舊名番仔田。目前香田里有七鄰，一百多戶人家，居民以洪、黃兩姓居多，大部分是漳州籍。本庄因為土地難尋，建廟牽涉層面太廣，所以村民供奉的三府千歲（池王、李王、吳王）由爐主輪祀。

本庄獅陣名為振興社，自日治時期開始活動，本庄人洪丁才（已逝世，若健在，約九十餘歲）曾去西螺振興社學過武藝，回庄後組織振興社，當時受訪者紀和男才十餘歲而已。獅陣在日治時期還是「暗館」，參加者有四、五十人左右，每晚都有練習，館址即在館主洪丁才家中。洪丁才教導庄人學武，直到去世為止，差不多有十餘年。現任館主為紀和男，館址也已經移到紀家了。

洪丁才似乎只在庄內教武，其子洪文士是「頭叫師仔」，現住在臺北，洪丁才的醫術、藥理知識都傳給自己的兒子，不過，洪文士並未開設國術館。紀和男本人則教過基隆水湳洞及彰化竹塘國中的學生，現在每週五都會去教國中生，已教了一、二年，學生約有三、四十人，共有六顆獅頭。

振興社主要傳的拳種是洪丁才擅長的「蝶仔拳」，屬於南拳的一種，他們並沒有祭拜祖師的習慣。獅頭是合嘴的「火焰獅」，購自嘉義，若壞了就再購買。紀和男說，嘉義有許多糊獅頭的師傅。至於「傢俬」則整棚都有，現放在館主家。藥簿與銅人簿的部分，因為洪丁才只傳給兒子，故收藏在洪文士家。

由於獅陣屬於村庄公有，經費大多來自三府千歲的「公錢」，有需要的時候，才撥一部分使用，出陣若有收入，也直

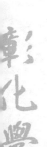

接納入「公金」。通常如「刈香」、工廠落成、選舉等場合，獅陣都會義務出陣。現在館員都已有基礎，所以平日各忙自己的事業，只有在出陣前，才會集合在館主家練習。以前的館員多已去世或年老體衰，現在還保持活動的，只有一、二十人而已，有時人手不夠，還會調竹塘國中的學生或西螺祖館的師兄弟來支援。除了上述二館以外，香田里振興社與大城鄉管仕厝的武館也有來往。

受訪者這一代並未與人「拼館」，只聽說上一輩曾與芳苑路上厝宋江陣「拼館」，但那已是日治時期的事了。這附近還有活動的武館，就紀和男所知，是外竹里的順武堂，但本館與該館並沒有往來。

〈訪問黃總看先生部分〉

黃總看之父黃萬泉現年約七十歲，曾向本庄振興社的老師傅「丁仔」（洪丁才）學過十五年。目前黃萬泉遷居臺北，並沒有將武功傳給自己的兒子。不過，黃總看對於番仔田振興社的來龍去脈，也有相當程度的了解。

振興社的師祖蔡豐盈，與振興館的「麻仔榮」本來是師兄弟，但擅長的功夫並不同。振興館擅長「獅仔拳」，振興社則以「蝶仔拳」聞名。一般人都說「蝶仔拳垃圾手」，指大部分練「蝶仔拳」者擅長「鷹爪手」。「鷹爪手」就是插拳，專門訓練食指及中指插石頭、插煤炭渣的功夫。他們必須服用足夠份量的藥物，才能練成，否則拼硬力，不僅功夫練不成，還會失明。練成「鷹爪手」者，出門常隨身帶藥，對敵時手如鋼鐵，威力更驚人。

番仔田振興社的老師「丁仔」學功夫的動機，是因他的姊夫「宏仔」被人以「點斷」的功夫打死，因此「丁仔」結婚

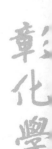

後，便賣了五分地去拜師學藝。「宏仔」是因他兄長「鬍鬚其仔」而死，很冤枉。「鬍鬚其仔」人長得很強壯，若有狗亂吠，他看不順眼，兩手一按，就可把狗掐死，可見力氣之大。「鬍鬚其仔」以養鴨為業，有一回，別庄有武師開館教拳，他去看之後，嘲笑其拳法像是圍著屎箕飛舞的蒼蠅。話傳出去，那位武師立刻派徒弟前來請教，看有什麼得罪之處？「鬍鬚其仔」吹噓說，自己的弟弟武功極為了得，對方就請「宏仔」來比試。隔天，「宏仔」去見那位武師，對方只在肩膀點了一下，說如果不對勁再來找他。顯然，「宏仔」已經中了「點斷」的功夫，並不會馬上死亡，如果回頭求救，可保性命安全。但為了爭一口氣、逞英雄，拖了一段時間，最後竟因此而死。

「丁仔」學成之後，番仔田的獅陣曾經非常出名。重要的獅頭手陳強，外號「旺仔」，曾向「肯來仔」學過「姑娘拳」。以前的獅陣若要通過橋樑，必須起「大八卦」、「小八卦」，全套舞完要一個多小時。或是大廟，獅陣全套舞完，也要一個多小時，沒有五名以上的獅頭手輪替，沒辦法完成。再者，以前「同洲仔」之父「發仔」，人高大又有力氣，專長丈二、頭旗。有一次，兩輛牛車的鐵輪纏住，獅陣無法通過，他兩手一搬，兩方的牛車就分開了，可見力氣驚人。

番仔田的獅陣若出陣，大家隨身的「傢俬」都是真的，連打獅鼓的，都插一副很鋒利的雙刀。以前廟會時，若宋江陣與獅陣相遇，都是由獅陣禮讓。有一回，芳苑路上厝宋江陣還未入廟，番仔田獅陣先進廟參拜神明，宋江陣的頭旗橫向一比，後面的人立刻跳出來要「拚館」。幸好，番仔田陣內有一位住在大城路的「岸仔」，與對方熟識（路上厝宋江陣「傢俬」曾經不夠，向「岸仔」商借），路上厝宋江陣認出熟人，才避免

一場可能的衝突。

「丁仔」的「鷹爪手」雖然厲害，但後來被炸斷了一隻。據說他與吳居有一段恩怨，遠因是二林「龜里伯」的媳婦手骨斷了，吳居沒醫好，卻被「丁仔」醫好。後來，吳居在外竹「慣習仔」（邱木）家開館教拳，「丁仔」前去探館。若是拚功夫，雙方勢均力敵。可是吳居之妻習有「散毛法」，可以憑符法的力量睡在釘床上，即使讓人踩在身上也無妨。結果，吳居教「三茸仔」將類似炸藥的東西把「丁仔」的手炸斷一隻。

黃萬泉是「丁仔」健全時所收的徒弟，年輕時，曾經可以背五包水泥走一百步，全套「傢俬」都有學，尤其是插拳，若一般人的手被他一捏，手腕會脫臼。黃氏認為，學功夫必須先學「柔性」，否則功夫練到後來，都是走極端的手段，一出手就會傷人致命。因為如此，黃萬泉一身武藝，連自己的兒子也不傳。曾經有人要求他傳授「時刻斷」，也就是在哪一時辰配合「點斷」人體某一部位的功夫。黃氏表示，連自己的兒子都不傳了，更何況是外人？

—— 1996年4月30日訪問紀和男先生（53歲，館主），林昌華採訪，張慧筑整理記錄。9月21日訪問黃總看先生（約50歲，館員之子），陳龍廷採訪記錄。

外竹順武堂（獅陣）

〈訪問邱炳煌部分〉

外竹順武堂約在四十年前開始組織，當時受訪者邱炳煌才七歲，本身並沒有學。師父是雲林四湖人吳居，當時八十餘歲，現若健在，約一百二十歲。二林地區的順武堂，大多由

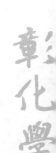

吳居傳下，他先在二林外竹里開館，之後很多庄都有順武堂獅陣。邱炳煌的父親，人稱「慣習」（邱木，明治四十六年生），是吳居的徒弟。本庄獅陣在其父去世後，庄人再組織一陣順武堂金獅陣，不過，詳情須詢問邱炳煌之弟。

吳居在這裡教時，住在邱炳煌家中，每天晚上在大埕練習，但不一定天天指導，有時是由庄人自己練習師傅教的步數。那時，受訪者的兄長邱三聘（現年六十七歲）及全庄大部分的少年都有學武，也有幾名女性成員參加，這些人現在差不多都已六十餘歲，不再活動了。本來別庄（如尤厝庄）也有少數人來學，後來則各自開館。

邱炳煌一時想不起來順武堂教的拳路，但他肯定不是白鶴拳，而是一種硬拳，奉祀的是達摩祖師。他父親的年代還沒有拜祖師，到了這一代才開始拜。邱炳煌的父親開設國術館，會替人接骨，並傳給他及弟弟，其弟現在也開設國術館，獅陣其他館員則較沒有學醫術、藥理。

以前購買「傢俬」的費用及「先生禮」，都是由參加者一起出資。「先生禮」按月支付給師傅，數額不多，差不多只有一、二斗米。至於獅陣的「傢俬」，目前已不知去向。

通常獅陣會為廟裡或地方事務而義務出陣，以前在邱氏父親及兄長的年代，武館較有「出傢俬」，現在比較少出陣，頂多只用獅頭表演而已。聽說後來曾訓練一些國中生，但因為國中生課業重，除非假日，否則很少找他們出陣。出陣有時會有收入，就納為「公金」，放在館主那裡，有專人記帳，若有需要時，會拿來添購「傢俬」。

〈訪問柯長興先生部分〉

外竹里共有十鄰，居民約三百多戶，八百多名公民，主

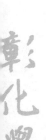

要姓氏爲林姓，祖籍不詳，受訪者只知道柯姓祖籍泉州府。本庄沒有「公廟」，只有私人自建的廟，居民以前奉祀的神明有媽祖（「大媽」）及池王，兩尊神都是由爐主輪祀。「大媽」是隨祖先來此供奉的，平日村里的公事，大部分由池府千歲處理，每年六月十八日池王聖誕，會去南鯤鯓「刈香」。

順武堂是在柯長興二十餘歲時開始的，由庄人邱木（外號「慣習」）、顏燦發起，柯長興與他們同輩，不過兩位發起人皆已去世，當時有十幾人一起學，現在只有邱木之子開設國術館，其他人都沒有活動了。其實他們的上一輩也有練武，屬於振興社系統，只不過類似家族習武，並非庄裡的公有組織。

順武堂師承兩位師父，一是大城茉寮人陳枝，一是陳枝的師父吳居。原先是請陳枝來教，後來弟子們學不好，才再請老師父來。陳枝聲稱吳居是他的師兄，實際上是師父，但吳氏並不介意。柯氏表示，這是有修養的表現，若沒修養的人，一定會要求比武。

吳居是雲林四湖三條崙（一說口湖過港）人。雲林土地貧瘠，只能種蕃薯、玉米，家境並不好，但其父不惜變賣家產，讓吳居學武，好像是向西螺的師父學的。其父死後，吳居一人四處流浪，娶了一位阿里山的原住民女子爲妻，其妻死後，又到北港學武藝。柯長興猜想，這位北港師可能是北港「老塗師」或「六尺四」的師父。「老塗師」是「六尺四」的師父，「六尺四」研製七釐運功散，賣得很成功，死後由兒子繼承家業，經營至今。吳居四處傳館，就柯長興所知，教過的地方有二林本庄及大城茉寮。陳枝除了此地之外，也去大城茉寮教過獅陣。

順武堂所學的是太祖拳，拜達摩祖師，獅頭則屬「籤仔獅」，以前那顆獅頭是庄人林水忱四十餘年前所製，因爲是紙

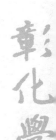

糊的，用到後來都被蟲蛀壞。有一次去二林街仔出陣，不知裡面被蟲蛀得很厲害，一舞獅頭，結果都朽蝕了，只好作廢。他們並沒有用「獅鬼仔」，認爲「獅鬼仔」反而會礙事。而整棚「傢俬」因久未使用，早已不知去向。

以前的訓練經費，都由參加者自付，並沒有「公金」贊助，而出陣幾乎都是義務性的，頂多請抽菸而已，連飲料都要自己買。出陣至外地時，有時會接受別人的酬金，但這些收入都交給師父。

柯長興表示，出陣到廟裡，通常都說是「參神」或「參香」，不能說是「拜神」。他們這一輩已很少有「拚館」的情形了，只有一次，陳枝之子在溪洲教的武館缺人手，調他們去溪州幫忙出陣時，遇到溪州一館由中國人所教的振興社，雙方較量了一下。上一輩的人則較常「拚館」，聽說有一次去鹿港出陣時，與人「拚館」，舞獅者邊舞獅邊跳到八仙桌上。不過，這些都是聽聞所得，柯長興並未親眼看見。

—— 1996年訪問邱炳煌先生（47歲，館員之子），林昌華採訪，林昌華、張慧筑整理記錄。9月5日，陳龍廷重新採訪整理。1996年4月30日訪問柯長興先生（73歲，館員），林昌華採訪，張慧筑整理記錄。

中西里歌仔陣

中西里以前曾有歌仔陣、大鼓陣，但早已解散約十餘年。至於歌仔陣的詳情，可向負責人蕭利全詢問。

—— 1996年9月24日訪問紀武雄先生（現任里長），陳龍廷採

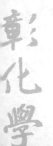

訪記錄。

中西里順武堂（獅陣）

〈訪問洪漢緣先生部分〉

中西里位於二林鎮西南隅，範圍很廣，約有三百戶人家。主要分成三部分：舊社約六十戶，五間寮五、六十戶，其餘皆聚集在中西村。振興宮是中西里最重要的庄廟，座落在人口較密集的中西村，歷史非常悠久，據受訪者洪漢緣說，可能在建庄時，就有了這間廟。

振興宮主神池府王爺，「分靈」自福興鄉池府王爺祖廟。中西里的獅陣，正是為振興宮迎神賽會而產生的，只要振興宮主神池府王爺回福興鄉祖廟「刈香」，或到鹿港、麻豆、南鯤鯓進香，中西里的獅陣就隨駕出陣。

獅陣創立的時間應在一九五六年之前，而後在一九七一年左右解散。中西里的獅陣是順武堂的系統，出自名拳師吳居的門下。受訪者的父親洪文質，在拜吳居為師之前，曾跟過一個中國人學硬拳，這位老師人稱「阿錦師」，至於他的正名已忘了，只知道在中西里臺糖農場練拳。後來，村中老一輩的人請吳居來中西里教拳，洪文質也跟他學。因為洪文質家的祖厝是廣達三百坪的深院大宅，所以大家都聚集在他家練拳，約有三十人左右。吳居傳授的拳路，可能是太祖拳，祭祀的祖師則是達摩祖師。

練拳的目的，主要是為了強身，參加者都是中西里的里民，據說以前較常有土匪，所以庄頭需要有自己的自衛隊。獅陣的獅頭，即象徵大家的向心力，有個獅陣較容易凝聚大家學習的意願。

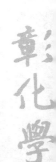

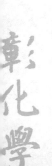

受訪者記得當年一起練拳的師兄弟有洪文質（若健在，現約六十四歲）、楊清源（若健在，現約七十一歲）、顏慶祥（現年七十歲，已中風）、洪水順（現年六十四歲，在臺中開設國術館）等人。

洪文質向「吳居師」、「阿錦師」不只學到拳路，也學到接骨、藥草、藥粉、針灸、點穴等知識，有留下銅人簿。獅陣的「傢俬」有齊眉、七尺、丈二、雙刀、勾、鐵尺、軟鞭、盾牌、槍、鐮、掃刀、大刀、雙鐧。受訪者讀國中時，曾在振興宮的廟會看到獅陣出陣，有徒手打拳及兵器對打。

「傢俬」是由庄頭共同集資請老師買，或師兄弟自己出錢買的。中西里的獅陣除了為「公廟」義務出陣之外，在迎神賽會後，獅陣沿街入民宅舞弄討吉利，或受邀參加入厝等，都會有酬金。較特別的情況是，如有人家中不平靜，也會請獅陣前去鎮壓。據說開光點眼過的獅頭可辟邪，而舞獅者必須「踏七星」，獅頭則要使用閉口的「青面獅」。獅陣跟其他村庄的武術交流，通常都是因為隨池府王爺進香，才與當地武術團體有關係，以前曾聽說有「拚館」的情形，幾乎都在拚面子。例如讓對方以鋤頭擊自己的腿骨，看是鋤頭斷或是腿斷。不過，這些都是受訪者聽長輩轉述，未曾親眼見過。

〈訪問紀武雄先生部分〉

中西里的獅陣以前是由受訪者紀武雄的父親紀嘉章負責召集，他於四年前過世了，若健在，現已九十一歲。其他可能相關的獅陣成員如洪甘、洪允姜、林智，皆已過世。至於負責獅鼓的蕭利全（八十四歲左右）目前生病，意識不清，無法提供更詳細的資料。

—— 1996年9月6日訪問洪漢緣先生（38歲，館員之子），陳龍廷、林晏如採訪，陳龍廷整理記錄。9月24日訪問紀武雄先生（現任里長），陳龍廷採訪記錄。

廣東厝振興社（獅陣）

〈訪問林展先生部分〉

受訪者是三鄰的鄰長，也是廣東厝獅陣的召集人。他很謙虛地說，上一代的事情有許多地方並不知道，因為多數老一輩的成員已經去世，所以若要了解過去的歷史，他能提供的幫助有限。

廣東厝的振興社，在受訪者父親林貴（現若健在，約八十餘歲）的時代就有了，可能距今五十年前就存在。他五、六歲時，振興社的師傅「棋仔」就來庄內開館。他們的獅頭手洪長成當時才二十餘歲，現在已經七十餘歲了。

振興社的師傅外號「棋仔」（陳天明），住在大城鄉七星崙。「棋仔」的師父蔡豐盈可能是西螺人，與「吳居師」同輩。番仔田（香田里）振興社則是「丁仔」教的，「丁仔」可能與「棋仔」同輩，他的手臂曾被炸斷一隻。廣東厝振興社獅陣發起的原因，可能是為了庄廟廟會「鬧熱」。第一代的獅陣成員，都是振興社的人；到了第二代，才又加入順武堂的館員。振興社獅陣曾停了一段時間沒有出陣，約十五年前「刈香」時，才又有獅陣。獅陣都是在進香前一個月才操練，現在已經停頓四、五年沒出陣了，因為老人想退休，年輕人則沒人想學。

皇天宮的廟祝洪青草，人稱「阿草」，是洪長成的弟弟。他表示在二十餘年前，他們去麻豆「刈香」，曾當場表演「牽

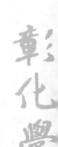

圈」排陣、「傢俬」對打、打空拳，獲得當地人一致稱讚。廣
東厝的獅頭屬於「雞籠獅」，他們沒有學「獅鬼仔」，也沒有
拜祖師的傳統。

　　受訪者記得，振興社獅陣至少有三代人學過。第一代人皆
已過世，包括黃清蓮（若健在，九十歲）、林傳生（若健在，
九十歲）、林貴、林添木、林江泉、陳堯眉。第二代的成員約
七十餘歲，目前尚健在的有黃水金、康樹湧、洪金塔、洪新、
洪印；已逝世的有洪木筆（若健在，六十餘歲）、魏天財（若
健在，七十二歲，剛過世）。第三代的成員有謝球泉（現年
五十六歲左右）、洪二（現年五十九歲）、康富男（現年五十

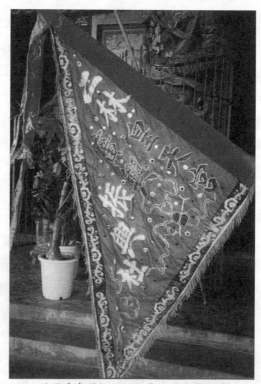

▲二林鎮廣東厝振興社之龍旗（陳龍廷攝）。

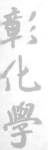

餘歲左右）、許文秀（現年六十餘歲）、廖德勝（現年五十二歲）、洪順造（現年五十餘歲）、洪仁德（現年五十九歲）、魏國雄（現年四十餘歲）、洪增發（現年四十餘歲）等人。

〈訪問魏鳳德先生部分〉

戰後初期，受訪者八、九歲時，曾在振興社學過。受訪者在振興社沒學多久，勉強可以算一館的時間。

振興社的師傅陳棋是大城鄉人，陳棋的師父蔡豐盈也曾來廣東厝幫忙教過。廣東厝的獅陣是在蔡豐盈來之後才學的，在這之前並沒有獅陣。

—— 1996年9月15日訪問林展先生（60歲，館員）、魏鳳德先生（61歲，館員），陳龍廷採訪記錄。

廣東厝順武堂（拳頭館）

廣東厝庄廟皇天宮，主祀林府王爺。「耆老表示，二林拱辰宮的林王神像，是用廣東厝林王的香灰「入神」，可視為同一源頭。

〈訪問曾輝先生部分〉

受訪者原本是外竹人，二十四歲才搬到廣東厝定居。整個庄內只有他家一戶姓曾。他開始習拳，是住在外竹時，拜吳居為師，學了兩館。後來搬到廣東厝，又回去請吳居來此地教館。因此，曾輝可以算是廣東厝順武堂的發起人。

「吳居師」現若健在，差不多一百歲，受訪者曾去師父家拜訪。據他表示，吳居是雲林縣口湖鄉拔子腳人，他的符法很

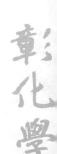

出名。

廣東厝順武堂純屬「暗館」，因為人手不夠，所以沒有進一步學「傢俬」、「牽圈」，只有學空拳而已。順武堂的拳路屬於硬拳，與振興社的比起來，順武堂的拳較「短肢」，振興社的較「長肢」。練習地點起初在魏鳳德家大埕，他記得當時「館禮」十二圓，由每個人均分。由於大家都務農，所以在每天晚上練習。當初他們有拜祖師的習慣，「安爐」在魏川流家，每晚練拳以前要去燒香，但他不識字，不知道祖師的名號。受訪者說，當時師兄弟中，只有他一人已結婚成家，其他人都還未結婚。

受訪者因為不識字，故沒有學藥理。「吳居師」的醫藥學問，他只有學到如何止血而已。不過，後來師父去二林洪考家開館時，他去幫忙過。曾經有女子手骨被接反，他們重新將之接好。

廣東厝的獅陣是以振興社為旗號。他們振興社本來就有學獅陣，後來庄內要「鬧熱」，將兩個館的人手合在一起出陣。振興社舞獅頭，順武堂打拳「鬥鬧熱」。庄廟每年四月二十四日「刈香」，他們就會出陣。若要出陣時，大家再集訓。不過，這四、五年已經很少出陣了。因為年輕人不願舉獅頭，而他們成員年紀都太大了，偶而出陣一次，就已太勞累了。

〈訪問魏鳳德先生部分〉

受訪者二十五、六歲時，「吳居師」曾來廣東厝教館，他也參加，學了一館四個月。在這之前，受訪者八、九歲時（戰後初期），曾跟振興社的師傅學過。振興社時期有學獅陣，也有學「傢俬」。吳居只有教空拳，沒有獅陣。

當年的師兄弟，受訪者記得有魏金平（現年五十九歲）、

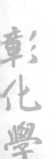

魏慶鄰（現年四十九歲）、魏金川（現年五十六歲）、魏福雄（年齡不詳）、曾輝（現年六十八歲）、洪福來（年齡不詳）、連萬來（已逝世，若健在，約五十九歲）等人。此外，還有兩位中西里的人也來庄內學武，分別是洪文質與洪金標。後來，他們才又找師父去中西里教獅陣。

　　受訪者記得廣東厝庄廟皇天宮有出過獅陣，是去北港、麻豆、南鯤鯓、松柏坑「刈香」的時候。現在，因為年輕人都到工廠上班，缺乏人手，所以已停頓了。

—— 1996年9月15日訪問曾輝先生（68歲，館員）、魏鳳德先生（61歲，館員），陳龍廷採訪記錄。

溝頭車鼓陣

〈訪問尤土發先生部分〉

　　溝頭的車鼓陣在二林、芳苑一帶頗負盛名，他們風光的時代，還幾度與歌仔戲、布袋戲「拚館」。不過，溝頭車鼓陣最主要的「頭人」，也是現在所知第一代傳人蔡文寶珍，已去世五、六年了。所幸，還能找到第二代的車鼓陣演員尤土發。尤土發現年七十一歲，一九四五年正好二十歲，就在那一年，他與同庄的青年一起學車鼓陣。他們同一輩的師兄弟有五人，算是庄內第二代的傳人，目前只有尤土發仍健在。以前社會較閉塞，小旦都由男人扮演，因而常有婦人迷上「車鼓旦」而私奔的傳聞。有一回，他們去二林中西里登台，剛演畢，尚未卸妝，他在台下的姨媽就迫不及待拉他走，要辦桌招待。但外人不明白，以為有婦人愛上「車鼓旦」，因此引起騷動。

　　與尤土發同輩的師兄弟有葉德（若健在，七十八歲，擅長

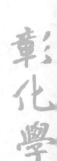

丑角）、黃昆池（若健在，七十三歲，擅長丑角、吹、鼓，可充當後場頭手）、黃輝煌（若健在，七十二歲，擅長小旦）、林馬字（若健在，六十七歲，擅長「老雞婆仔」、猴，並吹笛）等人。

他們主要是由溝頭庄第一代車鼓陣演員傳授技藝，不同的老師教不同的角色。每天晚上在天和宮媽祖廟後的林家練習。當年農藥還不普遍，溪裡有魚。半夜十一點，學後場的林萬在都會去廟前的小溪抓魚回來煮，當作點心。溝頭庄第一代車鼓陣的先輩包括蔡文寶珍（若健在，八十餘歲，擅長小旦，也會演「老雞婆仔」）、黃明正（擅長小旦）、顏良（擅長丑角，也會演猴，林馬字的老師）、黃水油（擅長丑角，黃昆池之父）。等人，可能皆師承蔡文寶珍之父。

日治時期，尤土發還是孩童時，每逢「神明生」，這四位車鼓陣的老前輩便四處演出。戰後，輪到第二代車鼓演員大顯身手。讓尤土發印象最深的，是有一回到芳苑鄉新街，與十一棚戲同時競演，比較台下觀眾人數多寡。結果他們拚贏歌仔戲、布袋戲，只輸給埔鹽汴頭的九甲仔，得到第二名，獲得賞金一、二百圓。當年，他們的老師蔡文寶珍有時也下場串演「老雞婆仔」，非常轟動，這也是溝頭車鼓陣出名的原因之一。

溝頭的車鼓陣唱「四句聯」的歌仔，並沒有唱牛犁歌。尤土發強調他們是「正車鼓」，不同於「駛犁歌」。後者如果沒有牛頭與犁上場，就沒法演出，而他們則不受影響。一般車鼓陣沒拜祖師，廟會演出時，不能將戲棚搭在廟口正對面，像「駛犁歌」就只能將戲棚搭在廟口斜對面。但是溝頭車鼓陣卻可以將戲棚搭在廟口正對面，主要因為他們多學了開「大四門」，可以拜神。這個有「扮仙」份量的「大四門」，是由芳

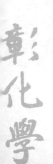

苑王功溝仔溁「萬發仔」所傳授，如果造詣不深，會被內行人取笑。他們除了歌仔，也學南曲。後者是「正南管」，不同於九甲。他們學過《陳三五娘》，戲齣有《陳三磨鏡》、《五娘送兄一百零八送》等。

以前廟會時，溝頭車鼓陣是很熱門的陣頭。神明遶境時，若有民家放鞭炮，他們就前去拜神，先「踏四門」，再唱一首南曲，民家就給他們約二圓酬金。溝頭自己庄內若有「神明生」、迎神或「刈香」等場合，他們車鼓陣都是義務演出；若外庄需要他們「鬥鬧熱」，則由蔡文寶珍聯絡召集。在二林中西里、番仔田、竹塘、斗六、埔鹽、大城一帶的「神明生」，他們經常白天「迎鬧熱」，晚上就順便搭棚演出。有一回在二林街內民家店口搭棚，連演了三、四晚，還曾在大城鄉的戲院連演一旱期。有的地方喜歡拚戲，因為同時請了很多劇團前來，演出比較認眞。當年外庄「鬧熱」喜歡請溝頭車鼓陣，其原因在於一般劇團若聽到有溝頭車鼓陣，演出就不敢輕忽。

娶新娘時，車鼓陣有搭棚演出的情形。尤土發二十一歲娶親，他們師兄弟爲他慶祝搭棚演出。同樣地，黃輝煌結婚時，他們也前去搭棚演出。當年溝頭庄內，有八十餘歲的老年人不相信車鼓多好看，後來有人邀他去看，他竟捧腹大笑，可見車鼓對民眾很有魅力。他們風光了五、六年之後，交棒給庄內第三代車鼓陣成員。此後，車鼓陣都是四人一組；兩小旦、兩丑角，少了「老雞婆仔」。

第三代成員包括蔡慶章（現年六十三歲，擅長小旦，蔡文寶珍之子，人稱「大目仔」）、陳周（現年六十餘歲，擅長小旦，遷居南投水里）、曾寶棠（現年六十餘歲，擅長丑角，遷居臺北板橋）、黃夌（已逝世，若健在，六十五歲，擅長丑角，黃昆池之弟）等人。

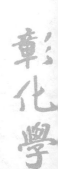

　　第四代成員包括「洪鐘」（諧音，已逝世，若健在，五十六歲，擅長小丑）、「顏文欽」（諧音，現年五、六十歲，擅長小丑，顏良之子，遷居南投水里）、「陳隱士」（諧音，已逝世，若健在，五十餘歲，擅長小旦）、「顏鵝清」（諧音，現年五十二歲，擅長小旦）等人。

　　第五代成員包括陳浪（現年五十餘歲，擅長小旦）、黃早（已逝世，若健在，五十餘歲，擅長小旦）、「黃堂盛」（諧音，已逝世，若健在，五十餘歲，擅長小丑）、陳意（現年五、六十歲，擅長小丑）等人。

　　第六代開始由女子組成，參加者不知正確姓名。在調查中，受訪者所知的包括「黑肉」（丑角）、「玲珠仔」（小旦）、「碴仔」（丑角）、「牙仔」（小旦）、陳純（「陳隱士」之妹）、「應仔」（蔡慶章之妹）等，他們大多現年四十餘歲。還有最後一批現年三十餘歲的，較沒有認真學，只是為迎神賽會出陣慶祝而已。

　　戰後初期，溝頭庄還有紙馬陣。主要有兩個演員，一拿涼傘、一騎紙馬。尤土發還記得兩位演員是陳壹、吳三貴。紙馬則是尤氏的父親糊的。

〈訪問林清奇先生部分〉

　　溝頭的庄廟天和宮，主神是佛祖、媽祖。以前會「擲筊」選出頭家、爐主，神像奉祀在爐主家。一九六五年建廟後，每年仍必須「擲筊」選出頭家、爐主。由於每年三月二十三日赴北港「刈香」，庄內子弟參加車鼓陣的動機，就是為了自己庄廟「鬧熱」時，不用請外地的陣頭。以前，車鼓陣都是男扮女裝，但年紀太大者演起來不好看。後來，有很多都是由女孩子訓練組成的陣頭，不過，女孩子嫁人之後，自然就解散了。

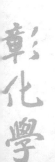

　　林清奇是溝頭車鼓陣的後場，也當過蔡慶章那一代車鼓陣的文場，他擅長拉弦仔。據他所知，車鼓陣的後場，文棚需要三人（胡琴、弦仔、八音吹）；武棚需四人（鼓、鑼、磬、小鑼）。他們的師承，大半都是自己庄人互相教，後場都是自己依譜苦學的。在他印象中，曾請過二林廣東厝的人（不記得姓名）來教後場，主要因爲他的弦、吹譜較多。

　　溝頭車鼓陣也曾搭棚演出，演《陳三五娘》，類似歌仔戲，但是戲齣沒歌仔戲多。以前還曾經在芳苑和歌仔戲「拚館」過，最後由他們車鼓獲勝。溝頭第二代演員有學成，聲音又好，經常出庄四處表演。

　　在服裝方面，以前有租歌仔戲的戲服，也有老前輩自己創意設計的。在臺灣還沒有電視機的時代，車鼓陣非常流行。一九七一年以後，年輕的一代不再傳承，車鼓陣就逐漸沒落。

—— 1996年9月23日訪問尤土發先生（71歲，車鼓旦師傅）、
　　林清奇先生（57歲，車鼓陣後場師傅），陳龍廷採訪記錄。

＊挖仔中興國小金獅陣

　　受訪者黃村敬教導中興國小學生，之所以訓練此校學生，因在一九九一年左右，教育局設立傳統民俗才藝項目的基金，於是，中興國小訓導主任陳錫慶請他去指導四、五年級的小朋友。後來，二林鎮農會也贊助他們。

　　他訓練學生的原則是，盡量不影響學生上課。訓練的時間，都在每天放學後練習一個小時。連獅陣出陣的時機，也維持這個原則。

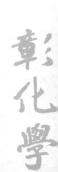

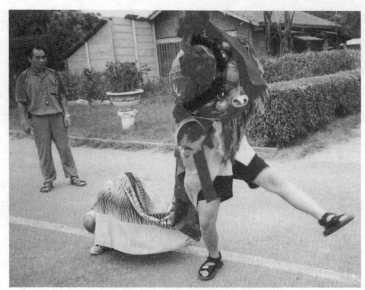

▲二林鎮挖子中興國小金獅陣師傅（陳龍廷攝）。

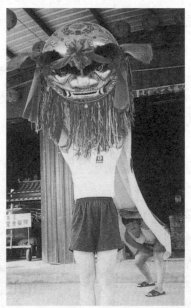

▲二林鎮挖子挖子中興國小金獅陣排練情形（陳龍廷攝）。

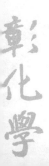

　　他第一年所教的中興國小獅陣，曾參加過泰安宮的大遶境。現在那一批學生已經升上國中了，還是會回學校探望師傅並指點學弟。受訪者頗樂觀地認為，若學生當初很認眞地學過三年，對於獅陣基本步數，一定終身難忘。學獅陣的年紀，其實國中生更適合，因身體發育較成熟、體力較好，一些獅陣的特技、高難度動作，才有辦法教。他曾在萬興國中試過，不過，因爲升學壓力大，遭到家長的反對。

　　獅陣原有的「傢俬」部分，受訪者並不教。因爲孩子若在練習時受傷，還是小事。但是現在小孩較好動，若頑皮與人打架，容易逞強，如此一來，變成間接教壞小孩。所以，只要教會舞獅就好。對現代人而言，舞獅也是很好的全身運動。當然，孩子不知道舞獅需要拳腳功夫才會好看，以爲只是要弄獅頭而已。不過，只要慢慢引起他們的興趣，就可以再深入。

　　受訪者傳承勤習堂金獅陣，除教中興國小獅陣之外，也教過西庄、外四塊厝。他說臺灣傳統獅與兩廣獅的差異，外表上有「開嘴獅」與「合嘴獅」的不同，舞獅的技術原則也不同。臺灣的傳統獅頭手不能站起來，必須一直維持半蹲的姿勢，兩廣獅則可以。還有，臺灣獅一開始表演就不能停下來，兩廣獅則可以。

—— 1996年9月14日訪問黃村敬先生（42歲，武師），陳龍廷採訪記錄。

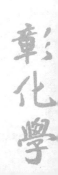

第四章　竹塘鄉的曲館與武館

　　本鄉位於彰化縣西南部，南濱濁水溪，地當二林溪、魚寮溪上游地域，位於濁水溪沖積扇上。北接二林鎮，東鄰埤頭鄉、溪州鄉，西接大城鄉，南以濁水溪與雲林縣相隔。鄉名昔作「內蘆竹塘」，因初闢之時，多蘆竹叢生之沼澤，故得稱。且爲與二林鎮外竹里舊名「外蘆竹塘」有所區別，以其在內方，故稱「內蘆竹塘」。清領雍正年間（1723～1736），廣東潮州府饒平人氏詹寬怡等人來此拓墾，至乾隆年間（1736～1796），其族人相繼渡臺入墾。現今本鄉居民涵括漳、泉、客籍後裔，同一村庄閩客混居的情形亦甚常見。本鄉約有四十二平方公里，以農業爲經濟主體，主要農作物有水稻、大芥菜、洋菇等。

　　目前所知，竹塘鄉曾有十一個曲館，以歌仔陣居多，占七館；另一館原學北管，後來也改學歌仔戲；剩下三館爲北管曲館，其中一館學的是平劇。

　　歌仔陣部分的師承主要有二，分別爲芳苑鄉路上厝的謝五柳與西螺鎮番社的黃進生。謝氏人稱「五柳先」，曾在九塊厝的歌仔陣（館名不詳）及鼓仔庄的雅樂社任教。謝氏在九塊厝的徒弟楊冠學成後，任教於五庄仔的合興社及大湖厝的喜樂興（五庄仔及大湖厝，皆屬今五庄村），而「五柳先」在九塊厝的另一個徒弟廖岳，則任教於頂崙仔明樂園。西螺的黃進生

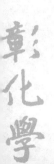

則在謝氏之前，任教於鼓仔庄雅樂社，也曾教過崁頭厝的歌仔社（館名不詳），但黃氏在崁頭厝，除教歌仔也教北管、九甲仔、流行歌等。除謝、黃二氏外，內新厝歌仔社成員「福仔」，也曾教過土庫仔的歌仔陣。

北管方面，師承主要來自田尾鄉、永靖鄉和鹿港鎮。田尾鄉紅毛社的曲師王來明，曾教過面前厝的和樂軒，後來王氏在埔頭鄉的徒弟徐柄奎來教時，和樂軒改名新樂軒；另一位是永靖來的「清水先」，曾教崁頭厝的北管館閣（某軒），但此館後來改學歌仔戲（某社），由西螺黃進生來教。鹿港玉如意的黃世清及陳天賞，也先後來竹塘街的正樂軒教過平劇。

在竹塘鄉，已知的武館共有十五個，除了戴厝庄白鶴金獅陣、草埔仔白鶴陣及頂溪墘御林春等三館各自系統外，其餘的武館分屬和義堂和振興館二大系統，並以和義堂為主要流派。

和義堂系統的武館有九個，包括鹿寮和義堂、竹圍仔和義堂、土庫仔和義堂、過景仔和義堂、新吉庄和義堂、九塊厝和義堂、鼓仔庄和義堂、三塊厝和義堂、田頭仔和義堂等。和義堂與同義堂在淵源上師出同門，後因師兄弟間發生分歧而另設堂號。本鄉和義堂系統肇始於新吉庄（新庄仔）和義堂，該館最早是由「木師」傳授武藝，連藤為其徒弟。連氏除了在新吉庄傳授武藝，也前往各處開館，並指派學成的弟子至各館指導。連氏本人教過的武館，包括本鄉和外地共有十三館。

竹塘鄉有三個振興館系統的武館，即崙仔振興館、頂崙仔振興館和九塊厝振興社。前二館在戰後成立，由二林的「阿渡師」（林渡）執教。九塊厝振興社則在大正年間（1912～1925）設館，由西螺的蔡豐盈傳授武藝。「阿渡師」原與連藤結拜，後因故結怨。本鄉的和義堂與振興館二系的武館，更曾發生過激烈的「拚館」。

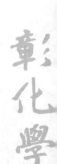

白鶴拳為軟拳，可分為較正統的「長肢鶴」與非正統的「短肢鶴」。鶴拳原無獅套，戴厝庄白鶴金獅陣師傅陳泉教的是非正統的短肢鶴拳，陳氏也教舞獅，舞獅姿勢較高，與振興館近似。草埔仔白鶴陣師傅「猛先」（戴木水）教正統的白鶴拳，亦即「二哥」（姓張，來自臺中後壠仔）的長肢鶴拳。戴氏武藝精湛，鄰近各庄來拜師的人不少。頂溪墘御林春武館早年在師傅張宋機（「阿機師」，客家人）教館之時，也相當熱鬧。這三館與二大系統的武館皆曾盛極一時。

時移境遷，在武館日漸衰微的情況下，如今竹塘鄉能夠出獅陣的武館，只剩下新吉庄和義堂。

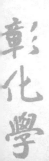

竹塘鄉曲館與武館分布圖

●曲館 ▲武館 ＊聚落名 ……村里界線 ──鄉鎮界線

01 民靖村
02 五庄村
03 竹元村
04 竹林村
05 竹塘村
06 土庫村
07 新廣村
08 長安村
09 永安村
10 內新村
11 溪墘村
12 田頭村
13 小西村
14 樹腳村

埤頭鄉

溪州鄉

二林鎮

三林鎮

大城鄉

二林鎮

三埔鄉

田頭仔　▲和義堂

妖頭厝　●□樂軒　□□社

過景仔　▲和義堂

戴厝庄　▲台越金獅陣

五庄仔　●合樂社

大湖厝　●喜樂票

新吉庄　＊　●和義堂

鼓仔庄　●繼樂堂　▲和義堂　07

三塊厝　＊　▲和義堂

竹塘街　＊　●正樂軒

崙仔　＊　●振樂軒

頂溪墘　＊　●御林春　11

面前厝　＊　●新樂軒　01

竹圍仔　＊　●和義堂　03

13

土庫仔　●曲館　▲和義堂

明樂園　＊　●振樂軒　頂崙仔　06

鹿寮　▲和義堂　04

草埔仔　＊　▲台越季武館　08

內新厝　●曲館　10

九塊厝　●曲館　▲振樂軒　▲和義堂　09

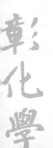

面前厝新樂軒（北管）

　　面前厝屬民靖村，共有十二鄰，居民二百多戶，近二千人，主要姓氏為祖籍福建漳州府南靖縣的莊姓，和二林鎮萬興的莊姓同源。面前厝庄廟開天宮，主祀開臺聖王鄭成功，是從大城鄉下山腳「分靈」而來，以前都奉祀在村長家中，十多年前才建廟，每年元月十六日鄭成功誕辰，都有祭祀活動，以前北管陣頭存在時，還會出陣「鬧熱」。這幾年全臺同屬主祀鄭成功的廟宇，組織了一個「鄭成功聯誼會」，今年（1995）在花蓮辦理聚會，明年則將移師臺中。

　　面前厝的北管最早是永靖鄉王來明來教的，當時稱為和樂軒，那是在受訪者莊慶雲父執輩的事。後來，在四十多年前，這些北管成員又邀請了坤頭鄉公館仔的「阿炳先」（徐炳奎）來教一館，館號改為新樂軒，同時莊氏這一輩也開始學。三十多年前，莊氏這一輩的人再度請「阿炳先」來教一館。「阿炳先」也是王氏的學生，早期在坤頭鄉路口厝曲館學曲，並沒有學成，遂又到西螺向另一位「先生」學曲，學成之後，才在公館仔以及面前厝教北管，「阿炳先」不會弦與吹，但是對曲方面很內行，教過面前厝扮仙以及《送子》、《三進宮》、《困南唐》、《蟠桃會》、《別窯》、《薛仁貴走三關》、《磨斧》、《救主》等曲目。在弦、吹方面，老一輩成員依靠王氏所教的，能夠接應得上，年輕一輩則靠自學。本館成員大約十至十二人，以前庄裡鄭成功誕辰時，都有出陣，而且「刈香」或「好歹事」都會出去，若為庄裡公事出陣不收費，庄外請去則多少收些酬勞。

　　本館設館時有祭拜祖師，既不是西秦王爺，也非田都元帥，但受訪者一時想不起來。目前本館已不出北管，只出大鼓

陣而已，「傢俬」都放在廟裡。

—— 1995年4月20日訪問莊慶雲先生（60歲，館主），羅世明
採訪記錄。

五庄仔合興社（歌仔戲）

　　五庄仔屬五庄村，共十二鄰，居民姓氏較混雜。庄廟后天
宮，主祀天上聖母，以前神像供奉在村民的廳堂，戰後將媽祖
神像重新整理，那時才設曲館，現在的廟貌則是二十多年前蓋
的。每年媽祖聖誕「迎媽祖」，歌仔陣都有出陣，「謝平安」
時則上棚演戲。

　　本館學歌仔戲，屬於「子弟歌仔」。大約在戰後二、三
年（1946～1947）設立，只活動二、三年的時間。最初是庄民
郭秋嶺召集大家來學，「先生」名叫楊冠（若在世，約九十多
歲），為本鄉九塊厝人，年輕時在職業歌仔戲團演出，從戲團
退下來之後，就在鄉公所當清潔工，白天上班，晚上到五庄仔
教歌仔，並由受訪者林新發家提供食宿。楊氏年輕時扮演旦
角，聲音十分好聽，但遭人嫉妒陷害，在茶水中摻藥，傷害其
喉嚨。

　　設館時，五庄仔子弟每個人每月繳九元「館禮」給「先
生」，約有十五、六人在學，雖然學歌仔戲，但成員並沒有女
性。唱曲、樂器、「腳步」都由楊氏一手教導，並到處上棚演
出，除了芳苑、竹塘，或曾在北斗曾連演三晚之外，也到過溪
州鄉圳寮、三條圳，更在埤頭鄉牛稠仔和好幾團布袋戲「拚
館」，演到快天亮。本館的戲服都是向溪湖鎮的中國園（職業
戲班）租借，演過《雙花樹》、《取木棍》、《雙巡案》等，

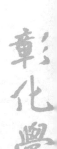

也學過《新三仙》,《天官賜福》則是另請埤頭鄉小埔心的「崁仔」來教,而且只教了這齣。

本館有拜祖師,但林氏已記不得是哪位,只記得其用意,是希望祖師不要責怪戲演得不好。本館以前除了廟裡「鬧熱」外,只出喜事而不出喪事,目前已經四十多年未演出。這些年來,成員大半凋零,只剩下林新發(頭手)、曾志榮(現年七十多歲,拉弦)、林再成(八十多歲,後場)、歐式連(八十多歲,後場)、連榮(七十二歲,前場)等五人還健在。

— 1995年4月22日訪問林新發先生(71歲,館主),羅世明採訪記錄;12月26日電話訪問林新發先生,林美容採訪記錄。

戴厝庄白鶴金獅陣(獅陣)

戴厝庄屬竹元村,共四鄰,居民約五十多戶,五百多人,姓氏混雜,受訪者紀煥文係來自臺中縣清水鎮的荷婆崙。本庄沒有庄廟,目前神明奉祀在庄裡人家廳堂上,取名敬安宮,原來庄裡的神明是朱府千歲,後來自臺中縣神岡鄉圳堵朝清宮「分靈」張府天師之後,庄裡的主神遂改為張府天師。昔日每年五月二十九日朱府千歲聖誕時,庄人會到臺南縣南鯤鯓「刈香」,但因那個時候正好是農忙時節。所以,後來以其他神明聖誕作為「刈香」的時間,如佛祖聖誕在四月八日,就到社頭清水岩「刈香」,但現在清水岩已不接受「刈香」。若是張府天師「刈香」則到圳堵,目前紀氏等人得知苗栗後龍鎮也有一間奉祀張府天師的廟,下次可能會改到該處「刈香」。

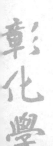

　　本館是日治昭和年間（1925～1945），由陳泉來教的。陳氏是臺中人，到戴厝庄當警察，就近在此授徒。陳氏學的鶴拳和臺中「二哥」的拳法同類型，但屬於「小三角」馬步，「二哥」的鶴拳則是「大三角」馬步。據說陳氏有十二個兄弟，在戴厝庄的「頭叫師仔」是楊海賊（若健在，約九十多歲），楊氏的「頭叫師仔」則是王分盤，王氏去年甫去世，和王氏同輩的師兄弟，目前只剩下張金獅一人而已。王氏之後，就是紀琴、紀煥文兄弟這一代了。

　　本館的鶴拳屬於軟拳，祖師爲白鶴仙師。軟拳拳法速度有快有慢，雖然大部分都較慢，但其中的猴拳速度就很快。不過，紀氏將硬拳中的猴拳與本館的作比較，仍有所不同。鶴拳在原本的傳承並沒有獅套，但陳氏另外學過舞獅，是從什麼館號借來的，並不清楚，但本館舞獅姿勢較高，和振興館近似，與同義堂貼地的舞法較不同。1962年時，庄裡曾到西螺參加五縣市（臺中縣市、彰化縣、雲林縣、南投縣）舞獅比賽，獲得冠軍。

　　紀氏表示，鄰近村庄沒有什麼武館，所以面前厝有一些人來這裡學，五庄仔的武館沒有立館號，也是在這邊學的，出陣時和本庄合併，可算是同一館，但目前五庄仔的成員也都去世了。本庄人口雖然不多，但在紀氏的號召下，獅陣仍能維持三、四十人，年輕一輩也有學，會「套招」、「牽圈」，但只是會個別的部分及兵器，沒有一個人能學得全盤技藝，故紀氏感歎，若沒有出面召集，本館大概也就解散了。

　　本館「刈香」表演的程序，大概都是先「繞街打」，邊走邊以兵器互相交打，然後才「牽圈」，先以「一條龍」陣式出現，然後再走出「畚箕嘴」的陣式。「畚箕嘴」的陣式在攻守的意義上，是將敵人收攏在「畚箕嘴」內，以便包圍對付。

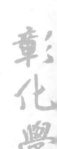

「畚箕嘴」結束後，再走出一個橫的「九連環」陣式，走完之後，若太累可以直接跳到「黃蜂出穴」陣式，或換成「五朵梅花」的陣式，四人一組互用兵器對打，總共五組二十人。「五朵梅花」之後，再接直的「九連環」，然後接上最後的陣式，也就是「黃蜂出穴」。「黃蜂出穴」是因為陣式表演時，所有人員圍成圓圈，先向中心聚集，再反身向外四散跳出，猶如黃蜂聚集巢內，再向外飛散得名。「黃蜂出穴」結束後，所有的表演人員兜起大圓圈，再輪流由成員在圈子內表演拳法、「套招」以及兵器演出。

本館目前經費的開銷，都由紀氏負責，所有和廟會慶祝有關的出陣皆免費。若有人入厝，才會收酬金，但若很好的朋友邀請，有時也不會收費。

── 1995年4月20日訪問紀煥文先生（58歲，館主），羅世明採訪記錄。

草埔仔白鶴拳武館（拳頭館）

草埔仔屬竹林村的一部分，有二鄰，居民約三十多戶，二、三百人，主要姓氏為陳、戴二姓。庄內沒有庄廟，係跟隨鄰庄鹿寮的保安宮祭祀，保安宮主祀媽祖，現有的廟貌僅四年歷史。

白鶴拳最早的來源，是由祖師觀察白鶴互打的動作而領悟，屬於以柔克剛、四兩撥千斤的軟拳類型，重視借力使力的運用，和硬拳不同。硬拳一出手，勁力猛，全身繃緊，若被擊到，非同小可；軟拳則借對方的力道來反制，故軟拳到年老時仍能運用，硬拳若年老體衰就使不上力了。同時，硬拳多搭配

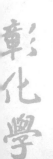

獅陣，白鶴拳則多搭配龍陣，硬拳有很多長短兵器，白鶴拳則只有一樣分別戴在大拇指、食指、小指的鋼製兵器，叫做「三叉」，又名「拳頭砧」，套下去大約尖出指頭一截，專門用來截拿對手兵器用的，並沒有刀、槍等兵器。白鶴拳的基本套法共有三種，分別是「三戰」（進三步）、「二步」、「手套」。基本概念如「吞筋、放胛、起腿、下插、逃閃、進打」，即教導學習者在出招時各種正確的姿勢；「無肢做肢，有肢斷肢」，則說明對招時的要訣，對方若不出手，要用動作引誘對方出招，方能借力使力，當對方被誘出招後，就要想辦法打斷他的招式。

本館是從臺中後壟仔傳來的，最早是由「張二哥」（若健在，現約一百三十歲）帶入臺灣，並在後壟仔設館，其子張以德，現年九十歲左右，仍在世，另有十多位徒弟，像六十多年前在二林街上經營酒家的林建宗，是和「二哥」一起從中國來的。臺中的林啓生在「二哥」之後設立武館，但此館後來也已解散。此外，重要傳人有彰化市的蘇總，以及草埔仔的戴木水（人稱「猛先」、「貓仔猛」，若健在，現年一百零三歲）。「二哥」所教的白鶴拳，是一般俗稱的「長肢鶴」，有別於俗稱的「短肢鶴」，正統的鶴拳應是「長肢鶴」，像鄰庄戴厝庄的白鶴拳，由陳泉所傳，即非正統鶴拳，而雲林虎尾鎮「二高」李國泰的鶴拳，也不同於「二哥」的。

戴木水在臺中做生意時，以自己先前向某位「唐山先」學的藥理，和「二哥」交換學白鶴拳。大正三年（1914）戴氏開始在庄裡教武，當時幾乎全庄的男性都有學，而且「猛先」武藝佳，又完全免費，雖沒有正式設館，但若有人想學，戴氏就會教，故鄰庄的鹿寮、竹塘街仔、鼓仔庄或二林鎮街仔、外竹、大城鄉潭墘等地，都有人來這裡學，尤其外竹那邊還有

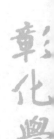

設館，由現任里長洪太平負責，本庄的武師偶爾會過去幫忙教武。洪氏身材魁梧，武藝又佳，是位十分傑出的傳人。當時「猛先」的徒弟約有上百人，得分到二地門埕前，才擠得下，而且每天大家須互相對招，增加實戰經驗。所以庄人都有不錯的武藝，外出時，附近的人都不敢輕視。

受訪者余垂宗是「猛先」的「頭叫師仔」，余氏上一輩的「頭叫師仔」則是戴江鎮，但都同時受教於「猛先」，只是年齡不同罷了。除了武藝之外，余氏也是詩文、書畫的行家，每年寒暑假都到彰化市教漢詩文，余氏的漢詩文師承鹿港人朱啓南，朱氏來草埔仔和「猛先」以漢文交換武藝。當時竹塘鄉若要學曲館及漢文，就到許園堂，由許學醫師發起，請朱氏傳授；學武館則到本庄找「猛先」。朱氏在竹塘鄉教了十九年的漢文，作育英才頗多。

本館目前已有十多年沒有練習，主要是因大家忙於事業，若非外出，就是沒有閒暇，武術可能會失傳。不過，藥理方面，「猛先」的孫子戴壽祖在竹塘街仔開設竹輝堂中醫。據本庄張生輝表示，戴壽祖有祖傳藥方可治皮膚癌，庄裡有人被治好，但藥方中的一樣藥材，現已無法取得，導致治皮膚癌的藥方無法再製，只能靠前輩留下來的那顆藥球，因為所存不多，戴氏只肯用來醫治年輕人，老年人只好放棄。據說只要將藥塗到染患皮膚癌的地方，以毒攻毒，患處就會紅腫流出大量膿水排毒，之後傷口會結疤，並慢慢復原。

—— 1995年4月25日訪問余垂宗先生（76歲，武師），羅世明
　　採訪記錄。

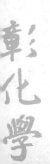

鹿寮和義堂（獅陣）

〈訪問詹火星先生部分〉

鹿寮屬竹林村。受訪者住在鄰庄，曾和師傅連藤到鹿寮教過武館，但武館早就解散，當年那些成員，應該也都去世了。

〈訪問陳阿長先生部分〉

戰後，連藤在土庫仔、鹿寮、九塊厝等許多地方設館，每晚分派弟子輪流到這些地方教武，詹火星也是其中之一。

〈訪問鹿寮三位村民部分〉

鹿寮以前有武館存在，獅陣也都會出陣，但目前就受訪者所知的武館成員皆已去世，獅陣也解散很久了。

—— 1995年3月20日訪問詹火星先生（81歲，新吉庄和義堂館主），4月21日訪問陳阿長先生（71歲，頂溪墘村民）、鹿寮三位村民，羅世明採訪記錄。

竹圍仔和義堂（獅陣）

竹圍仔屬竹元村。受訪者曾和師傅連藤到竹圍仔教過武館，但現今當地武館早已解散，當時的那些成員也已去世。

—— 1995年3月20日訪問詹火星先生（81歲，新吉庄和義堂館主），羅世明採訪記錄。

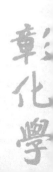

崙仔振興館（獅陣）

〈訪問詹水陀先生部分〉

崙仔屬竹元村，共有四鄰，居民約七、八十戶，三、四百人，姓氏複雜，沒有大姓。庄廟三清宮，主祀三山國王，約六、七年前才蓋廟。

本館在戰後才成立，是一位從二林鎮外竹里搬到庄裡的林渡所教，林氏人稱「阿渡師」，除了本庄之外，還教過本鄉頂崙仔、二林鎮舊趙甲及萬合里。「阿渡師」在自己家中教武，徒弟約三、四十人，受訪者詹水陀十八歲的時候就跟著學，是其中最年輕的成員。

本館成立的主要目的，是為了配合庄廟「鬧熱」，所以只有「刈香」、「迎媽祖」時才會出陣，沒有參加「好歹事」。不過，本館倒是常和鄰近的和義堂「拚館」，雖然都是表演較量而已，但也曾鬧出不愉快。「阿渡師」與和義堂的老師傅連藤是結拜兄弟，一日，本館與和義堂一同出陣，本館在前，和義堂在後，由於時間已晚，「阿渡師」遂叫停，並撥開人群穿過和義堂獅陣，吆喝他們也一起收拾回去。沒想到這個舉動，引來和義堂獅陣成員的不滿。再加上本館獅陣在前，酬勞較多；和義堂在後，酬勞較少，和義堂認為「阿渡師」拿夠酬勞就喊停，完全沒有考慮別人，回去之後，連氏與「阿渡師」之間因而產生不快，差點互相拚打，最後驚動村長出面緩頰。但「阿渡師」內心極不能平衡，因為結拜兄弟關係很親近，才會順便招呼，沒想到惹來這麼大的指責，一氣之下，憤而不再收徒。

現在，本館的成員大部分已去世，尚健在的成員不多，解散的原因是師傅去世後，大家也就跟著解散，沒有再傳館，現

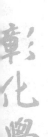

在最年輕的詹氏已六十八歲了，其他尚健在的成員年紀，也就可想而知了。

〈訪問陳阿長先生部分〉

對於「阿渡師」和連藤之間的衝突，據說，二館獅陣一同在街上表演，「阿渡師」大概是因天色已晚，要趕回去，遂穿過連氏那邊的獅陣走回去，引起連氏的強烈抗議。「阿渡師」一氣之下，拿起刀子將家中的獅頭砍破，並且賭氣，將武館解散了。

—— 1995年4月28日訪問詹水陀先生（68歲，成員），4月21日訪問陳阿長先生（71歲，頂溪墘村民），羅世明採訪記錄。

竹塘街正樂軒（平劇）

竹塘街屬竹塘村，共有十一鄰，因爲遷出、遷入的人很多，姓氏相當複雜。庄廟三清宮，主祀三山國王，神像原來放在村長家中供奉，現移到正在興建的廟裡。

本館學習平劇，戰後因爲受訪者洪正三經營牛車生意，常往返北斗，認識也在經營牛車店的曾自來。曾氏當時是北斗西門奏鈞天曲館的館主，庄人遂央請洪氏請奏鈞天的「先生」黃世清來教。黃氏是鹿港荣園人，來竹塘街教了約四、五館，當時曲館和漢文同在一個地方教學，漢文是由鹿港人朱啓南教導，館主是西醫許學（鹿港人）。曲館最盛時，有三十多人，連當時的鄉長、派出所主管等地方有名望的人都來學，後來只剩下十多人。黃氏之後，本館又再請一位鹿港人「陳賞」來

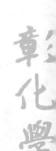

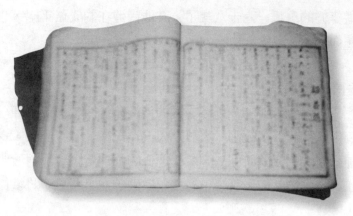

▲ 竹塘鄉竹塘街正樂軒曲譜（林美容攝）。

教，之後又請過幾位「外省先生」來教唱曲，但時間都很短，所以本館還是以黃氏教的樂器演奏為主，唱曲方面則不是很熟。

本館當時很少出陣，偶爾會出陣送一些人入伍當兵，「好歹事」或廟裡「鬧熱」也有出陣，但機會很少。出陣很少收酬勞，若有收入，也是做為「公金」使用。三、四十年前，成員大多外出工作之後，就自然解散了。

—— 1995年4月27日訪問洪正三先生（82歲，成員），羅世明採訪記錄。

大湖厝喜樂興（歌仔戲）

大湖厝屬五庄村，有五鄰，居民約百餘戶，五百人左右，主要姓氏為林、李二姓，沒有庄廟。

本館設立於一九五一年，稍晚於五庄仔的合興社，只有受

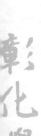

訪者黃錦綿叔姪八人在學而已。「先生」是九塊厝人楊冠,本在竹塘鄉公所工作,來教了四個月,楊氏還教過五庄仔。當時麥克風剛開始被運用於演出,十分熱鬧。

本館是歌仔陣,沒有學「腳步」,故不會上棚演出,只有排場、出陣而已。迎娶時,曲館會跟著男方出陣,當時都是走行,交通工具也是轎子,前面有「媒人轎」,後面是「新娘轎」,再加上曲館助興,十分熱鬧。除了迎娶之外,整個竹塘街的「迎媽祖」及平安戲,本館也都有「鬥鬧熱」。

黃氏向「先生」學過不少戲曲,其中印象最深刻的是《雙巡按》,大意是有二位巡按官,一位是假的,另一位是真的,但假的巡按官富有正義感,最後邪不勝正,正義的假巡按終於戰勝真正的巡按官,贏得勝利。另一齣《李金白寫大字》也饒富趣味,劇情是有錢人謝文風要強占李金白的妻子,李氏因為會寫書法(「大字」),就假意為謝氏寫字,藉機設法營救其妻的故事。

本館在一九六二年解散,黃氏又到鹿港鎮衛勝仔的歌藝團擔任伴奏,但僅一、二年的時間,歌藝團就解散了。目前本館尚有四位成員健在,其中三人會吹嗩吶,分別加入埤頭小埔心老人會大鼓陣及埤頭斗六甲大鼓陣,另外,黃氏也在本鄉頂崙仔大鼓陣擔任吹手。

本館的祖師是田都元帥,田都元帥據說是私生子,被丟棄在田裡,由螃蟹吐沫養大,沒有吃母乳,工尺譜的音階,就是由元帥唱出來的。元帥去世時,人們照他所念的那些音,照抄下來,變成了整本的工尺譜。

—— 1995年4月29日電話訪問黃錦綿先生(75歲,成員),羅世明採訪記錄。

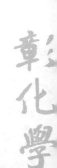

頂崙仔明樂團（歌仔陣）

　　頂崙仔屬土庫村，共五鄰，居民約一百戶，四百人左右，主要姓氏爲詹、黃二姓。庄廟天倫宮，主祀媽祖，緣起於受訪者王賜平的祖父，到鹿港請了一塊「大令」（上寫天上聖母的神牌），並供奉在家中。庄裡開始建廟時，想先請「大令」遷入工地旁預先搭蓋的臨時廟中，屢次擲筊都未獲應允，直到去年庄廟「入火」，才肯遷入大致已蓋妥的廟中。因「大令」較神像位尊，所以「大令」目前被請入後殿的尊位。天倫宮建造典故是庄裡某人到日本做生意，賺了大錢，祈願若其母能活過一百歲，將捐出一千萬，供庄裡建廟，結果如願以償，目前因尚未「謝土」，故不算完全落成。

　　本館是歌仔陣，約一九四九年時成立，是本鄉九塊厝廖岳（若健在，約八十多歲）來教的，教了大約一年的時間，廖氏除了教《新三仙》（與北管「扮仙」不同）、《藍芳草》（故事是某員外續弦，外出收租時，繼室虐待媳婦的情節）、《秦世美反奸》等，自己還會聽流行音樂的唱片，並將旋律記錄下來教。當時是由庄人合資請「先生」，但「館禮」不薄，館主詹益從（現年八十一歲），因爲大家經濟狀況都不好，所以「先生」由各人輪流請回家，每天學完之後，還得請「先生」吃點心，大家都學得很用心，有時甚至練到雞啼，發現天亮了，才又匆忙趕去田裡工作。

　　本館原有成員十人，受訪者王賜平十六、七歲就開始學，當時歌仔陣出陣，多用於迎娶，在迎娶前一天，要先去排場演出，次日並跟著迎娶，王氏十九歲結婚時，本館也有出陣慶賀。另外，本館較少爲廟方「鬧熱」出陣，但出陣都有酬金，收回來的酬勞，先從中取出部分收給「先生」，剩下的才留作

「公金」。

王氏負責頭手鼓，不會文場的弦、吹。王氏表示「南打北唱」最難，意思是南管中的打擊樂器及北管的唱曲最難學，北管的唱曲難在常要唱一些又細又高的音。

本館早已解散，原有的成員只剩下五人還健在，其中二人住在庄外，所以庄中只剩下三位。這陣子，詹益從又重組了一個大鼓陣，算是私有的，喪事、「刈香」都可出陣，按性質收錢，「刈香」需一整天，所以每人要一千元，喪事只需一下午，只要八百元，這一團大鼓陣的嗩吶都必須向外調，出陣時，通常都是演奏【風入松】、【慢吹場】等。另外，王氏本人也捐了一組大鼓陣的「傢俬」給庄廟天倫宮。

—— 1995年4月26日訪問王賜平先生（63歲，頭手鼓），羅世明採訪記錄。

頂崙仔振興館

頂崙仔振興館是由本鄉崙仔「阿渡師」來教的，比庄裡曲館晚設立（曲館為1949年設立），但維持不了多久，就解散了。

—— 1995年4月26日訪問王賜平先生（63歲，村民），羅世明採訪記錄。

土庫仔曲館（歌仔陣）

土庫仔歌仔陣較頂崙仔的歌仔陣早成立（即1949年之

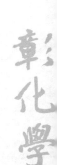

前），成員比頂崙仔的曲館成員年長，現在大多已七、八十歲以上。土庫仔曲館比頂崙仔早結束，去年土庫仔活動中心組大鼓陣，還要頂崙仔去支援。至於以前曲館的成員，可能皆已去世了。

—— 1995年4月26日訪問王賜平先生（63歲，頂崙仔明樂團成員），羅世明採訪記錄。

土庫仔和義堂（拳頭館）

〈訪問詹火星先生部分〉

土庫仔屬於土庫村，受訪者詹火星曾和師傅連藤到土庫仔教過武館，但現今武館早就解散，當時那些成員，應該都已去世了。

〈訪問陳阿長先生部分〉

戰後，連藤在土庫仔、鹿寮、九塊厝等許多地方設館，每晚派遣弟子至這些地方輪流教武，詹火星也在其列。

〈訪問土庫仔廟祝部分〉

土庫仔廟祝現年八十多歲，並不知道土庫仔有獅陣存在（採訪者案：這表示土庫仔的武館可能是沒有獅頭的「暗館」，而且學的人不多，庄人才會不清楚）。

—— 1995年3月20日訪問詹火星先生（81歲，新吉庄和義堂館主），4月20日訪問廟祝，4月21日訪問陳阿長先生（71歲，頂溪墘村民），羅世明採訪記錄。

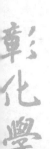

過景仔和義堂

　　過景仔屬新廣村，日治時，連藤曾帶著新庄仔的詹火星到此教過武藝，但目前武館早已解散。

—— 1995年3月20日訪問詹火星先生（81歲，鄰庄武師），羅世明採訪記錄。

新吉庄（新庄仔）和義堂（獅陣）

　　新吉庄屬於新廣村，共二鄰，四十多戶，約二百人左右，主要姓氏為詹姓，為南投埔里打滴的客家人移居於此。本庄庄民原來都住在同村的新庄仔，但因大水沖走房舍，遂移居此地，名為新吉庄。本庄和新庄仔共同的庄廟為廣萬宮，主祀觀音菩薩，日治時期為木造廟宇，現已改為水泥建築。

　　本館最早由「木師」來教，受訪者詹火星十幾歲學的時候，則已由「木師」的徒弟連藤來教。連氏是田尾鄉茉莉庄（睦宜村）人，搬到新庄仔，詹氏向他學了約十五年，並稱連氏為姑丈。連氏教武沒有收「館禮」，但出陣所收的錢，全部都會交給連氏，甚至連徒弟在外，都不可私自接受請主的贈菸。

　　連氏總共教了十三間武館，除本庄之外，還有田尾

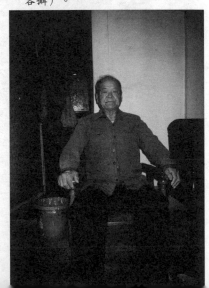

▼ 竹塘鄉新吉庄和義堂詹火星（林美容攝）。

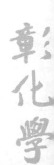

鄉睦宜村、北斗鎮街內、田中鎮三塊厝、本鄉田頭仔、九塊
厝、鹿寮、土庫仔、鼓仔庄（新廣村）、過景仔（新廣村）、
三塊厝（新廣村）、竹圍仔、大城鄉頂山仔腳。詹氏學成後，
除跟著師傅四處去教武，二十多年前，自己也到鼓仔庄教一些
年輕人一館的時間，另外，庄裡有人搬到綠島，也找詹氏去教
了二館。

　　本館通常是在比賽或「刈香」廟會活動時才出陣，而入
厝則只出獅頭和鑼鼓，不出兵器。本庄早期到北斗「刈香」或
「迎媽祖」時，常會和鄰近的埤頭鄉路口厝振興館「拚館」，
有一次出門，沒有帶「傢俬」，路上碰到路口厝武館的人，帶
著「傢俬」要和本館互打，遂跑到北斗和義堂向師兄弟調人

▼竹塘鄉新吉庄和義堂獅頭（林美容攝）。

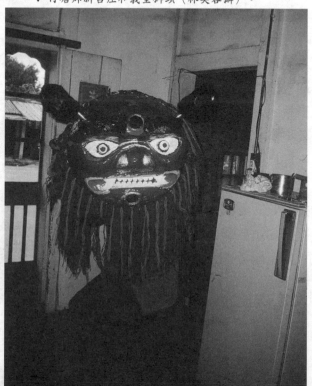

手、「傢俬」，準備第二天一早互相拚鬥，結果對方卻不敢出來。

　　本館奉祀達摩祖師，淵源上和同義堂同出一脈，名稱不同，是因師兄弟間的分歧而另創堂號。本館目前已經解散，詹氏這一輩僅剩自己和兄長詹福壽，詹福壽的功夫學得較好，是「頭叫師仔」，但並未外出教武。詹氏自己的兒子詹德成、詹前德也有學武，不過都未再接觸武館的事務。本館的「傢俬」、鼓座都已散佚，現存的幾個獅頭，都是詹氏自己糊的。

—— 1995年3月20日訪問詹火星先生（81歲，師傅），羅世明採訪記錄。

九塊厝曲館（北管）

　　九塊厝以前曾經有北管團體，但年代久遠，是受訪者詹岸祖父那一輩的事情，詹岸十多歲時，北管陣就已經解散，據說「北管先生」來自西螺。

—— 1995年4月18日訪問詹岸先生（83歲，村民），羅世明採訪記錄。

九塊厝曲館（歌仔戲）

　　九塊厝歌仔戲是由芳苑鄉路上厝的謝五柳來教的，除了排場外，也可以上棚演戲，但很早就已經解散了。其中的成員廖岳（已逝）曾教過頂崙仔。曲館解散後，廖氏曾轉入庄廟的誦經團擔任後場。

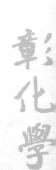

—— 1995年4月26日訪問王賜平先生（63歲，頂崙仔明樂團成員），羅世明採訪記錄。

九塊厝振興社（獅陣）

九塊厝包含長安、永安二村，約有二十五、六鄰，居民約二千餘人。庄廟廣安宮，主祀天上聖母，現有的廟宇建築約六、七十年歷史，先前則爲「竹管厝」的建築。廟中還奉祀一尊從永靖關帝廳「分靈」的關聖帝君。過去獅陣尚未解散時，每年農曆三月二十三日「媽祖生」以及十月中旬的平安戲，獅陣都會出陣「鬧熱」。

本館在日治大正年間（1912～1925）即已設館，祖師爲「金鷹先師」。受訪者詹岸十四、五歲時開始學武，師傅是西螺蔡秋風的徒弟蔡豐盈，「豐盈師」是西螺人，來教武時已六、七十歲，而且又是熟人介紹的，因此「館禮」收得較薄，不過「豐盈師」在九塊厝只教過一館，初期的二十多名學員，目前也都八、九十歲了。

此外，「豐盈師」還曾到宜蘭羅東授武。在九塊厝教武的「館禮」是由徒弟合資，所謂的館主，只是大家在其大埕練習而已。庄裡的「頭叫師仔」是詹永通（已逝）。戰後，本館就因各人事業忙碌而解散了。

本館出陣只限庄內，而且只和廟務有關的事情才出陣，例如「迎媽祖」等，「好歹事」都沒有出陣，而且沒有收任何酬勞，完全是義務性的，至於送殯的對象，必須是本館的直屬師承，才夠資格。

—— 1995年4月18日訪問詹岸先生（83歲，成員），羅世明採

訪記錄。

九塊厝和義堂

〈訪問詹火星先生部分〉

受訪者詹火星曾和師傅連藤到九塊厝教過武館，但武館早就解散，當年那些成員，應該都已去世了。

〈受訪問陳阿長先生部分〉

戰後，連藤曾在土庫仔、九塊厝、鹿寮等許多地方設館，每晚派遣弟子到這些地方輪流教武，詹火星也是其中之一。

—— 1995年3月20日訪問詹火星先生（81歲，新吉庄和義堂館主），4月21日訪問陳阿長先生（71歲，頂溪墘村民），羅世明採訪記錄。

內新厝曲館（歌仔陣）

內新厝屬於內新村，以前曾有一團歌仔陣，其中的成員「福仔」還曾去教過土庫仔，但內新厝的歌仔陣早已解散，「福仔」已年老，記憶也不清楚。

—— 1995年4月26日訪問王賜平先生（63歲，頂崙仔明樂團成員），羅世明採訪記錄。

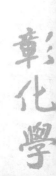

頂溪墘御林春（獅陣）

　　頂溪墘屬溪墘村，只有一鄰，居民約二十八戶，一百五十人左右，都是由各地遷入的，姓氏不一，也沒有庄廟。受訪者陳阿長即是從新庄仔搬到這裡的，所以陳氏在祭祀上，還是與新庄仔一起，但其他各戶就各有不同。

　　本館是一位名叫張宋機（若健在，約有百餘歲）的客家人遷到本庄後成立的，張氏人稱「阿機師」，教導軟拳，武功極佳。有一次，張氏的徒弟想試功夫，「阿機師」出手極快，這位身長六尺的徒弟被以腳掌嘴，卻還以為是被師傅用手打的。

　　本館在日治昭和年間（1925～1945）就解散了。以前「刈香」等寺廟活動都會出陣，獅頭屬「開口獅」。「阿機師」的「頭叫師仔」是土庫仔人，本館成員包含不少自土庫仔或溪墘來學的，現在大部分也都去世了。

　　戰後，竹塘鄉武館曾經盛行過一段時間，陳氏的二個兒子也曾跟新吉庄和義堂的詹火星學武，除了和義堂的老師傅連藤派弟子在九塊厝、土庫仔、鹿寮、內新庄等許多地方教武外，草埔仔及鹿寮一帶另有武館，師傅是「貓仔猛」（戴木水），崙仔也有一位和連藤「拚館」拚得很厲害的「阿渡師」（林渡），再加上早年「阿機師」這一館，也是相當熱鬧的。但隨著各村人口外流，武館很快就解散了，現在這幾館大概只剩下新吉庄和義堂還能出獅頭，其他各館成員多半已去世，各庄裡年輕一點的人，可能就不知道庄裡曾經有武館存在的事實了。

—— 1995年4月21日訪問陳阿長先生（71歲，村民），羅世明
　　採訪記錄。

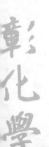

鼓仔庄雅樂社（歌仔戲、北管、九甲）

　　鼓仔庄屬新廣村，共五鄰，居民約百餘戶，五百人左右。庄廟廣福宮，主祀蘇府千歲，由鹿港奉天宮「分靈」而來。

　　本館是在受訪者江明秋十五、六歲時設立的，大約是在日治大正年間（1912～1925），當時因爲庄廟要「鬧熱」沒有陣頭，遂想自組一館，西螺鎮的黃進生（若健在，約九十多歲）正好來這裡排場，庄人遂請黃氏來教曲，黃氏教了歌仔戲、北管、九甲仔以及一般的流行歌曲，大概教了二年的時間。另外，本鄉的崁頭厝也是黃氏教的。其後，本館又請芳苑鄉路上厝的謝五柳來教，但久未連絡，江氏不曉得「五柳先」是否仍健在。此外，江氏表示，本館已經解散很久，目前成員大半也已去世。

── 1995年4月24日電話訪問江明秋先生（78歲，成員），羅
　　世明採訪記錄。

鼓仔庄和義堂

　　鼓仔庄屬新廣村，日治時期，連藤曾帶著詹火星（新庄仔人）到鼓仔庄教武，二十多年前，詹氏又到鼓仔庄教過一館，學生大約七十多人，其中有七名女性，當時的館主是鍾御賜，後來這些年輕人大多到臺北求學、謀職，於是武館解散，沒有再出陣。

── 1995年3月20日訪問詹火星先生（81歲，武師），羅世明
　　採訪記錄。

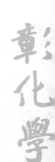

三塊厝和義堂

三塊厝屬新廣村，日治時期，連藤曾帶著新庄仔的詹火星到此教過武藝，但武館早已解散。

—— 1995年3月20日訪問詹火星先生（81歲，鄰庄武師），羅世明採訪記錄。

田頭仔和義堂（獅陣）

田頭仔屬田頭村，共有八鄰，約二百多戶，一千五百多人，主要姓氏為曾姓。庄廟北天宮，日治時期即已存在，主祀玄天上帝。該廟不曾到南投松柏坑「刈香」，據說是因為本庄的玄天上帝比松柏坑的地位還要崇高。另外，北天宮也奉祀彰化南瑤宮媽祖中的「大媽」、「二媽」、「三媽」。

本館是由本鄉新庄仔的連藤（若健在，約百歲左右）來教的，戰後，連氏來此地教武，在北天宮前傳授，學員大約有四、五十人，每人要繳交「館禮」給師傅，連氏則從「拳套」、「獅套」、「走兜」等，教到大家都會為止。出陣時所收的酬金，也都交給師傅。

本館除了本庄北天宮「鬧熱」會出陣之外（例如每年三月三日玄天上帝聖誕），大概都是和田尾鄉睦宜庄、田中鎮三塊厝去「刈香」。本館與北斗較疏遠，對方若有邀請，才會出陣。由於以前要到埤頭鄉路口厝「請媽祖」，所以也常到路口厝出陣，並當街以「連環對」的方式表演。有一次，媽祖遶境，本館與路口厝的振興館發生衝突，本館到睦宜庄、三塊厝調人，差點打了起來。不過，本館和溪州溪墘厝的振興館卻十

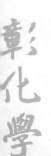

分和睦，每次彰化媽祖到溪垱厝，都會邀本館前來表演，常常發生打斷兵器的激烈場面。

本館已解散，約十多年沒有出陣，老一輩的成員幾乎都已經去世，「傢俬」散落各處，武館也無以為繼了。

—— 1995年3月21日訪問曾清波先生（76歲，成員），羅世明採訪記錄。

崁頭厝□樂軒（北管）、□□社（歌仔陣）

崁頭厝屬田頭村，分作頂庄和下庄，共有四鄰，約有四十多戶，一百餘人，主要姓氏為陳、曾二姓。庄廟德福宮，主祀三山國王，日治時代即已建廟，三山國王則是從溪湖鎮荷婆崙的霖肇宮請來的，據說這一帶的三山國王廟都是從溪湖「分靈」。每年二月二十五日三山國王聖誕，有盛大的祭祀活動。

本庄在大正十幾年（1921～1925）時，從永靖鄉請了「清水先」來教北管的扮仙及「大鼓鬧」，館名□樂軒（受訪者忘記首字），以西秦王爺為祖師。起初成員有十多人，後來只剩下五、六人，組成一陣「大鼓鬧」，若有請神或迎娶時，就會出陣。「清水先」最特別的地方，是會做「三獻」之類的道教科儀，必須先請神（天庭、地府、水府眾神），然後才普度。除此之外，「清水先」也會收驚。收驚時，要頭綁紅布，且收驚的法器「龍角」兩端得塗紅。傳說以前小孩子若哭鬧，若說陳靖姑（三奶夫人）來了，小孩子就不會哭了，結果，無論發生何事，只要小孩一哭，大人都請求陳靖姑降臨，陳靖姑相當生氣，表示以後要大家叫得吐血，才會降臨。所以大家就做了一支「龍角」，並將兩端塗成紅色，象徵血跡，吹起來乍看好

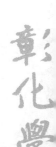

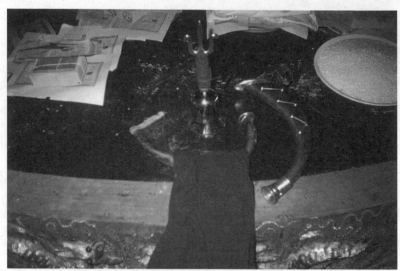

▲ 竹塘鄉崁頭厝莊文明收驚用的龍角（林美容攝）。

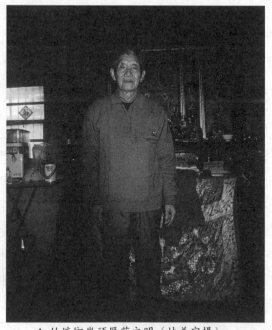

▲ 竹塘鄉崁頭厝莊文明（林美容攝）。

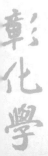

像吐血，才能把陳靖姑請來。

在「清水先」之後，本館的成員又請西螺番社的黃進生來教歌仔陣，館名改爲□□社（受訪者忘記館名），奉祀的祖師也改爲田都元帥。黃氏在西螺番社原來就教了一館曲館，來本庄主要是教《醉八仙》和其他歌仔的曲目。黃氏也會「做喪事」，所以受訪者莊文明除了向這二位「先生」學會北管和歌仔，並擔任頭手鼓外，同時也接觸了「做三獻」、收驚以及喪葬儀式的內容，目前雖然已經沒有出陣，但卻從事與道教相關的事務，並且幫人擇日、收驚。

—— 1995年3月21日訪問莊文明先生（83歲，成員），羅世明
　　採訪記錄。

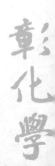

第五章　埤頭鄉的曲館與武館

　　埤頭鄉位於彰化縣南部濁水溪沖積扇上，北有舊濁水溪貫流，南部接近今濁水溪北岸，全域屬平原地形。北接二林鎮、溪湖鎮，東鄰田尾鄉、北斗鎮，東南接溪州鄉，西南接竹塘鄉。鄉名起源於在莿埤圳的圳頭建村，故得稱。

　　清領雍正初年，廣東省客籍墾戶來此創建新莊仔庄、牛稠仔庄等聚落；乾隆初葉，閩人大量湧入，客籍遷移至永靖、東勢（臺中縣）等地。本鄉面積四十三平方公里，居民以務農為主，主要農作物有稻米、蘆筍、甘蔗、蔬菜、洋菇等。

　　目前所知，埤頭鄉的曲館有十四個，包括七館北管、二館歌仔、一館大鼓陣、一館由北管改歌仔，還有一個老人才藝班學習北管及歌仔戲。此外，埤頭鄉的曲館同合興，兼學南管、北管、「子弟歌仔」與牛犁陣。路口厝有北管和子弟歌仔，但一館名不詳。連交厝也應有歌仔陣，但目前無法查知這些曲館的館名和歷史。

　　本鄉的「北管先生」中，以田尾鄉紅毛社人王來明所教的館閣最多，包括周厝崙仔同樂軒、小埔心民樂軒、庄仔□□軒、連交厝□□軒、十三甲慶樂軒及路口厝的曲館（館名不詳，除王來明外，還請了幾位西螺的「先生」）。路口厝曲館成員徐炳奎（本鄉公館仔人）學成後，曾經任教於公館仔新樂軒。除了王來明及徐炳奎外，其他「北管先生」尚包括田尾鄉

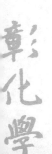

溪畔的「阿逃」，曾教過厝仔成樂軒；田中鎮平和里的陳金龍在王來明之後，任教於周厝崙仔同樂軒；永靖鄉的張文田在王來明之後，任教於小埔心民樂軒；西螺的「奇清先」也曾教過斗六甲緊興社，先教外江系統的北管，後來改教歌仔戲。

歌仔陣的師承，主要是西螺的「紅光先」（姓廖），曾在本鄉菁埔和豐社、崙仔和樂社及連交厝的歌仔陣等三處同時任教，各輪一晚，輪流教三館。此外，斗六甲緊興社在西螺「奇清先」教歌仔戲之後，還請過嘉義水上的「紅蝦先」來教。

由上所述，可以推知本鄉曲館大多是請外地的「先生」來教。其中，「北管先生」以田尾鄉的王來明教館最多，而歌仔館則幾乎都是由西螺的「紅光先」任教。

本鄉竹圍仔還有一個非正式的曲館愛樂興，是一九九二年本鄉農會推展民俗活動所組成的老人才藝班，教導北管與歌仔戲。此外，本鄉番仔埔有「天聖花式大鼓陣」，是一九九〇年自桃園縣新屋鄉引進，屬私人性質。

而在北斗鎮中寮華美社的訪查中，曾提到埤頭有一個歌仔九甲館同合興，是由北斗鎮西德里的「目溪仔」（姓賴）教的。

目前所知，埤頭鄉有二十個武館，只有一個曾經是宋江陣（後來改為獅陣），其餘均是獅陣。包括振興館（七館）、館魁軒（六館）、勤習堂、學習堂、合習堂（各二館）以及龍英堂（一館）。其中，有五館成立於戰後，二館成立年代不詳，其他均成立於日治時期。二十館的武館中，現存十館，留存率算是很高的。

目前埤頭鄉尚存十個武館，包括振興館、館魁軒各四館及學習堂、龍英堂各一館。這些武館大多轉型職業化，且有合併出陣的趨勢，即使館號、拳路不同，也照常合陣，只要能達

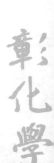

到熱鬧的效果即可。但也有一些仍照著傳統方式出陣的武館，例如庄內及連交厝的館魁軒，直到現在仍義務替廟會或朋友出陣，且只與同館號的人相互支援。

本鄉武館的特色是振興館與館魁軒的數目幾乎各占三分之一，二者不同處在於後者均由溪州水尾的「羅漢師」（陳羅漢）一脈相承，而振興館則分別由四位不同鄉鎮的師傅所傳。至於四位師傅彼此之間的關係，目前僅知溪湖汴頭「臭土師」（洪分）及西螺廖山二人，均是田尾紅毛社陳松的師兄弟，然而「臭土師」的師傅是高雄旗后的葉再傳，廖山與陳松則是西螺「肉圓成」的徒弟。另外，牛稠仔的「湖雷師」及路口厝的蔡脫二人，都是本鄉的師傅，再到別庄傳館。

本鄉雖有十三甲及小埔心二館學習堂，但彼此並無關係，因後者是宋江陣，在師傅陳英德去世後，改以宋江拳摻獅套的方式出陣。而十三甲學習堂以前曾由勤習堂師傅傳館，庄人學成後，還到豐崙村的十一號仔及菁埔勤習堂教武，十年前才將勤習堂改為學習堂，故十三甲學習堂其實與勤習堂的關係較密切。另外，厝仔與崙仔的武館，都是由十三甲學習堂傳過去的。

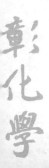

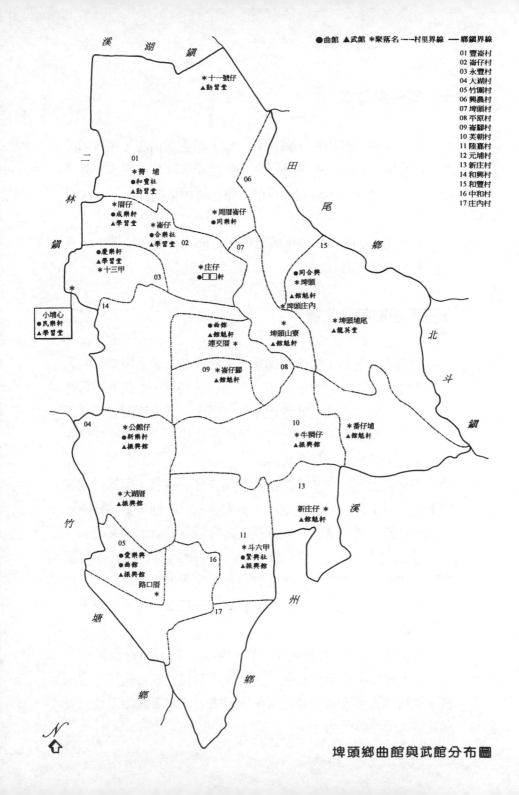

● 曲館 ▲ 武館 *聚落名 ------村里界線 ── 鄉鎮界線

01 豐崙村
02 崙仔村
03 永豐村
04 大湖村
05 竹圍村
06 興農村
07 埤頭村
08 平原村
09 崙腳村
10 芙朝村
11 陸嘉村
12 元埔村
13 新庄村
14 和興村
15 和豐村
16 中和村
17 庄內村

溪 湖 鎮

田 尾 鄉

二 林 鎮

*十一號仔
▲ 勤習堂

01
*菁埔
● 和豐社
▲ 勤習堂

*曆仔
● 成樂軒
▲ 學習堂

*崙仔
● 合樂社
▲ 學習堂 02

*周曆崙仔
● 同樂軒

06

07

15

● 慶樂軒
▲ 學習堂
*十三甲

*

03

14

*庄仔
● □□軒

● 同合興
*埤頭
▲ 館魁軒
*埤頭庄內

小埤心
● 民樂軒
▲ 學習堂

*曲館
▲ 館魁軒
連交曆 *

*
坤頭山寮
▲ 館魁軒

*埤頭埔尾
▲ 龍英堂

北 斗 鎮

09 *崙仔腳
▲ 館魁軒

08

04

*公館仔
● 新樂軒
▲ 振興館

10
*牛稠仔
▲ 振興館

*番仔埔
▲ 館魁軒

竹

*大湖曆
▲ 振興館

13

新庄仔 *
▲ 館魁軒

溪

11
*斗六甲
● 緊興社
▲ 振興館

05
● 愛樂興
● 曲館
▲ 振興館
路口曆
*

16

17

塘

州

鄉

鄉

N

坤頭鄉曲館與武館分布圖

十一號仔勤習堂

十一號仔屬豐崙村，武館勤習堂，館主黃清江，戰後由溪湖內四塊厝的楊金等帶著埔鹽南勢的徒弟施明旭，到本庄教了約二館（八個月）的時間，目前本館已經解散。

—— 1995年5月18日訪問施明旭先生（68歲，鄰館成員），羅世明採訪記錄。

十三甲慶樂軒（北管）

受訪者杜地約十五歲時開始學北管，杜氏表示慶樂軒的第一位「先生」是永靖的王來明（若健在，應有一百歲），當時王氏二十多歲，王氏在此地教了三、四年，教曲期間住在本庄並收取「先生禮」，可憑記憶抄下曲譜教學，但這些手抄的曲譜已遺失，但並不清楚王氏的師承。

王氏之後，改由本庄的前輩「臭慶仔」傳授，與杜氏同輩的學員約有十幾人，都是本庄人，大部分都姓杜，當時在庄中的杜厝立館教曲、練習，並以紅紙書寫西秦王爺加以奉祀。

杜氏從十六、七歲時開始出陣，出陣的場合舉凡「迎鬧熱」、迎娶、正月初二迎春及喪葬等，庄內外都有人邀請，也曾前往二林鎮等地出陣，杜氏還會扮仙、排場、對曲，但不曾上棚演戲。

後來，大東亞戰爭爆發（1937年），時局日漸混亂、人心不安，慶樂軒就漸漸解散了。戰後，有位住在合興村，會演戲、歕吹的後場人士（是王來明的學生），拿著曲譜來教《審烏盆》，但沒教成功。

　　杜氏現存的曲譜，是二、三年前因文化活動之需，向崙仔村厝仔的人抄了好幾齣戲，重新複習以往學過的曲子，但慶樂軒之後就「散館」，現存成員僅剩下幾位。現在尚有少許樂器和農具一起放在活動中心裡展示，原有的鼓架，則因蔡線等人遷到北斗鎮大新里練習，而被移往該地。後來也曾試圖訓練大鼓陣，但並未成功。

　　慶樂軒所用的樂器有鑼、鈔、鼓（通鼓、班鼓）、弦、吹、笛等，杜地學班鼓，是鼓手，兼會唱、念，當時「先生」規定每人只學一種樂器。所學的劇目有《天仙送子》、《秦瓊破五關》、《雷神洞》、《撞金鐘》等，杜氏表示扮《舊三仙》要奏十三條譜，內含「清讚」，約費時半小時。杜氏認為生、旦唱的「細口」較難。受訪時，杜氏還以「粗口」示範了二段《渭水河》的二黃及《昭君和番》的頭排。

　　日治時期，北管曾和歌仔戲在街仔媽祖廟（合興宮）「拚館」，本庄所請的戲班多為歌仔戲、北管，不請南管。

　　埤頭鄉尚有合興村、厝後、崙仔村（厝仔、庄仔、崙仔）、弘崙村的周厝還有曲館。崙仔有屬「軒」的北管團，平原村（連交厝）有歌仔陣、北管，但約二十多年前就解散了，此外，弘崙村菁埔仔的歌仔陣也於三十年前結束。

── 1994年12月1日訪問杜地先生（77歲，成員），林美容、方美玲採訪，方美玲整理記錄。

十三甲學習堂（獅陣）

　　十三甲即永豐村，永豐村共十六鄰、四百六十五戶，一千四百多人，其中以陳姓較多，以前占一半以上的人口，現

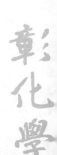

在則約占五分之一。庄廟清峰嚴，主祀清水祖師。

永豐村是長形的聚落，首尾距離一、二公里，庄頭、庄尾各有一陣獅陣，均在日治時期成立。庄頭有陳、蘇、林等姓，獅陣由蘇先傳、陳秋榮召集，獅頭屬「合嘴獅」；庄尾有陳、劉、吳、王等姓，由陳皮召集成立，獅頭為改良式的「開嘴獅」，陳氏的師父「狗神師」擔任訓練的工作，「狗神師」會縮骨功，能夠坐進蒸籠中，是勤習堂的中國師傅，但本館已在十年前改為學習堂。

現今二館獅陣仍存在，以前每陣有五、六十人，現只剩二十五、六人，由庄人擔任師傅義務教武，本庄人甚至還曾到豐崙村教獅陣。

清領末期，本庄備有「散子槍」，用以防禦強盜，受訪者陳火城從中國來臺定居的曾祖父巡邏時，必須手持盾牌、鞭，提防鄰庄用鐮刀偷襲。以前人們若不會武功，就不易生存，像械鬥時，口角之後就會動武，故陳氏的祖、父二代都會武功，其父與蘇先傳同輩。

埤頭鄉以前大概每庄都有獅陣，是為了鍛練身體、保衛家園而成立，當獅陣出陣時，執「丈二」者會為表演爭風頭而「拚館」，但本庄不曾與人「拚館」，因為外庄風聞本庄訓練有素，不敢來招惹。

—— 1994年12月1日訪問陳火城先生（清峰嚴主任委員），林美容採訪，方美玲整理記錄。

菁埔和豐社（歌仔陣）

和豐社為歌仔陣，在日治時期成立，戰後就不曾出陣，目

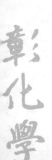

前成員僅剩一人，即受訪者「添仔」，是庄廟救行宮的廟祝。
菁埔和豐社與連交厝、崙仔的歌仔陣，都是西螺的「紅光先」
所教，菁埔和豐社的館主爲蕭永和。

—— 1995年1月4日訪問「添仔」（70餘歲，成員）、林春枝先
　　生（84歲，崙仔曲館成員），羅世明採訪記錄。

菁埔勤習堂（獅陣）

　　菁埔、周厝崙仔、溪底西寮、溪底東寮、沙崙頭、十一號
仔皆屬於豐崙村，但因後四庄在日治時期是日籍移民的住區，
並沒有武館或曲館。菁埔共四鄰，約八、九十戶，六百人。庄
廟救行宮，主祀秋香尊神，建廟已十餘年，是從別處「分靈」
而來，每年九月初九主神聖誕，會有祭祀活動。

　　菁埔勤習堂據說是由溪湖鎮「阿等師」來教的，日治時期
就有武館，但日治末期武館解散後，就不曾復館，當年的成員
皆已去世，無從查起。

—— 1995年1月2日訪問村民，羅世明採訪記錄。

厝仔成樂軒（北管）

〈訪問許文中先生部分〉

　　厝仔成樂軒在日治時期即存在，由田尾鄉溪畔的「阿逃」
來教北管，日治後期曲館解散，戰後又重新組館，應是請同一
位「先生」來教的。後來曲館又解散，這是受訪者許文中上一
輩的事。一九五七年，許文中的舅父朱民財擔任館主，第三度

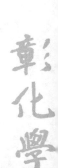

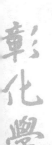

組織曲館，請鄰近周厝崙仔的黃清權等人來教，但這次的組館並沒有很成功，成員前往基隆、高雄各地工作。一九六〇年代，本館就因人手不足而不再出陣。許氏則因興趣，仍繼續到各地北管陣、大鼓陣擔任後場的吹手，現在仍於北斗新樂軒大鼓陣擔任後場，但成員常需向四、五個鄉鎮調人手才足夠。

〈訪問某館員部分〉

　　採訪時，受訪者（1930年出生）正在合興宮右廂演奏〈娛樂昇平〉自娛，採訪者前去向他請教一些曲館的問題。

　　受訪者在十幾、二十歲時，開始學北管，「先生」是開平人邱阿逃（若健在，約百餘歲）。「阿逃先」在崙仔教了二代，第一代是長受訪者二、三十歲的前輩，再來就是受訪者這一輩戰後的新手了。本館的學員要出資請「先生」，由館主負責「先生」的膳食，並在館主家設立曲館，奉祀西秦王爺，神位以紅紙書寫，紅紙前面放置香爐，學員前來學習時，要燒香祭拜。成員只學了一館多的時間，學會《舊三仙》，如果要對曲，還得「先生」掌頭手鼓帶領。本館不曾與人「拚館」，但「先生」曾說過，彰化曾有「軒園咬」，各調成員助陣的事情。

　　受訪者表示，北管的弦樂器是殼仔弦、吊規仔、大廣弦三種。以前的成員曾提議再聚在一起複習舊曲，但無法實現，受訪者認為現在已找不到「先生」，而且若要召募學員，也沒人要學了。

—— 1994年12月1日訪問某成樂軒成員（65歲），方美玲採訪記錄。1995年1月10日電話訪問許文中先生（59歲，成員），羅世明採訪記錄。

厝仔學習堂（獅陣）

厝仔共四鄰，居民約六十戶、二百餘人，主要爲林、陳二姓。庄裡沒有公廟，屬於小埔心合興宮的祭祀圈。厝仔和崙仔、庄仔合爲崙仔村，厝仔學習堂是從十三甲傳來的，在一九六一年之前就解散了，比庄裡的曲館還早解散。

—— 1995年1月10日電話訪問許文中先生（59歲，村民），羅世明採訪記錄。

崙仔合樂社（歌仔陣）

崙仔合樂社和連交厝、菁埔的歌仔陣同一師承。昭和九年（1934），本鄉小埔心的合興宮重建，附近各庄開始競相找「先生」設曲館、武館，以便建廟之後，能出陣「鬧熱」。崙仔原先找了一位演員「添福仔」，不會後場，教了一、二個月之後，大家就不願意再聘請他了，於是換聘師承中國人的「紅光先」（西螺人、姓廖，若健在，約百歲左右）。「紅光先」原先是歌仔戲團的後場，本領不錯，在連交厝、菁埔和崙仔三地各輪一晚，輪流教三館，連交厝的館主是許烏名，菁埔是蕭永和，崙仔則是黃豬仔。

「紅光先」在崙仔合樂社約教了三、四年，成員有一、二十人，除「傢俬」由「公金」購買外，「先生」的「館禮」則由成員共同負擔，並不便宜。館主黃豬仔較富有，所以曲館維持了四、五年，直至太平洋戰爭爆發（1941年），政府禁止曲館活動，遂告解散。戰後，庄中經濟較差，大家只顧賺錢養家，曲館遂不再重組。

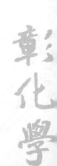

　　歌仔陣除打擊樂器的「鼓介」不同外，後場大致和北管相同，「先生」來教的第一齣戲就是《陳三五娘》。另外，合樂社還學了《青德寺案》（後人自編的故事）等戲碼，歌仔陣在「扮仙」上和北管完全一致，口白也相同，但歌仔陣平常唱曲都用白話，和北管不同，例外的情況是劇中當官的角色，唱曲時必須用官話而非白話。

　　崙仔合樂社過去曾在合興宮媽祖出巡時，和其他曲館排場表演，十分熱鬧。受訪者林春枝表示，「拚館」最激烈是在日治時期，臺中和豐原北管陣的「軒園咬」，就花了不少錢。林氏以前在曲館中擔任弦吹手，也會打鑼鼓，「頭手鼓」是張文德。林氏表示，「頭手鼓」不一定是鼓打得最好的人，記憶力才是最重要的條件。

―― 1995年1月4日訪問林春枝先生（84歲，成員），羅世明採
　　訪記錄。

崙仔學習堂（獅陣）

　　崙子村共分爲崙仔（公館崙仔）、庄仔、厝仔三庄，厝仔有四鄰、庄仔三鄰、崙仔二鄰。崙仔約三、四十戶，二百人左右，清領時期，因爲「公館」（已被焚毀）設在崙仔，故稱爲公館崙仔，日治時期改稱崙仔迄今。崙仔庄內姓氏很複雜，但以黃、陳二姓稍多，尤其崙仔的土地幾乎都爲黃姓所有。崙仔沒有庄廟，與附近的合興、豐崙、永豐、平原五村參加合興宮的祭祀圈。

　　崙仔的武館是由鄰庄十三甲傳來的，約在一九六一年左右設館，十三甲的學習堂是由一位中國師傅「狗神師」來教，

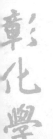

後來傳到「蘇仔師」、杜明這些人時，他們各有所長，「蘇仔師」似乎是杜氏上一輩的人，和杜氏師兄弟有空就會過來崙仔教武，檢視學習的情形，也不收「館禮」，當時是在葉清江家練習，學員約二、三十人，其中，吳仁義（現年五十餘歲）的獅頭舞得相當漂亮。

　　崙仔學習堂設館期間，庄仔振興館的巫瑞意及鄰庄館魁軒的師傅也曾來授武，因為學武的人常不限只學一種武藝，所以也有成員向他們學，但不成氣候，都沒有造成影響。很多崙仔人都到基隆港務局當碼頭工人，收入不錯，且有公務員身分，葉清江本人也曾到基隆謀生。因為人口外流，崙仔武館人手不足，遂和同館號的厝仔合出一陣，約十餘年前，成員就逐漸流失而無法出陣。

—— 1994年12月29日訪問黃牛先生（71歲，成員），羅世明採
　　訪記錄。

周厝崙仔同樂軒（北管）

　　周厝崙仔屬豐崙村，共三鄰，四、五十戶，居民二百人左右，庄尾以陳姓最多，據說是由海邊遷來，邱姓則來自田尾鄉三十張犁。庄廟豐佑館，主祀周王和朱王，日治時期就已建廟，但更早之前（受訪者邱朝財父親那一輩時），就已經存在了，每年正月十七日朱王聖誕及十月份演平安戲，都有慶祝活動。曲館同樂軒還未解散之前，每逢這二日，都會出陣「鬧熱」。

　　日治時期（約六十年前的昭和年間），永靖鄉的王來明來教同樂軒約一、二館的時間，教了《舊三仙》、《金牌仙》、

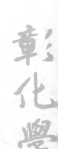

《送子》、《慶賀》、《五關》、《救子》、《下山》等劇目。王氏曾教過本鄉路口厝、庄仔、小埔心、連交厝及竹塘鄉面前厝等地，但年壽不永，只活了四十多歲。周厝崙仔在王氏去世後，只能自行練習。某一次，北斗的北管陣欠缺吹手，周厝崙仔就由邱朝財等二個會歕吹的人充任，在廟前演奏時，邱氏看到擔任頭手鼓者相當熟練，就問別人頭手鼓的姓名，得知頭手鼓是「北管先生」，人稱「金龍先」（陳金龍），「金龍先」曾在溪州鄉下壩、張厝教曲，適巧來演奏，擔任頭鼓手，於是邱氏便請「金龍先」到庄裡教了約一館的時間，共教了《天官仙》、《三擊掌》、《（新）下山》等劇目。

周厝崙仔同樂軒的館主起初是黃水河，後來換成莊文秀，頭手鼓則由陳金水、許慶、莊文秀接續擔任。邱氏在曲館中負責歕吹，黃清權也是歕吹的高手，非常聰明，學《天官》時，因為識字學得快，而且註明「鼓點」，「先生」教完之後，大家就靠黃氏的曲譜練習，後來黃氏車禍去世。黃清權和邱朝財、莊文秀曾到鄰近厝仔去教北管，但以黃氏較常去，主要也由黃氏執教。目前，周厝崙仔曲館的成員只剩四人，分別是邱朝木、邱朝財和周姓兄弟，其他的人都已去世。曲館在遭美軍空襲那段時間曾解散過，戰後又重組，但沒有再請「先生」，約三十多年前再度解散。

本館以往出陣都是義務性質，不收酬金，若庄中喜事或小埔心媽祖廟三月二十三日「刈香」、平安戲，本館都會出陣。日治時期，媽祖出巡曾發生「拚館」，但當時不知評分方式，結果連交厝歌仔陣奪魁，本館則獲得第二名。

邱朝財從五十多歲擔任小埔心道士壇的後場，直到七十多歲，家人才以年紀大為由，要邱氏辭退工作。小埔心道士壇是四代祖傳的，最早是陳深仔，先後傳給陳青龍、陳春貴（現

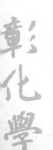

年六十八歲），現在由陳文宗（三十多歲）擔綱。邱氏表示，小埔心這壇是「紅頭道士」，南投水里、竹山、彰化二水、北斗、田中、埔心、二林、溪湖，都是「紅頭」的系統，目前二林這種道士壇最多，共數十壇，有祖傳與新學的。本鄉路口厝及雲林縣西螺則是「烏頭道士」，系統不同。

　　邱氏曾擔任過不少地方的後場，也曾在北斗鎮擔任大鼓陣後場二年，甚至擔任過布袋戲的後場。比較起來，邱氏認為道士壇的後場最難，因為布袋戲演奏大多運用【風入松】這一曲的快慢節奏，以及【快吹場】、【慢吹場】、【墜子】、【滴溜子】來變化。歌仔戲變化較多，但道士壇更難，因為祖傳的道士壇只有經書文本，沒有曲譜，必須聽著道士唱，熟悉音調之後，自己嘗試演奏並熟悉「管位」才有辦法，且道壇曲目眾多，光是「走赦馬」就有〈大道韻〉、〈先天寶座〉、〈三無量〉、〈七字偈〉、〈道行偈〉、〈三尊聖號〉等曲目，「拜懺」時，也有〈母親嫁別〉等曲，十分繁複，若沒有本事，很難跟得上。

—— 1995年1月2日訪問邱朝財先生（80歲，成員），羅世明採
　　訪記錄。

小埔心民樂軒（北管）

　　小埔心和江西店合稱合興村，小埔心共二十鄰，約一千餘戶，三、四千人，主要姓氏為陳姓。庄廟合興宮，主祀媽祖，清領時期即以「竹管厝」奉祀，現在每年三月二十三日「媽祖生」、九月初九中壇元帥聖誕、十月份演平安戲，都有祭祀活動，民樂軒也會出陣。

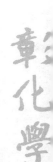

小埔心民樂軒創立於昭和七、八年（1932～1933）左右，至昭和十一、二年間（1936～1937）被禁，當初是田尾鄉紅毛社人王來明（若健在，現約百餘歲）所教，紅毛社現屬鎮平村，王氏是當地曲館的「頭叫師仔」。當地第二順位的「師仔」是張文田，住在永靖鄉。王氏教曲時，並非一直待在本庄，而是每天輪流到一地教曲，稱為「挨館」，小埔心是和周厝崙仔、十三甲輪流。

民樂軒是由日治時期本庄保正戴川福所取，並沒有正式的館主，而是由參加的成員共同出資，保正總其事。受訪者陳明川負責唱老生及打鑼、鈔，本館學過《新三仙》、《舊三仙》、《渭水河》、《斬瓜》、《慶賀》等戲。庄內及豐崙村菁埔當時還有歌仔陣，都是以社為名，但館名皆已不可考，本館成員目前也僅剩陳明川健在。

民樂軒成立時，有十多名成員，可以出二個陣頭，每個陣頭至少七人，「新路」和「舊路」的曲目都學。陳氏表示，唱曲的語音和平常發音不同，客家人來學較容易，因為發音和客家話較接近。本館平常都是因庄廟迎神或有人嫁娶才出陣，原本沒有為喪事出陣，後來改成可以出陣，不過，一九八六年後就不曾再出陣了。陳氏沒有經歷過「拚館」的情況，但曾經到北港「刈香」時，在廟邊表演過。

—— 1994年12月16日訪問陳明川先生（74歲，成員），羅世明採訪記錄。

小埔心學習堂（宋江陣）

學習堂最早是在芳苑鄉路上厝開基，一位從中國來的師傅

在路上厝教宋江陣，本庄的陳英德（享年六十餘歲，約1970年代去世）曾到路上厝學武，並成為「頭叫師仔」，日治時期回到庄裡開館傳授宋江陣，並設館號學習堂，當時武館成員約有七十餘人。

陳氏功夫極佳，光是拳法就練過宋江拳、太祖拳、永春拳、燕子拳、美人卸粧等，美人卸粧的拳法主要是有一招用手從髮梢掠過，狀似美人卸粧而得名，十三甲（本鄉永豐村）的武館就是以這套拳法為主。另外，宋江拳近硬拳，但拳法的變化、技巧較多。陳氏對各種兵器十分在行，能夠依十二時辰的血液運行而點穴。若二林地區的武館要出陣，都還會找陳氏前往指導，本村江西店的人也曾來學武。

陳氏教導的宋江陣花樣極多，每次出陣要花數小時，且當時的宋江陣還依梁山泊一百零八條好漢的裝束扮相，也會畫臉譜，還有人扮女裝，稱作「宋江旦」。陳氏去世後，宋江陣也隨著解散，以往「刈香」時，在整條街一路排場、對打擺陣式的情況遂不復見。

受訪者林篙是陳氏的女婿，在岳父去世後接下武館，繼續經營，但林氏專精接骨，無法繼續出宋江陣，遂改以宋江拳摻「合嘴獅」的獅套出獅陣，武館所需經費，純粹由庄中人士樂捐，因為只為庄廟服務，在「神明生」、遶境或庄裡一些需「制煞」的場合才出陣，故不收酬勞，也不到庄外出陣，但武館也解散約二十年了。

—— 1994年12月20日訪問林篙先生（61歲，館主），羅世明採
　　訪記錄。

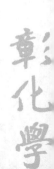

庄仔□□軒（北管）

庄仔的北管是由田尾鄉的王來明教的，比鄰庄周厝崙仔還早學，但戰後就不再出陣了。戰後所舉行的一些廟會（尤其是庄仔每五年和雲林崙背鄉附近的山仔門輪祀神明的祭典），也僅由一位過去的曲館成員，搭配周厝崙仔的曲館一起出陣而已。

—— 1995年1月2日訪問邱朝財先生（80歲，周厝崙仔曲館成員），羅世明採訪記錄。

埤頭同合興（南管、北管、子弟歌仔、牛犁陣）

埤頭分為庄內、埔尾、山寮三部分，現分別為興農村、和豐村、埤頭村。埤頭村有十六鄰，約五百戶、三千餘人；和豐村有二十一鄰，約七百五十戶、近四千人；興農村有十四鄰，約四百多戶、二千五百人左右。埤頭主要姓氏有謝、吳、陳、許四姓，庄廟福德祠，主祀土地公，埔尾另有一座四武宮，主祀溫王爺，二廟在日治時期即已存在。現在的廟貌約在二十年前重新翻修，每年十月演平安戲時，會有盛大祭祀活動。埤頭的廟宇和鹿港的「湄州媽」、蘇府千歲關係很密切，庄中四武宮的溫王爺曾降示，若不是鹿港的媽祖與蘇王前來相助，自己沒有那麼大的力量可庇佑庄人。

埤頭曲館在日治時期十分興盛，北管、南管、子弟歌仔、牛犁陣都學過，但曲館成員幾乎皆已去世，還健在的成員也都遷居外地，庄中連八十多歲的老人家都很難說明當年曲館的情形，僅知道南、北管成員若健在的話，都已百歲以上高齡。南

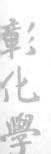

管在清領時期就已存在，且非常興盛，常到鹿港表演，極受讚賞，但並不清楚其傳入區域。日治時期有很多學南管的成員，像「老江仔」（遷居溪湖鎮，據傳在當地教曲，疑是吳江）、「大頭仔」（四十多年前去世，其子是「安樂仔」）、「有宮」、「老泉」（溪湖人，遷居本地經商）。南管約在戰後就解散，北管情形也雷同，成員有曾演過布袋戲的「吳鴨母」及「紀阿老」等人。

「子弟歌仔」的成立年代較晚，是北斗鎮目仔溪的人來教的，成員大部分皆已去世（若健在，平均年齡約八十餘歲）。有位成員「阿義仔」（姓許，若健在，約近八十歲）唱曲十分好聽，另一位「有福仔」則遷居北部，「子弟歌仔」也在戰後解散。另外，本庄的牛犁陣是由二林大排沙入贅的「杉仔」（若健在，約七、八十歲）所傳，牛犁陣以南管音樂為底，由七、八個人表演，後場樂器約四、五人，共需十二、三人。

—— 1994年12月7日訪問廟旁村民三人（皆80餘歲），羅世明採訪記錄。

埤頭庄內館魁軒（獅陣）

十號仔共四鄰，一百二、三十戶，約八百多人，主要姓氏為謝姓。十號仔原本沒有共同供奉的神明，受訪者黃六坤現在已組織了一個團體，並準備加入道教會，為原先早已奉祀在庄民住家裡的雷府千歲建廟，取名靈武堂，每年正月十三日雷府千歲聖誕，會有祭祀活動。

庄內和十號仔合稱興農村，十號仔為過去日本移民所住的地方，日本人在戰後被遣返，房產、土地由庄人接收，現在

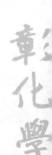

十號仔的庄人大多是戰後從庄內遷來的，獅陣也是從庄內傳入的。

黃六坤原居庄內，庄內的獅陣是館魁軒，約五、六十年前，由連交厝的林山前來傳授，以吳溫、吳火爐學得較好，再傳到黃氏這一輩，黃氏戰後遷移至十號仔，迄今已五十年。

獅陣在二十多年前，原本已快要解散，無法出陣。但因當時庄廟要到木柵「刈香」，大家認為若沒有獅陣隨行，不好看，遂又合資購買鼓、「傢俬」等，臨時聚集人手出陣，由黃氏負責號召。此後，不斷有人來找黃氏出陣，想推都推不掉，遂一直擔任獅陣連絡人迄今。

庄內館魁軒目前出陣少則二、三十人，最多曾達五、六十人，都是義務性質，成員平均年齡為五、六十歲左右。黃氏表示，本館從未因出陣而收費，一些廟宇曾想以「公金」支付酬勞，都被黃氏婉拒並退回。黃氏表示，因為其師傅未收「館禮」，義務服務，自己若出陣收費，會過意不去。目前，庄內館魁軒出陣，會調附近同館號的人手幫忙，大多是「刈香」、入厝這類的場合，其他「好歹事」偶爾也會出陣，但若為喪事出陣，僅限於師傅或師兄弟出殯。喜事則限於特殊原因（例如結婚對象精神異常等）才出陣，目的是驅魔而非慶祝。黃氏表示，本館的獅頭曾由雷府千歲「開光」，具有神力，和一般學生舞的獅頭不同，具有辟邪的作用。目前「傢俬」和獅頭都放置在十號仔庄裡的一間倉庫裡。

―― 1994年12月29日訪問黃六坤先生（59歲，連絡人），羅世明採訪記錄。

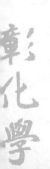

埤頭山寮館魁軒（獅陣）

　　山寮即埤頭村，與庄內、埔尾合稱埤頭庄，日治時期，庄人陳水龍因和鄰庄連交厝的武師林山熟識，遂由陳氏邀林氏來教武，由陳氏擔任館主，並負責請「先生」的「館禮」，林氏是溪州鄉水尾村「羅漢師」（陳羅漢）的徒弟，「羅漢師」據說從雲林縣來水尾村外潮洋，在廖為家當長工，後定居七戶仔，不過，「羅漢師」是否為雲林人，仍無法確定，只知道是越過西螺溪上來的。

　　林氏在山寮的「頭叫師仔」是陳火炎（若健在，現約九十歲），陳氏除武藝外，最出名的是接骨技術，曾有一位女孩子被牛車輾過腹部，骨頭碎裂，陳氏竟然可以將她接妥，也能夠走路。陳氏常用的一帖藥，是將初生小雞剁成肉醬，敷在傷處，效果雖然很好，但晚年突然耳聾，請示神明才知道是因為這帖藥殺生的報應，陳氏遂不再使用這帖藥。過了許多年，有一天聽力又恢復了，十多年後才過世。

　　戰後，陳氏和日治時期一位學武的同輩，共同教了三十多位年輕人，受訪者吳大北就是其一，當時的館主是陳水成（若健在，約九十歲），大家都在其家門口練習。戰後，林山還曾到山寮教了一陣子，主因是庄裡老一輩的成員若要教武，有些生疏，希望能向林氏多學些拳套，以便再教年輕一輩，吳氏與幾個年輕人常躲著偷看林氏教武，老一輩還沒學成前，吳氏等人就已會了。戰後，武館出陣之前，老一輩的成員都會請林氏來指導「牽兜」等武術，出陣所得的酬勞也全交給林氏。

　　陳火炎教了四、五年，因庄中經濟不佳、人口外流，許多年輕人不願意學武，就不再傳承。雖然現在獅頭、鼓、「傢俬」都還在，但已有三、四年未出陣了。一九四八年左右，埤

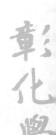

頭庄為了迎接從鹿港請來的蘇府王爺，三村有四個獅陣（庄內、山寮的館魁軒，埔尾林慶雄的勤習堂及許金童的振興館）都到北斗火車站表演迎接，如此盛況，已不復見。

吳氏主要學習硬拳，另外還向未設武館的師傅學軟拳。吳氏表示「千拳歸一路」，若有硬拳的基礎，學其他拳法很容易入門。學拳之外，吳氏也很重視獅陣及其中的一些規定，並認為許多人在新廟落成時踏七星、八卦，是錯誤的，曾有一天，庄中乩童開壇，神明「降駕」告訴吳氏踏七星、八卦用於「制煞」，廟中有神明，不需要再用獅陣來「制煞」，應用踏四門，對神明行禮。此外，「刈香」的隊伍或到其他廟宇「刈香」，也要踏四門行禮。

至於獅頭書寫的王字，吳氏表示，有一位轉益多師的武師，曾有一次到宜蘭，看到當地獅陣的獅頭上寫「壬」字而非「王」字，向對方詢問原因。對方表示，只有其師傅才知道原由，武師遂又向對方的師傅詢問。對方認為以前有一位皇帝在位時，每年正月初一都會有一頭獅子來朝拜皇帝，但在壬□年（吳氏忘記正確的干支）正月初一時，獅子來得稍晚，文武百官已上朝，看見獅子，就將其射死，從此數年，境內不得安寧，後來遂演變為每年正月初一舞獅，祈求國家平安。

── 1994年12月13日訪問吳大北先生（64歲，成員），羅世明採訪記錄。

埔尾龍英堂（獅陣）

龍英堂原來的館址並不在埔尾，而是位於埤頭村的受訪者吳媽義家中，吳家位於埔尾（和豐村）和山寮（埤頭村）之

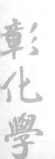

間，沒有特別的地名稱呼，龍英堂就是埔尾和山寮合組的獅
陣。

　　龍英堂是由曾教過田尾鄉三十張犁的田尾鄉人林成連
（十七、八年前去世，若健在，約一百歲）來教的，據說最早
是從嘉義傳入。距今五十多年前（約日治昭和時期），林氏來
教了數年，當時的館主是林慶雄（「林仔鱸鰻」），日治後期
禁止武館，因而解散。戰後，林氏又來教庄中年輕一輩的成
員，並當了一陣子的館主，因開銷太大，不久就改由吳氏接
任。

　　林氏在本庄教完後，又轉往溪州鄉土角厝教武，後來因本
庄有人到花蓮經商，便請林氏到花蓮的志學村教武，林氏遂在
花蓮住了三、四年，其兄長林成財也曾到北斗鎮教過。林成連
去世時，所教的徒弟派了十多陣獅陣來送殯，連花蓮的武館也
出陣。

　　埔尾龍英堂獅陣的「頭叫師仔」是吳量（已逝），與吳
媽義同輩，但較年長。獅陣純為義務性，購買「傢俬」及一些
費用都由成員分攤。以前一次出陣約四、五十人，主要是為了
庄內的廟會活動（如庄廟的「鬧熱」，或到鹿港、北港「刈
香」）而出陣，庄中不同館號的獅陣不會互相「拚館」。這幾
年環境變化，外庄常來邀請出陣、調人手支援，不管是否同一
館號，只要達到熱鬧的效果即可，吳媽義因不習慣這種方式，
也不喜歡議價出陣，遂在三、四年前，將武館交給埔尾人許即
（現年六十餘歲）負責，許氏是吳氏同輩中較年輕的師兄弟，
吳氏除庄中義務出陣之外，其餘活動已不再參與了。

── 1994年12月29日訪問吳媽義先生（74歲，曾任館主），羅
　　世明採訪記錄。

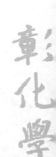

連交厝曲館（北管）

連交厝曲館，屬「軒」，是永靖鄉人（應為田尾鄉紅毛社）王來明來教的，戰後他在本庄教了約五、六個月，館主為「王爺先」，受訪者吳登標負責打通鼓，北管陣已有二十多年沒有出陣了，而且庄裡曲館成員也僅剩他一人。

—— 1994年12月16日訪問吳登標先生（80歲，成員），羅世明採訪記錄。

連交厝館魁軒（獅陣）

連交厝即平原村，屬長形聚落，故名連交厝。連交厝有二十鄰，居民五百多戶、二千餘人，主要姓氏為許姓，約占六成。庄廟為達平宮、廣天宮，達平宮主祀玄天上帝和張天師，張天師的神像已有二、三百年的歷史，是從中國移民時帶來的，廣天宮則主祀張天師（二、三十年前新雕的神像）及溫王，二座廟都是戰後才興建的。

連交厝館魁軒是由曾到二林鎮中西里及鹿港教過的「羅漢師」（陳羅漢）來教的，「先生」會輕功，只在本庄教了一館，「頭叫師仔」是受訪者林枝結之父林山（1948年去世，享年五十餘歲），但庄中不只本館，也有不少人跟隨「胡皮成仔」及許宗學武，但仍會合併一陣，總共約百餘人，相當熱鬧。

「羅漢師」育有二子，一位在日治時期即已去世，另一位是陳池，曾教過福興、麥嶼厝。林山則教過二林鎮萬合仔，埤頭鄉山寮（埤頭村）、崙仔腳與七號仔（與附近的五號仔合併

出陣），但七號仔這一館人數較少，早已解散。

連交厝館魁軒最初的館主是林山，去世之後，就由其子林枝結負責，現在交由其姪林振耀（林氏四兄之子，現年三十餘歲）負責。獅陣目前仍免費為廟會或一些較有「交陪」的朋友出陣。庄中一部分成員近來遷至本鄉興農村的十號仔，現在若要出陣，都會向十號仔調人手，每次出陣大約二十多人。連交厝館魁軒戰後曾在前往松柏坑「刈香」的路上，於田中、北斗街上排場，與其他武館較量。另外，前往鹿港「刈香」時，也曾發生「拚館」，但並未發生僵持不下的情形。

—— 1994年12月10日訪問林枝結先生（62歲，館主），羅世明採訪記錄。

崙仔腳館魁軒（獅陣）

崙仔腳即崙腳村，共八鄰，居民約一百五十戶、五百多人，主要姓氏為祖籍福建泉州府同安縣的許姓。庄廟有二，一是主祀觀音的南雲寺，一是主祀玄天上帝的新吉宮，日治時期皆已存在。每年三月三日玄天上帝聖誕、九月十九日「觀音生」，以及十月底演平安戲，都有祭祀活動，獅陣也都會出陣。

崙仔腳館魁軒在日治時期，是由溪州水尾仔的「羅漢師」來教，館主詹分別，目前武館仍存在，每次出陣仍有約十多名成員。

—— 1995年1月21日電話訪問許金水先生（50歲，村長），羅世明採訪記錄。

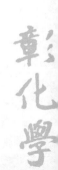

公館仔新樂軒（北管）

大湖村包含公館仔、大湖厝、十號仔、六號仔、四號仔。其中，大湖厝首尾分屬埤頭、竹塘二鄉，十號仔與六號仔則是日治時期新移民的聚落。公館仔有三鄉，約五、六十戶，二百餘人，庄中客家人與閩南人的比例約二比一，主要姓氏爲祖籍廣東梅縣的徐姓客家人，由苗栗、中壢一帶遷入。這種情形，肇因於日治時期的三五公司在此徵收土地種植甘蔗，面積極大，但不肯雇用庄人耕種，並到苗栗、中壢召募一批客家人前來開墾，受訪者徐金元之父徐炳奎（享壽七十八歲，約二十二年前去世）即在此時遷入本庄。「會社」第一年發給來耕種者碗筷及伙食，並配給房屋、耕牛，隨能力申請耕地，收成則與「會社」依比例拆帳。戰後，「會社」撤回日本，國民政府接收日產後，將當時的耕地進行放領，於是向「會社」申請耕地越廣的人獲利越大。

徐氏表示，彰化縣許多地方都有客家人，永靖就有所謂七十二庄的客家人，北斗鎮溪底（七星組一帶）、溪州鄉三條圳及竹塘鄉牛稠仔都是客家庄，其中，牛稠仔聖靈宮奉祀的關公，還是從苗栗請來的。

公館仔的地名，據說是因清領時期有位富人在此蓋了一間公館而來。庄廟廣興宮，主祀五尊帝君，原奉祀在庄民家中，因常有人求神問卜，遂開始設堂，並於十七、八年前建廟。

公館仔新樂軒是由徐炳奎所教。徐氏在日治時期到本鄉路口厝學北管，當時路口厝曲館的館主是張清風，聘請田尾鄉的王來明及西螺的數位「先生」來教，徐氏在當時即擔任「頭手鼓」，能唱旦、老生、小生等角色，除歕吹之外，幾乎精通所有樂器。約在一九四七至四八年時，徐氏開始在庄中組織一班

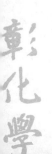

北管，大約十人，當時的「頭手鼓」爲徐溪陽（已逝），尙健在的成員只有張便宜（唱丑角，本庄振興館張宿之弟）、徐福元（唱老生），二人現年六十餘歲。一九五〇年代，徐氏又到竹塘鄉面前厝授藝（由莊慶賢召集），該館可能還存在。

本館大多爲迎神、娶妻、慶生而出陣，偶爾也會爲喪事出陣。本館免費爲庄內迎神出陣，其他場合則隨請主意願，當時的成員經濟狀況較差，若遇到「鬧熱」，能飽餐一頓，就非常滿足了。至於未出陣的日子就下田耕種，出陣也能賺錢並自娛娛人。

然而，公館仔在一九六〇年代開始供電，收音機、錄音機、電視流行之後，庄人不肯再用北管陣，也沒有人肯學，曲館遂告解散，徐氏的曲簿也因朋友商借而佚失。鄰近各庄的曲館也很類似，路口厝的曲館最早解散，因爲其成員來自各地，不易長期維持，傳到徐炳奎那一輩後，就沒有再傳給年輕人。公館仔和小埔心二館則仍有傳承，故較晚解散，目前仍有成員健在，如小埔心有位任職埤頭鄉公所的陳萬來（「春福仔」，現年六十餘歲），仍與徐金元「交陪」。

—— 1994年12月30日訪問徐金元先生（62歲，師傅之子），羅
　　世明採訪記錄。

公館仔振興館（獅陣）

公館仔振興館在戰後是由鄰庄牛稠仔的「湖雷師」來教了三館，是由受訪者張宿之父張海水（原居牛稠仔，其父始遷居本庄務農）聘請而來。請「湖雷師」來教一館要花數千元「館禮」，成員還要輪流供應點心，出陣的酬勞也交給師傅，就連

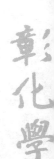

師傅的農地也是由徒弟耕種。不過，「湖雷師」並沒有傳授很多武藝，也沒有傳授本身最擅長的符法。一九六五至六六年間，庄中的徐姓人士又請嘉義布袋人徐來到本庄教擒拿法，但這一次沒設館號，也不曾出陣，屬於「暗館」。當時的情況是北斗鎮的徐姓宗親聘請徐來北上授武，本庄再請他過來。

「湖雷師」除了本庄之外，也在竹塘鄉街仔內教過「暗館」。受訪者張宿曾親炙「湖雷師」，關於其符法也頗有耳聞，「湖雷師」的「散毛法」十分厲害，但並未完全用在正途。「湖雷師」在牛稠仔時，有次與人打賭，有辦法讓路上的一位女子當眾脫衣服，「湖雷師」果真使用符法，讓蜈蚣爬滿女子全身，女子急忙將衣服脫光。沒想到，那名女孩竟然是「湖雷師」的女兒，返家之後，知道是自己父親所為，遂羞愧自盡，「湖雷師」的妻子也氣憤而將符簿燒掉。張氏表示，放符害人的事，大家都不願意學，一般師傅也不肯隨便教符法，故符法就失傳了。

公館仔振興館過去出陣約四、五十人，戰後初期曾有「拚館」的情形，有一次，本鄉路口厝媽祖遶境，竹塘鄉田頭仔及本鄉番仔埔的獅陣皆隨行，但先行的獅陣不肯離開，後方的獅陣硬要闖越，便和其他獅陣發生衝突。另外，有一次在本鄉小埔心「拚館」，大家不肯休息，村長就叫煮飯的婦女把飯菜擔進獅陣的圈子中，結果獅陣因空間變小，無法打拳而中止。

本館昔日若庄廟有「鬧熱」都會出陣，但現在演平安戲時較少出陣，只在「刈香」才出陣，而且成員僅剩十餘人，願意出陣者不多，所以都和溪州鄉東州陳嘉喜、本鄉斗六甲蔡來春等附近獅陣的人合併出陣，甚至和不同館號（如館魁軒）合併，變成論人手計酬的職業性質。

張氏表示，附近以庄仔的巫瑞意武術根柢較深，巫氏少年

學武、轉益多師，也曾向「湖雷師」請益，並以武藝謀生，其子現在組成兩廣醒獅團，表演特技十分出名，前陣子還在花壇的臺灣民俗村舞獅比賽中奪冠。現在兩廣醒獅較受歡迎，價碼也較高，中部的兩廣醒獅則始於南投縣竹山鎮，是由一些原學同義堂武藝的人改組，並轉為職業化。

—— 1994年12月30日訪問張宿先生（70歲，館主），羅世明採訪記錄。

大湖厝振興館（獅陣）

　　大湖厝屬大湖村，共四鄰，居民約六、七十戶，二百餘人，主要姓氏為胡姓。庄廟仁德宮，主祀「周爺公」（周倉），建廟約五、六年，每年十月二十日演平安戲、舉行慶祝活動。

　　大湖厝振興館已解散約二十年以上，昔日成員皆已去世，起初是由西螺的廖山（三十餘年前去世，若健在，約百餘歲）來教，廖氏師承西螺振興館的「肉圓成」，是田尾鄉陳松的師兄弟，其女陳廖素珠是接骨師，嫁到本鄉路口厝，接骨技法皆由廖氏傳授，目前開設「陳廖素珠國術館」並組織誦經團。受訪者是陳廖素珠的夫婿，並不清楚廖氏是否曾到本庄教過武術，但曾聽他夫人提起，岳父廖山曾到竹塘鄉的九塊厝教武。

—— 1995年1月1日訪問大湖厝村民、路口厝陳先生（67歲，師傅之婿），羅世明採訪記錄。

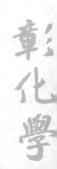

牛稠仔振興館（獅陣）

〈訪問顏進輝先生及數位村民部分〉

　　牛稠仔屬芙朝村，因昔日庄中養了許多水牛，故稱牛稠仔，戰後改名芙朝村。本庄共十五鄰，居民五百多戶、近三千人，主要姓氏為祖籍福建南安縣的黃姓，庄裡有黃氏公厝，於每年九月十九日祭祖。黃姓之外，劉、張、顏（清河堂）三姓的人口也不少。庄廟金安館，主祀二王公（二王尊神），正在興建新廟。

　　牛稠仔庄中有三口水潭，據說是青蛙穴，呈「品」字型，上面是蛙頭，下方分別是青蛙的左右腿。牛稠仔振興館最早的師傅是「湖雷師」（本地人、姓陳，若健在，約百餘歲），據說是向中國師傅學武，除了武術之外，還學了符咒，十分出名。「湖雷師」之後，武館傳給陳永基和王和尚二人（若健

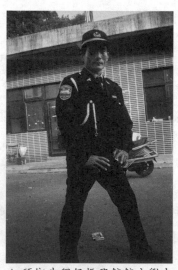

▲ 頭鄉牛稠仔振興館館主劉木
　下（羅世明攝）。

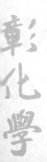

在，年約百歲），王氏輕功極佳，可以跳到屋頂上；陳氏是
「湖雷師」的「頭叫師仔」，約三十年前，曾教過本鄉公館，
迄今又傳了三、四代，受訪者顏進輝這一輩，算是「湖雷師」
的第五代弟子。

　　本庄靈異事件極多，在庄廟舊神像（由中國迎請而來）尚
未被偷之前，神明十分靈驗。還曾有人以符法爲非作歹，想讓
年輕女子在路上寬衣解帶，那張符反而被母豬踏過，結果母豬
在晚上前來敲門，鬧了笑話。此外，六年前公墓還未整理規劃
前，曾有人看到一條長約二十尺、大腿般粗的錦蛇橫過馬路，
嚇得不敢經過，公墓改建之後，就不曾再看見，顏進輝甚至認
爲那條錦蛇已成精了。

〈訪問劉木下先生部分〉

　　受訪者劉木下（現年五十一歲）繼「永基師」之後接任館
主，是「永基師」的徒弟，但算是第三代的成員。劉氏表示，

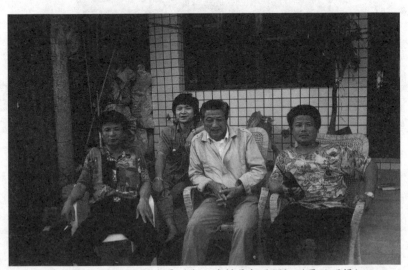

▲埤頭鄉牛稠仔振興館成員（左一爲村長顏進輝）（羅世明攝）。

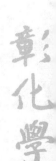

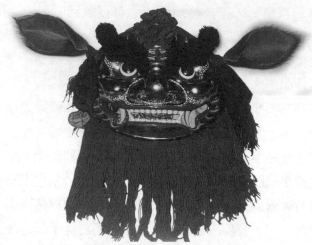

▲ 埤頭鄉牛稠仔振興館獅頭（羅世明攝）。

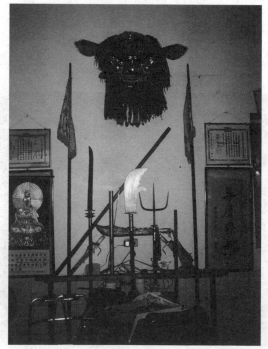

▲ 埤頭鄉牛稠仔振興館館主傢伙（羅世明攝）。

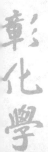

第二代的成員年紀較長,目前最活躍的是第三代這一輩的成員,但只剩下顏榮風和劉木下二人會舞獅頭。劉氏舞獅最叫絕之處,就是獅頭咬紅包時,總要吊觀眾的胃口,耍弄半天才咬到紅包,相當靈活。劉氏曾到埔鹽鄉公所教了四個月獅套,共教三十八人,也在溪湖鎮頂寮教了四個月,還曾在一九八九年全彰化縣比賽獲得亞軍。本館以前出陣約有四、五十人,現在則約二十餘人,出陣時還有出「傢俬」,並踏七星、八卦,劉氏表示,七星、八卦不可隨便踏,隨意觸犯禁忌容易致死,自己曾見過這種憾事發生。本館會爲廟會與「好歹事」出陣,喪事須改用白獅,若庄人邀請出陣爲免費,請主只需隨意支付紅包,庄外則需議價。

—— 1994年12月3日訪問顏進輝先生(41歲,成員)、劉木下先生(51歲,館主)及數位村民,羅世明採訪記錄。

番仔埔館魁軒(獅陣)

　　番仔埔屬元埔村,共十一鄰,一百多戶、約八百餘人,主要姓氏爲祖籍福建漳州府的陳姓。本庄沒有庄廟,村中合祀的太子元帥約有五十年以上的歷史,現在供奉在私人土地搭蓋的鐵皮屋中。

　　番仔埔的武館是由溪州鄉瓦厝仔的師傅來教的,館號館魁軒,大約已解散二十年以上,成員多已去世,尚健在的一位目前精神狀況也不佳。

—— 1995年1月1日訪問張清波先生(36歲,村民),羅世明採訪記錄。

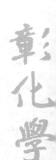

新庄仔館魁軒（獅陣）

　　新庄仔屬新庄村，共十三鄰，四、五百戶，約二千多人，主要姓氏為祖籍福建漳州府的鄭姓，占了約八成的人口。庄廟濟安宮，主祀蘇府千歲，日治時期即已建廟，每年四月九日主神聖誕，有盛大的祭祀活動。

　　新庄仔館魁軒的發展分為二階段，起初是日治時期水尾村外潮洋的「羅漢師」（陳羅漢）來教的，據說「羅漢師」是雲林人，在當地打死人，躲到外潮洋當長工，後來才開始教武，庄中現年九十歲的那一輩，幾乎都有學武，人數可能有幾百人。「羅漢師」來教了好幾年，且收取「館禮」。日治末期，武館遭禁，「傢俬」也被沒收。戰後才由受訪者楊勝文請「羅漢師」的女婿「再文仔」（陳再文）來教，「再文仔」也有收「館禮」，戰後初期，每館的「館禮」約數元，一共教了二十多年。

　　在「羅漢師」來教的時代，新庄仔館魁軒的館主起初由「頭叫師仔」楊萬得擔任，後來又由一些較有錢的人擔任，負責供應「館禮」、招待師傅、準備學員的點心與宵夜。因為庄人會武功，盜匪遂不敢欺侮。復館之後，館主就一直由楊勝文擔任，楊氏還教了五十餘名徒弟，一部分是國中生，其中，連水清（約四十歲左右）是「頭叫師仔」，但連氏在鑼鼓方面，仍無法獨當一面，故楊氏對於武館是否能再傳承，並不抱太大的希望。楊氏表示，自己授徒並未收「館禮」，現在即使不收「館禮」，都不見得有人肯學，更遑論收費。

　　本館目前仍為「刈香」、「好歹事」出陣，人數多寡端視請主酬勞而定，每人約需一千五百元，出陣最多可達五、六十人，武館的開銷，也是從出陣酬勞中提撥一部分，作為「公

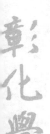

金」支付。本館成立以來，參與「拚館」的次數並不多，僅有一、二次到鹿港「刈香」時，與同行的二、三個獅陣互相拚人氣。

楊勝文本身也通藥理，家中仍收藏三本銅人簿，有祖傳的，也有「再文仔」傳授的，祖傳的銅人簿載有「楊氏祖傳銅人簿福建泉州府同安縣十二都安仁里溪頭後社第六代楊土一九七八冬楊木山重抄」，是從中國帶來的，所以楊氏兼擅接骨、推拿。

楊氏表示，曾有一位社頭人蕭英其（若健在，約近百歲）搬到庄中開設藥鋪，同時擔任廟中的「桌頭」，多年來相安無事。蕭氏學習「散毛法」，「放符」的功力極深。一九五〇年代，庄中另一位學中醫的人返鄉，準備經營中藥行，蕭氏假意贈送一條腰帶致賀，隨即返回社頭，對方將腰帶轉贈給自己的兄長，結果一繫上就發瘋。村人請示神明，才知道全庄都被蕭氏下了詛咒，蕭氏返回社頭後，不斷「放符」到本庄，許多妖魔鬼怪都來到村中。當時村民十分團結，請了許多乩童來降伏妖怪，但蕭氏「放符」的威力太強，有時連神明都無法對付，庄中從松柏坑請了三位「帝爺」的乩童，再加上庄中王爺、本鄉番仔埔太子爺的乩童，每天晚上，庄裡都有一大群乩童忙著收妖。庄人出錢出力，每次都要準備三、四百擔的食物，持續了三、四年以上，最後才由「帝爺」解決。當時，附近的人都聞風而至，觀看神魔鬥法。後來，這些妖魔就由乩童陸續制伏，只要乩童用七星劍往地上射去，村民一挖該處，就會發現詛咒物，村民並在一旁準備油鍋，將挖出的東西用油炸過，才能保證安全無虞。經過許多年，本庄才平靜下來。後來，蕭英其作惡多端，最後落得絕子絕孫的下場。

不僅本庄有人會「放符」，鄰庄牛稠仔也有一位陳姓的

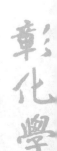

「湖雷師」，除了武術之外，也精通「散毛法」，會在地上劃圓圈，若有女子跨過，晚上就會不由自主地到施術者屋外敲門求歡，曾發生過母豬跨過符咒，晚上到「湖雷師」家敲門的事情。還有一次，「湖雷師」在店裡和人打賭，有辦法讓女孩子脫衣服，對方指著遠遠走來的一位女子，要「湖雷師」作法，「湖雷師」未看清楚那名女子是自己的女兒，隨即施術，那名女子果真當場脫光衣服。回家之後，女子才知道是父親所為，因而羞愧自殺。由此可見，仗恃符法為非作歹，必會遭到報應。

── 1994年12月10日訪問楊勝文先生（53歲，館主），羅世明採訪記錄。

斗六甲緊興社（北管、歌仔戲）

　　斗六甲緊興社成立於日治昭和年間，是請西螺「奇清先」來教的。「奇清先」會北管及歌仔戲，在本庄先教外江系統的北管，後來才教歌仔戲，一直教到可以上棚演戲。太平洋戰爭爆發（1941年）後，政府禁止曲館活動，遂暫停。戰後，本庄再度請「奇清先」來教曲，之後，才延請嘉義水上的「紅蝦仔」來教。

　　本館起初約有二十人學曲，後來長期參與的成員，大約有十四、五人，受訪者陳文是當中最年幼的。緊興社每次上棚演戲都會收酬勞，但只在鄰近演戲，並沒有到太遠的地方演出，酬金原本都交給「先生」，「先生」去世後，才改納入「公金」。緊興社祭祀的祖師為田都元帥。

　　本館的成員幾乎凋零殆盡，只剩下目前擔任誦經團吹手

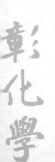

的陳氏還住在庄中。陳氏表示，目前傳統樂團最缺乏的就是吹手，自己現在很忙，幾乎一天到晚往外跑。陳氏認為，如此一來，所賺的錢並不比西樂團的樂手差，但仍沒有年輕人肯學。

—— 1995年3月22日電話訪問陳文先生（73歲，成員），羅世明採訪記錄。

斗六甲振興館（獅陣）

　　斗六甲屬陸嘉村，共十鄰，居民約一、二百戶，七百多人，主要姓氏為陳、蔡、林三姓。庄廟復安宮，主祀池府千歲，是某位中國人到庄裡修補雨傘，把自己由中國帶來的「香火袋」綁在樹上，忘了帶走，有人看到「香火」發出光芒，遂建廟奉祀，時間為清領道光二十三年（1843）。每年六月十八日「神明生」及年底演平安戲時，獅陣都會出陣。

　　日治時期，斗六甲振興館是由路口厝蔡脫的徒弟詹得意來教的，沒有收「館禮」，但庄人仍有支付謝禮。本館現任的館主是受訪者蔡來春，在埤頭鄉合興村開設正義國術館，同時傳授了一些徒弟，並取名合興村正義國術館振興社（以振興社代替振興館）。本館都與合興村共同出陣，館旗也使用合興村的名號，現在獅陣還有五十餘人，以四十至六十餘歲的成員為主，戰後也有女子練武，但蔡氏現在已很少傳授武藝，因為年輕人只顧求學，較不想學武。

　　本館主要以硬拳和鶴拳為主，會踏四門、八卦、七星等步法，也有「神童」（「獅鬼仔」）的設置，每隻獅子配合一位。本館的祖師有達摩祖師、白鶴先師，現在出陣人數，端看請主支付的金額而定。本館獅陣人數眾多，一些廟宇喜歡請本

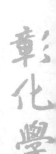

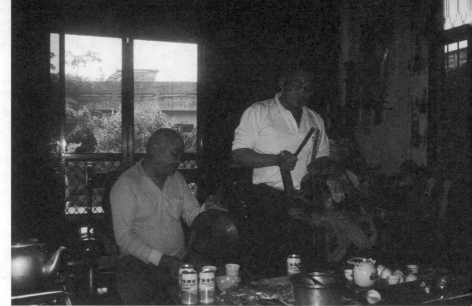

▲ 埤頭鄉斗六甲振興館館主蔡來春（中立者）（羅世明攝）。

館成員排列在兩旁，「傢俬」分列，一方面阻擋人潮，為神轎開路，一方面也很壯觀。庄廟的神明到各地「刈香」時，獅陣也會隨行，過去還曾遠至臺東、基隆等地。

—— 1994年11月27日訪問蔡來春先生（46歲，館主），羅世明採訪記錄。

路口厝曲館（北管、子弟歌仔）

　　路口厝北管和「子弟歌仔」的歷史極早，但曲館成員皆已去世，北管陣頭也解散了二、三十年之久。受訪者蔡開啓的叔父蔡連瑞曾參加北管陣及「子弟歌仔」，學過《新三仙》、《舊三仙》、《醉三仙》等戲目，也曾到溪州鄉水尾仔教過一館，但該館也已解散。蔡連瑞也是鎮興壇祖傳的第四代道士，除了科儀之外，在廟宇落成時，就表演「扮仙」。蔡開啓接下

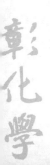

其叔父的位置，擔任鎮興壇第五代的道士，但庄中已找不到後場人手，皆由四處調來，自己本身對後場也不甚了解。

—— 1994年12月8日訪問蔡開啓先生（58歲，師傅之姪），羅世明採訪記錄。

路口厝竹圍仔愛樂興

愛樂興並非正式的曲館，而是在一九九二年埤頭鄉農會舉行文化推展活動時成立，受訪者廖慶良十餘歲時，曾到本鄉斗六甲學過歌仔陣及北管，對拉弦有心得，農會要推展民俗活動時，廖氏就組織了一些人，負責教樂器。不過，因為廖氏對吹不熟，故未教歕吹。而且，廖氏對北管學得不深，不好意思取太正式的館號，故取名愛樂興，對外則稱為「鄉農會老人才藝班」。

▼埤頭路口厝竹圍仔愛樂興（羅世明攝）。

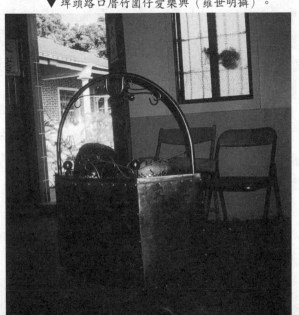

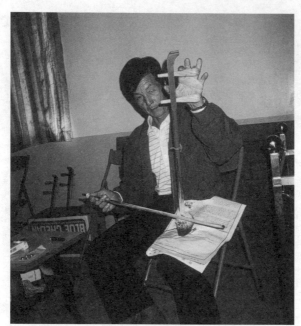

▲ 埠頭路口厝竹圍仔愛樂興廖建良（羅世明攝）。

　　愛樂興目前有十二名成員，年紀較小的有三、四十歲，最年長的則爲七十多歲，每星期一、三、五晚上練習二小時，義務爲庄內外出陣。由於埠頭農會補助經費的關係，若有需要，也會找本館出陣。每年路口厝福安宮演平安戲時，也會由本館代表竹圍村出陣。

　　廖氏表示，自己幼年經濟不佳，只好自製樂器，還用碗充當弦樂器的共鳴箱，弦線也是用某種線纏繞浸在油中製成，但拉久了會斷掉。現在樂器都是買現成的，老師還得請求學生來學，更要耐心教學，時代已經完全不同了。

── 1995年1月1日訪問廖慶良先生（63歲，負責人），羅世明採訪記錄。

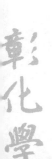

路口厝竹圍仔振興館（獅陣）

　　竹圍仔屬竹圍村，是路口厝的一部分。一九九二年，埤頭農會實施文化推展活動時，開始設立舞獅和北管團體，獅陣部分由陳明和負責，請中和村的張萬想來教，但因人數少，並沒有組織得很成功，現在已經解散了。

—— 1995年1月1日訪問廖慶良先生（63歲，村民），羅世明採訪記錄。

路口厝庄內振興館（獅陣）

〈訪問張三傳先生部分〉

　　路口厝涵蓋庄內、街仔、竹圍仔三部分，分屬庄內村、中和村、竹圍村，路口厝振興館位於庄內村，武館成員主要來自庄內、街仔二地。庄內村共十三鄰，六百多戶、約二千多人，主要姓氏為祖籍福建漳州府平和縣鷲峰嶺的張姓；中和村共十二鄰，四百多戶、二千多人。庄廟福安宮主祀天上聖母，日治時期即已存在，每年三月二十三日「媽祖生」、十月中旬全鄉演平安戲及七月十四的祭祖日，都有慶祝活動，振興館只在平安戲及媽祖「刈香」時才出陣。

　　根據庄中耆老傳聞，庄人原本在福建分居鷲峰嶺山上、山下，路口厝的先民住在山上，當時都在七月十五日祭祖，下山一同祭拜。有一年，山下的居民因聽聞先祭祖的人會較有福氣，遂搶先祭拜，山上的居民一看，十分生氣，約定隔年將以七月十四日為祭祖日，搶在山下居民之前，並分開祭拜。所以，渡臺之後，路口厝張姓居民仍維持七月十四日祭祖的傳

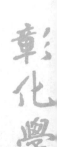

統。

　　路口厝振興館在日治時期，是由庄中的「脫師」（蔡脫）開始教的，蔡氏育有二子「牛肉根」（蔡樹根）、「阿郎」（蔡樹人），都曾到外地（如溪湖西勢厝）教武。「牛肉根」免費教武，「阿郎」則有收費。「阿郎」外出教武之後，也回到庄中教武。受訪者張三傳師承「脫師」的徒弟詹得意，也向「牛肉根」學了一些，還曾向一位斗南來的「阿財師」學鶴拳（「暗館」）。「阿郎」和詹得意二人皆在路口厝傳授武藝，詹得意也不收「館禮」。

　　戰後，武館十分興盛，本館常和竹塘鄉田頭仔「拚館」，媽祖有一次到鹿港「刈香」，第一年是由詹得意帶領獅陣，附近十三個村庄也一同前往，詹氏平時交遊廣闊，和各武館師傅在鹿港相處和諧，隔年換由「阿郎」帶領獅陣，竹塘鄉田頭仔也有出陣，但因平時路口厝的成員常欺負田頭仔人，得罪對方，這年到鹿港排場時，該換本館表演時，前方的獅陣卻不肯退場，導致本館無法表演，「阿郎」回來之後，覺得很沒面子。不過，隨著時代變遷，本館已有三十多年未出陣了。

　　「脫師」和其子「牛肉根」都是因皮膚癌而去世，因為「脫師」有學草藥，怕無法自行治癒，造成別人不信任醫術，一直拖到病入膏肓，要治療也來不及了。

〈訪問張萬居先生部分〉

　　路口厝振興館是由「脫師」（蔡脫，已過世三、四十年，若健在，約一百一十歲）開館，蔡氏之後，主要是由其二子蔡樹根、蔡樹人（七十多歲）以及「頭叫師仔」詹得意接掌。受訪者張萬居曾在路口厝振興館學了約四館的時間，張氏表示，庄中現約百餘歲這一輩的武功學得較有成就。此外，張氏認為

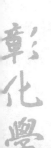

許多武師都沒有好下場，因為有些武師的銅人簿記載了害人的招式，很多人還兼學符法，害人家庭不安，這些事做多了，必會受到報應。

—— 1994年11月27日訪問張三傳先生（60歲，成員）、張萬居先生（66歲，成員），羅世明採訪記錄。

＊庄仔振興館（獅陣）

庄仔、周厝崙仔和厝仔合為崙子村，庄仔約二、三十戶，二百餘人，庄中姓氏很複雜，以陳、詹、王等姓較多。庄廟保安宮，主祀五府千歲，於戰後建廟。

庄仔振興館是戰後設館的，師傅是溪湖汴頭來的「臭土師」（洪分，若健在，約八、九十歲），「臭土師」師承高雄

▼ 埤頭鄉庄仔振興館之兩廣醒獅（羅世明攝）。

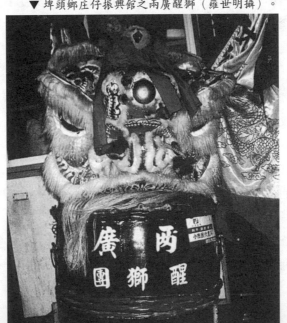

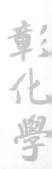

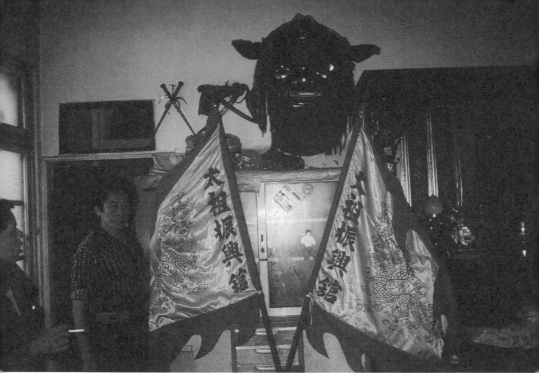

▲ 埤頭鄉庄仔振興館館主巫瑞意（羅世明攝）。

旗后的葉再傳，與田尾紅毛社的陳松是師兄弟。受訪者巫瑞意是本館的現任館主，十四歲開始練武，最後還拜「臭土師」爲乾爹。「臭土師」在各地教過四十多館，巫氏記得的，包括溪湖鎮汴頭、羅厝、埔鹽鄉南勢埔、福興鄉麥嶼厝等地，巫氏本人也教過芳苑鄉王功、二林鎮萬興、溪湖鎮汴頭、頂寮（西寮里），傳授的拳法爲硬拳和行功拳。

　　四年前，巫氏又請臺北兩廣醒獅總館的「阿標」來教了二個月，故現在共可出二種獅陣。傳統的獅陣每次約二十人，兩廣醒獅則端視請主開價，一般較低的五萬元，較高的約八、九萬元，特技表演較驚險、刺激，出陣也是二十人左右。由於獅陣屬於私人性質，經費時常不足，例如下個月由臺中獅子會安排到香港表演，大概得花七十萬元，就需向地方政府申請經

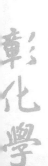

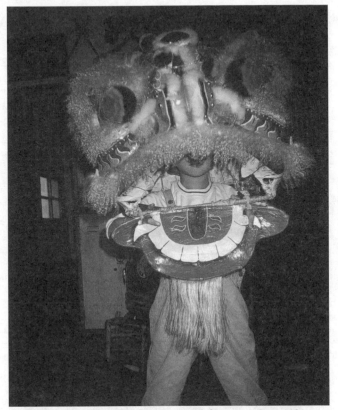

▲ 埤頭鄉庄仔振興館兩廣醒獅及巫瑞意之子（羅世明攝）。

費，並向地方人士、寺廟尋求贊助。

　　巫氏在一九七○年中、日、韓國術比賽中獲得亞軍，本身也懂藥理，是由「臭土師」所傳授。巫氏和其子巫松軒在芳苑鄉王功及本庄都開設國術館，另外，其幼子巫松輕現年六歲，二歲就開始敲擊大鼓，每次出陣都引人注目。

──1994年12月10日訪問巫瑞意先生（62歲，館主），羅世明採訪記錄。

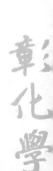

＊番仔埔天聖花式大鼓陣

　　番仔埔天聖花式大鼓陣是受訪者張清波在一九九〇年前往北港時，看到桃園縣新屋鄉永安花式大鼓團的表演，十分感興趣，遂和對方接洽，並引進本庄。永安大鼓團對張氏有意在庄中設立花式大鼓陣的想法，極表支持，認為中部還沒有這種花式大鼓陣，遂在每週末前來一趟，每次由師傅戴順財帶著二位助手，每次只收極低的「館禮」（含車馬費，共三千元），共教了約一年。

　　花式大鼓陣和傳統大鼓陣不同之處，是花式的鼓槌會拋來拋去耍花樣，且大鼓更大，新屋當地據說有五、六團花式大鼓陣，中部只有本館與雲林縣的另一團，但師傅不同，「鼓蕊」、花式也都不同，雲林那一團都是由五、六十歲的老人出

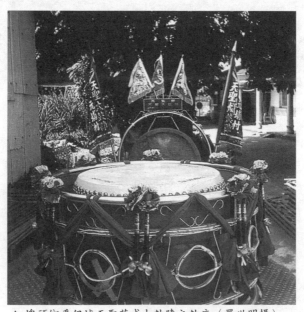

▲ 埤頭鄉番仔埔天聖花式大鼓陣之鼓座（羅世明攝）。

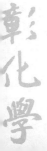

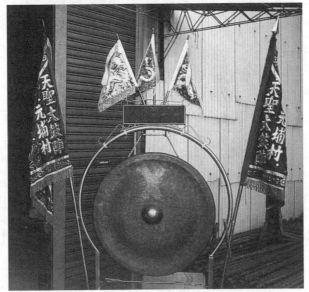

▲埤頭鄉番仔埔天聖花式大鼓陣之大鑼（羅世明攝）。

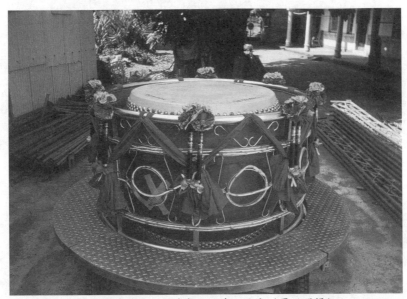

▲埤頭鄉番仔埔天聖花式大鼓陣之鼓座（羅世明攝）。

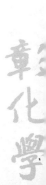

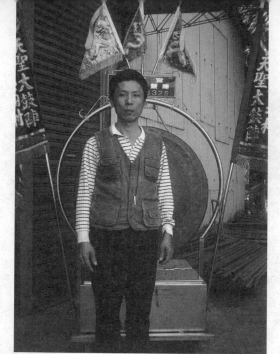

▲ 埠頭鄉番仔埔天聖花式大鼓陣之張清波（羅世明攝）。

　　陣，本館的學員則包括幼稚園到國中生。

　　本館屬於私人性質，主要是爲了天玄宮（張清波的私廟，主祀張天師）「鬧熱」的慶祝之用，張氏設置花式大鼓陣，共花了約三十萬元。每年五月十八日張天師聖誕，本館都會出陣。前陣子本縣立法委員宴客，大鼓陣也有出陣。本館目前的成員約二十五人，每次出陣約十六人，因爲一個鼓需八個人敲，正好有二組可替換，花式有八種，全部打完約二個小時，若庄中廟宇邀請出陣，完全免費，而外地來邀請出陣，則需四萬元。桃園永安大鼓團因爲是職業性質的，收費較高，每次一天，需四萬五千元；一連二天，則折價七萬元。

── 1995年1月1日訪問張清波先生（36歲，負責人），羅世明採訪記錄。

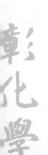

第六章　溪州鄉的曲館與武館

　　溪州鄉位於彰化縣東南部,全域屬濁水溪沖積扇。北接埤頭鄉、北斗鎮、田中鎮,東鄰二水鄉,西接竹塘鄉,南以濁水溪與雲林縣相隔。鄉名因位於濁水溪扇形溪道東螺、西螺二溪之間的氾濫平原上,故得名。

　　溪州往昔為巴布薩(Babuza)平埔族眉裡社社域,清領康熙五十四年(1715),客籍大墾首黃利英率眾入墾,創建舊社、橒仔、新社店、眉裡、新莊等聚落。至雍正、乾隆年間(1735~1795),漳、泉移民陸續遷入,客裔因而他遷。現今本鄉住民僅存少數客籍,以閩籍為主。本鄉面積七十六平方公里,主要作物有水稻、西瓜、白菜、蒜、油菜、葡萄、洋菇、食用甘蔗等。

　　目前所知,溪州鄉曾有十六個曲館,南管、北管系統約各占一半。其中,屬北管系統者,有北管曲館七個及大鼓陣二個;屬南管系統者,則有九甲仔三個、布馬陣、鬥牛陣、車鼓陣各一個。此外,另有一館兼學南北管。

　　在北管曲館部分,有六個師承田中鎮平和里的合和軒,由合和軒的陳金龍傳授東州□樂軒(館名不詳)、圳寮新樂軒、下壩隨樂軒(陳金獅也在此教過)、張厝□樂軒(館名不詳)、大庄□樂軒(館名不詳)。此外,陳金龍在下壩的「頭叫師仔」學成後,也曾任教於大庄樂軒及石塔仔奏樂軒。本鄉

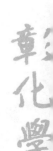

唯一並非師承合和軒的北管曲館，是溪墘厝新樂軒，其「先生」名叫「瘦長仔」，不知出身何館。

本鄉的二個大鼓陣，都是較晚成立的曲館。水尾仔的信一大鼓陣，成立於一九七三年，當時請彰化市牛埔仔的吳兆英（1949年後遷臺的福建人）來教了二年。柑仔園（過溪）的受天宮大鼓陣，則成立於七、八年前，由圳寮的客家師父來教。

本鄉南管系統的曲館中，歷史最久的是西畔仔的九甲仔館，在清領時期已能上棚演戲。另一九甲館位於石塔仔，但館名與歷史皆不詳。上述二館位於溪州東邊。此外，溪州西北邊溪墘厝有一南管陣，成立於明治四十二年（1909），並於昭和十九年（1944）左右「散館」。

除了上述三個南管、九甲館之外，在溪州西南邊的水尾村盛行陣頭，在日治時期就有祖傳的車鼓陣和布馬陣，車鼓陣已有二十多年未出陣；布馬陣由鍾有道接掌後，於一九七三年改名演禮布馬陣，並同時成立演禮鬥牛陣。目前布馬陣交由年輕一輩接手，鍾氏本人則經營鬥牛陣。演禮鬥牛陣非常出名，經常應邀赴外地演出，曾上電視錄影，並曾參加文建會民間劇場演出。水尾仔還有一個樂興館是南北夾雜的形式，學過北管唱曲，也學過南管、歌仔戲音樂，經常在上述陣頭出陣時擔任後場。

在溪州鄉已調查的十八個武館中，屬振興社系統的有十個，同義堂系統的有四個，館魁軒系統的則有三個。其中，下壩的武館兼傳振興社與同義堂二派，土角厝龍英堂及義消金龍隊二館則不屬於前述三大系統。

振興社和振興館皆源出虎尾粘茉庄（今廉使里）一位身高四尺八的師傅門下，在西螺教武的徒弟蔡秋風仍維持振興社之館名，另一徒弟「肉圓成」所傳的武館則改名振興館，因而有

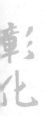

了館號的分別。二者武術差別只在鷹爪某招式上，振興社右掌心向下，振興館右掌心向上。本鄉館名振興社的武館有舊眉、東州、尾厝、溪州、圳寮、西畔仔、柑仔園、張厝等八館。館名用振興館的僅有三條圳下庄及下壩二地的武館。日治時期，東州振興社請「西螺七崁」的蔡秋風來教過，而三條圳下庄的創館師傅鍾火連等人，曾往西螺接受「肉圓成」指點；蔡秋風徒弟「拳頭惡仔」（張次郎）爲張厝振興社師傅，教過柑仔園、東州、舊眉；圳寮振興社師傅鄭金火（信忠）來自東州，教過下壩；下壩振興館的鄭四海也曾到張厝教館。這是同一系統之下，振興社、振興館間的師承與互動。

振興社系統目前尚存的武館有東州、圳寮、三條圳下庄和下壩四館，其中，以東州振興社最有名。東州獅陣除一般拳套、兵器及獅套外，還會「牽兜」，陣式變化極多，很有看頭，現已成爲半職業性組織，在全臺各地出陣。下壩振興館和同義堂並存於同一武館，可分別出二種不同派別的獅陣，但每年僅出陣一、二次而已。圳寮振興社仍屬義務性出陣，不過，出大陣頭時，需和東州振興社互調人手，或合併出陣。三條圳下庄振興館曾盛極一時，目前也得向鄰庄同館調號人手，才能出陣。

本鄉的同義堂有四個，即石塔仔、頂寮同義堂、大庄同義堂及下壩的同義堂。頂寮、下庄二館成立於日治時期，日治末年一度「散館」，戰後才又復館；石塔仔及下壩同義堂則在戰後開始傳習武藝。四館在一九五○年代，都曾由竹山同義堂的羅子乾指導武術。這四館除下壩仍在活動外，目前皆已解散。

日治時期「拚館」風氣激烈，振興社（館）與同義堂曾是死對頭，振興館也曾有另一「拚館」對象館魁軒。本鄉共有瓦厝仔、三條圳頂庄及水尾仔等三個館魁軒。這一系的武藝是

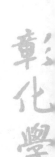

「羅漢仔」（陳羅漢）及陳池父子所傳，以授太祖拳爲基礎，採「三角馬」姿勢，和振興館「一撩馬」的步法不同。目前三條圳武館已解散，瓦厝仔及水尾仔二館則尙有出陣。

　　龍英堂爲中國籍的陳桶在嘉義朴子所傳之館號，授半長短的鶴拳，代表兵器爲梅花槌，出陣時，會「牽兜」。溪州鄉唯一的龍英堂設在土角厝，是陳桶弟子蘇成在終戰前所傳，戰後由蘇氏的徒弟羅文明協助復館，如今已解散。至於溪州義消金龍隊，則約在一九八六至八七年時成立，充當義消的社團活動，於廟會及各種慶典時出陣。

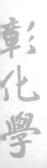

溪州鄉曲館與武館分布圖

中 鎮

濁 水 溪 鄉

田 鎮

北 斗 鎮

11

19

16

大庄
●同義堂
□樂軒
▲同義堂
▲頂察

下場
●同義察 ▲樂軒
石塔仔 ▲同義堂

柑仔園
▲受天宮大越陣
▲振興社
12

15

西 螺 鎮

14

西畔仔
13 ＊
●曲館
▲振興軒 ▲樂軒
●同義堂

圳寮
10 ＊
●新樂軒
▲振興社

土角厝
▲龍萊堂

張厝
□□樂軒
▲振興社

埤 頭 鄉

東州
▲振興社

舊眉
06 ＊
●曲館
▲振興社

05 尾厝 ＊
▲振興社

瓦厝仔
02 ＊
▲榕魅軒

溪州
□□樂軒
▲振興社

04

03

11

18

09

08

三條圳下庄
▲振興軒

三條圳頂庄
▲太祖榕魅軒
17

01 溪坡厝 ＊
●曲館
▲振興軒
▲榕魅軒

水尾仔
●樂興軒
●信一大鼓陣
●渡連門牛陣
●渡連亦馬陣
▲牛鼓陣
▲榕魅軒

07

濁 水 溪

西 螺 鎮

西 螺 溪

N

溪墘厝曲館（北管、南管）

溪墘厝的曲館有二陣，一陣是北管，館號可能是新樂軒，其館址在本庄的庄廟壽南宮。壽南宮的媽祖「聖四媽」係自彰化南瑤宮「分靈」，故參加「彰化媽」的祭祀圈，此事源自大正十年（1921），本庄發生牛瘟，仰賴媽祖神威，安全渡過危機，詳情記載於其沿革碑文。另一陣是南管，設在村人黃倫家裡，因其經營米店，生活較富裕。另外，庄內還有亂彈戲班（由村人蘇金水組成）、歌仔戲班（由「長腳可」組成）和二陣獅陣，相當熱鬧。現在的行政區劃分，則以中和巷將村庄分成溪厝與墘厝。

南管陣大約成立於明治四十二年（1909），最初有外地的「先生」來教過，之後的「先生」是庄人黃寶，另外，村中也有些輩分高的長者，傳授不會曲藝的人，並組成陣頭。成員大約只有十一、二人而已，以前的陣頭樸素無華，其中二人負責唱曲，黃鹿鏡、黃金牌、蘇老五吹簫，蘇老五、黃寶彈三弦，蘇老五簫吹得非常好聽。南管陣比北管陣早一年解散，而北管在「中國仔」來的時候（1949年）才「散館」。那時，本館「先生」甫過世，整個陣頭去送殯，讓別人知道這是「迎鬧熱」。南管的下一輩才學北管，但北管的成員，至今也只剩下受訪者胡辛枝而已。

胡辛枝現年八十四歲，十五、六歲時開始學北管，十七、八歲時還隨陣頭到西螺表演過。胡氏會演奏月琴、吹、笛；後來因其母改信基督教，全家也都改信基督教，但胡氏仍然出陣「迎媽祖」，等到須擔起家庭責任時，就放棄了。當年，成員一進入街市，奏起北管調時，引來眾人圍觀，胡氏至今仍不能忘懷。

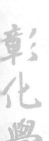

　　北管陣由村人蘇金水、鄭阿財發起，並召集眾人來學，當時約有二十多名成員，學了約一年多的時間，就被邀請出陣，後來還學到可上棚演子弟戲，光是本庄就演了二次，表演者連同後場成員，共有十七、八人左右。胡氏表示，本館強記唱曲和「腳步」，就上台表演了；當時演的戲碼叫《王允拜壽》，俗稱《大拜壽》，成員包括蘇金水（飾石平貴）、鄭財才（飾王寶釧）、胡辛枝（飾番女大將水）、鄭門賊（飾魏虎）、鄭樹頭（飾王允），後場有「空仔長」（歕吹）、「慣習仔」（弦）等人。當時，陣頭沒有「刈香」，只有到北斗「請媽祖」來本庄，供庄人上香並「逡庄」後，再送回北斗，其他的「好歹事」則沒有出陣。

　　本庄南、北管有一段時期曾共同出陣，北管走在前面，南管則走在後面；南、北管都屬義務性質，未以此牟利，所以才叫做「子弟」。「北管先生」是庄人「瘦長仔」，在清領時期出外演戲營生，直到年老才回到村裡，有時間就教村人子弟戲，「先生」不但會教唱曲，也會教「腳步」。弟子之中，蘇金水因為識字，所以學得較好。同時，胡氏的上一輩也有人會北管，並和他們一起練習，技術學得更紮實；如鄭樹山、鄭樹何，平時只願打鼓而已，但這二人不僅擅長鑼鼓、琴弦，也能獨當一面，其他老一輩的成員，還有鄭水龍、鄭月水等。

—— 1992年6月11日訪問胡辛枝先生（84歲，館員），周益民採訪記錄。

溪墘厝振興館、館魁軒（獅陣）

　　受訪者鄭江會表示，溪墘厝的武館有二館，一館是振興

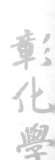

館,師父是西螺人,來本庄教,在原先學武成員的大埕練習,當時約一九三七年「七七事變」以後。在此之前,有一個更出名的西螺人「肉圓成」,也曾在本地教過。另外一館是館魁軒,館址設在庄尾,師父不是西螺人,而是從南部逃到中部來的,人稱「羅漢師」,他反抗日本政府,因長得矮小、貌不驚人,故能躲過通緝。「羅漢師」在本地的「頭叫師仔」是「贊文仔」,曾幫忙教拳頭。二館的成員差不多都有三、四十人,雖然師承不同,但為庄中出陣時,都是義務性質,沒有收取紅包。至於現在後進的一輩,並未受過紮實的訓練就能出陣。

獅陣的活動時期,約在鄭江會二十歲左右(鄭氏現年七十七歲),當時大家都認為庄內同時有二陣獅陣存在,彼此競爭,功夫才練得好。鄭氏自稱已二十多年不理世事,現在若出陣,就幫忙掌黑令旗開路,不想和武館有什麼牽連。鄭氏表示未屬於任何一館,到了五十多歲才開始拿黑令旗,雖未拜師,卻廣受稱讚。有一次,一個自認武功不錯、長得孔武有力的人,向鄭氏表示想嘗試,鄭氏就讓給對方,結果沒過多久,對方就受不了,交回旗桿。鄭氏自認有神明保護,但若要授徒,就無能為力了。鄭氏持掌黑令旗,是跟團四處「刈香」兼遊覽的性質,因而跑遍全臺,但並未收過酬謝的紅包。

就二館的拳種而言,鄭氏覺得振興館馬步較小,身形的起伏不大;而館魁軒的拳套,打起來較「長肢」,馬步也較寬。一般獅陣出陣是在請神、「刈香」的時候,溪垯厝大多到彰化南瑤宮「刈香」;以前庄內較有人手,有時可以二陣一起出去迎神,現在即使人數加總,也不夠出一陣,就連只有三個人,也稱為獅陣。若要像樣一點的獅陣出門,就要到鄰庄調人手。但是,附近庄頭的獅陣都已經解散了,只能各調數人,勉強出陣。以前這裡每庄都有獅陣,直到戰後,庄內武館尚繼續傳習

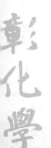

獅陣（二陣），並訓練人手。總的來說，庄內的陣頭在日治末期即已沒落，現在大家生活忙碌，已不再有設館的條件了。

　　武館的「傢俬」是從上一輩成員傳下來的，另外，學武的成員，也會出資修補，由於廟方沒有經濟能力支持陣頭，庄裡的「頭人」也不肯資助，始終沒辦法打造新的「傢俬」、兵器。鄭氏表示，上一輩的成員也會一些推拿、接骨和煮膏藥的功夫，但已算少數，聽說「羅漢師」會一些，另外，也有人會草藥，像現在的中元中藥房，即是從上一代成員的手中傳下來的。

── 1992年6月11日訪問鄭江會先生（77歲，村民），周益民採訪記錄。

瓦厝仔館魁軒（獅陣）

　　瓦厝仔共十五鄰，居民三百五十戶左右，約一千五百人，以「陳皮蔡骨」的陳姓最多，他們在戶籍上登記為陳姓，死後則改姓蔡，因而與蔡姓不相婚嫁。溪州村的陳姓是由瓦厝仔遷入的，本村並與溪州村共祀后天宮的媽祖。

　　瓦厝仔的武館是館魁軒，由七戶仔的「羅漢仔」（陳羅漢）來教武，日治後期，政府禁止武館活動，戰後另由本庄的老師傅（「羅漢仔」的徒弟們）重新組織，再請「羅漢仔」的兒子「阿池」（陳池）來教，沒有收「館禮」，當時的館主是李橫川。瓦厝仔館魁軒最盛時，曾多達上百人，每次出陣約六、七十人，現在庄裡則僅剩下一、二十人，必須和鄰庄一起出陣才夠人手，且常有不分館號、合併出陣的情況。

　　若有人邀請，本館就會出陣，並由大家平分酬勞。此外，

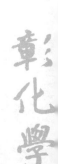

本館只在庄中媽祖「刈香」時才出陣。

—— 1994年11月21日訪問陳木振先生（56歲，連絡人），羅世明採訪記錄。1995年12月26日訪問陳滿同先生（原住溪州村，現搬至東州村），羅世明採訪記錄。

溪州□樂軒（北管、布袋戲）

溪州的曲館是日治時期「金龍先」（陳金龍）來教的，「金龍先」嗩吶吹得不錯，人很老實、很窮，庄裡請他來，有備「館禮」。陳氏在溪州曾教過好幾年。受訪者陳椪二、三十歲時參加曲館，跟「金龍先」學了二、三年。「金龍先」於戰後去世，享年約五十多歲。

溪州曲館當時在張盛家中練習，陳椪負責唱「細口」；沒對曲時，則負責打鈔。「金龍先」教唱曲，先打牌子，然後才對《新三仙》，共有十多人在學，出陣時則約八、九人。「金龍先」曾教演奏曲目，以布袋戲照本唱曲演出。溪州的布袋戲團是由陳金枝（現年八十一歲，人稱「宮仔」）組成，陳金枝是「金龍先」的徒弟，也是陳椪的堂兄弟（同一曾祖），陳金枝參加北管曲館之後，組成布袋戲團。有一年，庄人到南投縣國姓鄉幫忙種田，晚上還在街內的戲院演出布袋戲，可見當時戲曲的興盛。戲團裡有位負責班鼓、總綱的頭手鼓楊掛，「外江調」的吊規仔拉得極好，也會吹，有天分，是彰化阿夷庄「阿寶帶」的徒弟，學習亂彈，但四、五十歲時就去世了。

本庄曲館出陣以迎神場合最多，迎娶的排場也不少，但很少出喪事的陣頭，戰後，某次溪州街上酬神，演平安戲排場，陳椪唱「細口」，張厝的「臭燕仔」則唱「粗口」，都大受好

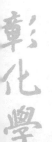

評。

—— 1994年11月9日訪問陳椪先生（78歲，成員），羅世明採
　　訪記錄。

溪州振興社（獅陣）

　　溪州村共二十鄰，約六、七百戶，三千多人，因外來人口
多，故姓氏複雜。庄廟是和瓦厝村共同奉祀的后天宮，主祀媽
祖，於戰後建廟，大甲媽祖每次進香經過，都會在此停留。每
年三月二十三日「媽祖生」、七月十五中元節、十月平安戲，
都有祭祀活動。

　　日治時期，溪州村和東州村、尾厝村合稱溪州，戰後才分
爲三村，東州村和尾厝村在日治時即有武館，受訪者林達郎前
往尾厝，向蘇本足學武及藥理，溪州村在戰後才組織武館，館
名振興社，館主是陳榕（若健在，現年九十多歲）。振興社也
有出獅陣，但不知師承，而且解散已久，武館成員早已過世或
遷居他處。

—— 1994年11月9日訪問林達郎先生（53歲，現任村長），羅
　　世明採訪記錄。

尾厝振興社（獅陣）

　　尾厝村和東州村在日治時期皆隸屬北斗郡溪州庄溪州，舊
地名就是溪州，戰後才析爲尾厝、東州二村。尾厝有十四鄰，
三百多戶，約二千多人，姓氏很複雜，以明鄭時代來臺的梁、

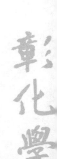

蔡二姓較多。庄廟復興宮，主祀蘇府王爺，歷史比鹿港奉天宮還久，是先民直接由中國請來的，原先僅是「竹管厝」，十五年前改建爲鋼筋混凝土建築，蘇府王爺聖誕是四月十二日，但擇定於四月十日提前慶祝。

受訪者蘇本足十七、八歲（約大正六年，1917）就到東州村學武，那館當時請西螺的師傅來教，館名振興社，學了三、四年之後，蘇氏聽說有位中國師傅武藝極佳，於是就請那位師傅來庄裡教，不再去東州振興社。這位中國師傅叫張土（可能是假名），是廣東人，日治時期來臺，是學少林拳出身的，因身分特殊且觸犯政府的禁忌，蘇氏他們一直以師傅稱呼。當時教武沒有固定時間，有時一星期來一次，有時一個月一次，而且不收「先生禮」，這影響蘇氏日後授徒也不收禮金。

「唐山師」爲人很好，拳術極佳，他的少林五行拳（含龍、虎、鶴、猴、蛇五種拳），都可通接柔道。但中國師傅並不教兵器，也沒有傳獅套，主要教拳法，「傢俬」和獅套部分仍沿用振興社系統，所以本館仍使用振興社的館號。「唐山師」的拳法不同於振興社的硬拳，而是善於破招、化解對方的拳路，振興社的拳路常被五行拳破解，蘇氏某次用這套拳法跟一位振興社師傅較量，破招後，用手肘往側身一擋，那位武師被打退好幾步。由於蘇氏出身東州振興社，卻中途退出，向善於破解振興社拳法的「唐山師」學習，因而一直不張揚自己所學。「唐山師」除了拳路之外，還教了很多有關接骨、中醫醫理的學問，後來，溪州的所長腳部扭傷，別人引介尋求蘇氏醫治，效果極佳，這位日籍所長勸蘇氏加入國術會，後來才開設國術館。

二戰爆發，在日治時期來渡海來臺的「唐山師」，被日本政府遣返回到中國，要離開時，這些徒弟送了一百二十元的

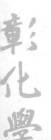

紅包致謝，但「唐山師」不肯收。「唐山師」離開後，約在昭和七、八年（1932～33）時，政府開始收繳武館的「傢俬」，蘇氏這館的「傢俬」共被收繳二次，並向蘇氏索取成員名冊，要登錄在派出所的記錄中，蘇氏沒有名冊可給，警察因而常到家中搜查。（案：二戰發生於1937年，與受訪者記憶中「唐山師」被遣返、政府收繳「傢俬」的時間似有出入。）

　　蘇氏學武的動機，除了訓練身體之外，因其二十歲時，要耕作三甲地，需從源頭引水到田裡，常常要等候一個星期至半個月，求人也不見得被通融，還遭消遣把田「扛」來接水。學拳之後，別人因蘇氏拳腳屬害，不敢得罪，引水的動作也快了許多。蘇氏表示，自己並非以學武取得不合法利益，但為了維護自己合理的權益，有些拳腳功夫還是相當有利的。另外，蘇氏當時為了防身，隨身帶了一條五節軟鞭（軟鞭分為五節、九節），並向派出所登記，直到一九九三年，警察到蘇氏家中辦理銷毀兵器登記，才發現那條早已銹蝕不堪的軟鞭，竟還有備案記錄。

　　蘇氏的武館算是「暗館」，願意學的人前來，未學成的就自行離開，沒有正式的組織。雖是私設，卻配合廟會活動，為庄人服務，以前出陣若有酬勞，則收為「公金」，近來都由大家平分，出陣回來，蘇氏還要請大家吃飯，營收永遠透支。

　　蘇氏雖未參與「拚館」，但據其描述，在日治時期未禁武前，武館「拚館」十分激烈，「拚館」一開始，不同館號的各陣頭先分開排場，人數較多或學武較深的武館撐得較久，但通常都難分難捨，必須靠派出所或地方「頭人」調停，才會結束，偶爾一些輪的陣頭拚到半夜，索性打了起來，這時日本人也不敢阻擋，只在事後將雙方館主及師傅叫到派出所問案，但雙方面一定會否認先行動手。獅陣「拚館」時，各館的師傅都

不能進入，必須在外面觀看，防止外人滲透陣頭。若要攻擊對方時，都會先把鼓打掉，鼓是掌握節奏、主導運作的中心，若被打掉，無疑先輸了一半，所以鼓手通常都會放把雙鐮或雙刀在身旁，阻擋來犯。若是陣頭拚鬥，則以先搶對方的獅旗為目的。戰後，庄頭之間較和睦，「拚館」的情況也就少見了。

本館極少為喪事出陣，除非是知交，才會以獅陣送殯，通常只有師傅才出陣，且要使用白獅頭、白獅被，但仍盡可能不出陣。獅陣送殯時，獅頭都要「拜棺」，由於獅子算是祥獸，如果死者福薄，會無法承受，像嘉義師傅「蘇大鼻」去世時，有十八團獅陣去送殯，結果後代子孫皆不成材。水尾的師傅去世時，也用獅陣送殯，子孫輩竟也失敗不振。

蘇氏現年八十六歲，看過許多武館師傅的下場，善終的並不多，蘇氏認為習武本為鍛練身體，但師傅若教到壞學生，也有因果責任，要承受業報，且霸道的師傅通常就會教出霸道的徒弟。

蘇氏學的拳法需靠內功配合，內功由下往上運出，任何拳法運氣的部位都有定則，不會傷身。但「行功拳」那類拳法，則是將氣運入體內，用內功硬撐，容易罹患內傷。至於練指勁、插石堆的行為，則容易造成眼睛的傷害，除非邊練邊服藥，才不會出問題。而有關中醫、接骨這方面，又是蘇氏另一項專長，其國術館現在由姪子蘇滋誠繼承。

—— 1994年10月27日訪問蘇本足先生（86歲，館主），羅世明採訪記錄。

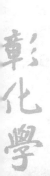

東州振興社（獅陣）

東州村共十五鄰，五百多戶，約一千八百多人，主要姓氏為陳姓。庄廟是和尾厝村共同奉祀的復興宮，主祀蘇府千歲，已有三百多年歷史，庄裡會到鹿港「刈香」，因為鹿港也有蘇府千歲廟（奉天宮）。

東州振興社於日治大正年間（1912～1925）請「西螺七崁」的蔡秋風來教，曾被政府禁止。戰後，由庄人陳木（享年六十二歲，若健在，已九十多歲）義務傳授，未收「館禮」，受訪者黃興即是這時候學拳的，當時館主為劉得發（現年八十六歲），本身也有學拳，同時還學些接骨、藥理的知識，雖然未開設國術館，也會幫人接骨、開藥方，是否付費都無所謂。劉得發是這一輩的「頭叫師仔」，又傳了一代，成員現年約五十多歲。之後，武館就因為人口外出工作或求學，沒有繼續傳習武藝，只以舊有成員邀集出陣。最近五、六年，獅陣已轉為半職業性的組織，由劉得發的徒弟陳嘉喜負責，每次出陣一人一千五百元計酬，但庄內的出陣，仍維持義務性質。

東州振興社曾外出「拚館」，「拚館」時，溪州各村都有武館的排場，互相較量，學藝較差的陣頭沒有拳套可打，就會收場。東州獅陣是因會「牽圈」，陣式變化很多而出名，一擺出來，至少要一、二小時才會結束，出陣若「牽圈」，獅陣才有看頭。「牽圈」至少要二十四人，由藤牌帶頭，領著大家圍成圓圈，再變化為「烏魚藏」、「黃蜂出穴」、「坤萬二」（S型）、「對剖」（長、短「傢俬」各跑一邊）、「搬對仔」（長、短「傢俬」互相搬弄）、「除圈」等陣式。「牽圈」後再打拳套、表演各種兵器，時間就比只練拳、演兵器的武館長多了，自然氣勢不同。

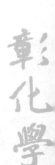

東州振興社設館時，有「安爐」，設置福德正神神位，並在牆上貼紅紙，奉祀達摩祖師、布家先師、金鷹先師、白猴先師。祭祀達摩祖師是因其代表少林武術的始祖，布家先師為「鎚仔路」祖師，金鷹先師為傳授鷹爪手的祖師，白猴先師則是傳授猴拳的祖師。

東州獅陣目前多跟隨寺廟「刈香」，範圍遍及全臺各地，包括高雄、臺北、臺東，乃至鄰庄及縣內各地，都常邀請出陣。

—— 1994年11月5日訪問黃興先生（68歲，成員），羅世明採訪記錄。

舊眉振興社（獅陣）

舊眉屬舊眉村，共有十三鄰，三、四百戶，約二千人左右，其中劉姓約占八成。庄廟聖安宮，主祀關聖帝君，本庄「開基」時就已存在（約清領時期），庄廟不斷重建，現在的廟貌是二、三年前才改建完成，每年五月十三日主神聖誕時，都有慶祝活動。

振興社是從虎尾粘茱庄（今廉使里）奠基的，當時那位師傅身高只有四尺八吋，十分不起眼。斗六有位武師瞧不起他，前去試驗功夫，師傅和館主商議，當對方的師傅來時，自己就戴上破斗笠，假扮牧童，館主吆喝他去泡茶，倒茶給試功夫的師傅喝。奉茶時，師傅突然出拳往對方肚子打去，武師倒地不起。之後，師傅不敢留在粘茱庄，遂走避鹿港。蔡秋風和「肉圓成」都是這位四尺八武師的徒弟，他們前往粘茱庄習武，之後轉往西螺傳授，蔡秋風仍然維持振興社的館號，「肉圓成」

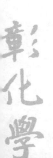

則改爲振興館，兩者的差別僅在鷹爪的某一招式，振興社右手掌心向下，振興館則向上。

　　這些武館的情形，都是受訪者余倔保的四叔賴金賜（若健在，現年約九十多歲）告訴余氏的，賴氏是個天才型的人物，兼通地理、藥理（含符咒等，可醫精神病）、命理、武學、曲藝。賴氏曾前往斗六學曲，尚未學曲時，未經傳授就可以演奏相近的樂音，以俗話「一吹、二品、三通簫、萬世弦」來說，弦樂最難練成，一接觸就能有如此的表現，多少有幾分天才。賴氏一拿起嗩吶，就能吹得十分響亮。曲藝學完，半夜開始向「先生」學地理；在一般學武的人深夜練習後，賴氏再去向師傅（中國來的鶴拳師傅李有和、李有明二人）單獨請益，因爲私下無人時，師傅所傳的才是絕學。另外，在藥理方面，賴氏的本領也十分了得，除了把脈之外，對於人身三十六處筋路，幾點鐘要擊打哪一路都清楚。不過，「千里求師，萬里求藥」，要向好的武師學習並不容易，但若要師承好的藥師更難，因爲藥師來庄裡住，若全部傳給徒弟，屆時大家都跟他一樣，在庄裡行醫賺錢，本身要靠什麼謀生？

　　賴氏後來從斗六返鄉，但並未設置武館，而是擔任密醫，平日提大水桶不必使用扁擔，而是兩手平舉，就可以一邊提一桶回家。某次，日本警察到家中搜查藥草和符咒，賴氏只肯拿出藥，並把符嚼碎吞入腹中，警察責備賴氏不服從命令，自負練有柔道，要動手抓人，正好賴氏練的是「軟肢拳」類的鶴拳，可以克制，交手之後，就把警察摜倒，塞進鹽桶中，然後騎著腳踏車到鄰庄圳寮重兵團團長陳登福那裡，隨即換了一套農裝，戴上斗笠，假裝在田裡耕作，後來警察要陳氏率重兵團員搜尋，因陳氏和賴金賜是知交，遂假裝四處找不到，讓賴氏逃過了一劫。

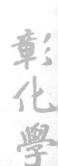

舊眉的武館振興社，戰後起初由蔡秋風的徒弟張厝人「拳頭惡仔」（張次郎）來教了二年多。「拳頭惡仔」在西螺學成，回到張厝設館，除了舊眉外，也教過柑仔園、東州及南投竹山、雲林麻園仔等地。舊眉獅陣的館主是「貴仔」（已去世，若健在，約百餘歲），其妻是「拳頭惡仔」的大姊，最興盛時，有六、七十人，武館排場時還可以「牽兜」，「牽兜」時，由拿藤牌的人先入場，所有的人員跟著藤牌行動，長、短「傢俬」分開排列，叫做「套牌」，「牽兜」通常需一小時，再加上打拳，總共得花上二小時左右，「拚館」才有看頭。

戰後某年的雙十節，在溪州公所舊址前，曾經有龍陣、獅陣共十三陣「拚館」，十分熱鬧，張厝獅陣來本庄調人手與瓦厝振興館「拚館」。由於人口外流，舊有的獅陣成員年紀也大了，獅陣就漸漸解散，目前已一年多沒有出陣，但鄰庄的東州獅陣還是很出名，因東州較富裕，而本庄較窮，武館欠缺經濟支持，自然走上解散命運。

—— 1994年11月4日訪問余焜保先生（65歲，成員），羅世明採訪記錄。

水尾仔樂興館（北管、南管、牛頭陣、布馬陣、車鼓陣）

水尾仔十分盛行組陣，日治時期即有祖傳的車鼓陣、布馬陣，已有百餘年歷史，戰後，原本學習「子弟歌仔」並曾擔任後場的庄人蔡炎山，開始傳授各種樂器，當時的館主是鍾日，蔡炎山擔任頭手鼓，受訪者鍾土是二手鼓。還延請埤頭鄉路口厝的「瑞仔」（若健在，現約八十餘歲）來教北管唱曲，教了

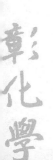

三、四個月。另外，還從南部拿曲簿來學南管，十餘年前，庄裡又有鍾隆組織牛頭陣，每逢廟會，庄裡都十分熱鬧，由樂興館的成員擔任後場，牛頭陣後場需八、九人，布馬陣需十餘人，子弟戲需五、六人，車鼓陣則由鍾四海（現年六十餘歲）及另一人（已歿）合演，用歌仔戲的音樂配合。

樂興館出陣收費約七、八千元，甚至上萬元，都由成員均分，曲館的「傢俬」也由成員合購。「瑞仔」來教曲時，先教《舊三仙》，再教《新三仙》，約學了二十天，成員就把鑼鼓打出來了。不過，樂興館這幾年逐漸停止活動，已四、五年未出陣，牛頭陣這幾年也未出陣，布馬陣換成年輕一輩的蔡國民（蔡炎山之子）接手，車鼓陣的二位老人家一位已去世，另一位行動不夠靈活，也未出陣了。

—— 1994年11月27日訪問鍾土先生（74歲，成員），羅世明採
　　訪記錄。

水尾仔信一大鼓陣

信一大鼓陣成立於一九七三年，由彰化市牛埔仔的吳兆英（現年將近六十五歲）傳授，教了二年，共有十八人參加。吳氏是福建人，十三歲始學北管，後來代替其兄長服役，隨國府撤退來臺，在彰化市三民國小任教，並在牛埔仔教了三團大鼓陣。吳氏到水尾仔教的前二年，都是每週六晚上前來授課，星期日才回彰化市，每次除車馬費外，另支付「館禮」六百元，二年教完之後，師生成為不錯的朋友，經常保持連絡。

信一大鼓陣由受訪者林信一組成，主要是為了庄廟震威宮「鬧熱」之用，但擲筊多次，神明都不允許以廟名做為大鼓

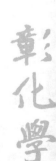

陣的名稱，其他名字也未獲答應，只有林信一的名字獲得允許，遂以信一大鼓陣爲名，成員年紀最長爲六十多歲，其餘大多四、五十歲，還有三、四個國中生，鑼、鼓、吹、弦、鈔都有，成員皆自願參加，並平均分攤「傢俬」費用，出陣皆屬義務性質，舉凡廟裡「刈香」、震威宮「交陪」的廟宇有活動，或庄民家中喪事邀請，都會出陣，但目前喪事較少人邀請，喜事則沒有出陣，出陣的收入皆歸入「公金」。

—— 1994年11月22日訪問林信一先生（52歲，大鼓陣班長），
羅世明採訪記錄。

水尾仔演禮鬥牛陣

鬥牛陣是受訪者鍾有道於一九七三年成立的，成立的目的是配合庄裡原有的布馬陣，出陣時較有趣熱鬧。演禮鬥牛陣和臺南善化的鬥牛陣不同之處，在於前者的牛身爲布製，和舞獅一樣，而後者的牛隻則是塑好形狀，固定的，故演禮鬥牛陣較靈活，且有武術根柢，一隻牛頭約重三十多斤。

演禮鬥牛陣一頭牛需三個人扮演，一個人牽牛、一個人演牛頭、一個人演牛尾，每次出陣需一隻公牛、一隻母牛，再加「公親」一人，負責講和，後場至少要四個人，負責鼓、鑼、鈔、吹，故成員最少需十一人。鬥牛陣有口白、對曲、互打，故事內容由鍾有道設計，配樂以〈農村曲〉爲主，或是隨機演奏，後場成員皆是以前有北管根基者，整個鬥牛陣表演結束，約需五十分鐘。

演禮鬥牛陣十分出名，許常惠教授、《中國時報》都曾來採訪，還曾接受電視五燈獎節目的訪問，一九八五年並應邀

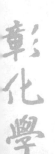

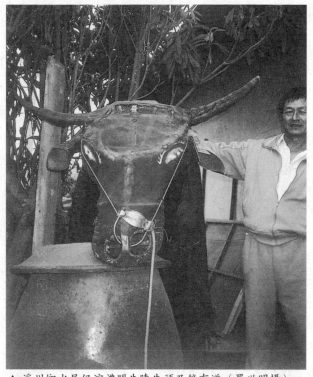

▲ 溪州鄉水尾仔演禮鬥牛陣牛頭及鐘有道（羅世明攝）。

到臺北植物園，參加文建會「民間劇場」的演出。本館平常也
應一些認識的人介紹，出陣到臺北、大甲等地，跟隨神明「刈
香」，所收取的紅包，鍾有道除了拿一些利潤，應付鬥牛陣平
日開銷外，其餘都由後場成員均分。但是，隨著負責鬥牛的成
員年紀漸增，體力較難負荷，再加上後場原來的北管成員年紀
已老，甚至有些人去世，人手難以湊齊，已四年沒有出陣了，
但仍有一些人慕名前來邀請。

—— 1994年12月7日訪問鍾有道先生（53歲，館主），羅世明
　　採訪記錄。

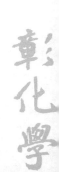

水尾仔演禮（館魁軒）布馬陣

水尾仔在日治時期即有布馬陣，當時館主爲鍾炎昆，不過，受訪者鍾有道並不清楚布馬陣的來歷，但表示有可能是由中國傳入的，因爲布馬陣的動作需有武術底子，故以本庄館魁軒的武藝爲根基，因此又稱館魁軒布馬陣。鍾有道接任布馬陣館主一段時間後，又於一九七三年成立鬥牛陣，遂改名爲演禮布馬陣。近年來，鍾氏將布馬陣交給年輕一輩的蔡國民接手，並在小學教了一群學生出陣，自己只經營鬥牛陣。布馬陣的後場有鼓、鑼、鈔、吹，過去是以庄裡有北管根柢的人擔任，現在則改由學生負責。

—— 1994年12月8日訪問鍾有道先生（53歲，曾任館主），羅世明採訪記錄。

水尾仔車鼓陣

水尾仔車鼓陣是由本庄人「瑞柳仔」到外庄學藝後，才回到庄裡授館，「瑞柳仔」在二十多年前去世，享壽約六、七十歲。受訪者鍾四海十六、七歲時，開始學車鼓陣，大約三個月就學會跳法，大多爲踏四門、跳、扭這些動作，由一位丑角和旦角演唱民謠歌曲，前陣約需三、四人，後場則需五、六人，有吹及弦等樂器。

水尾仔車鼓陣自從「車鼓旦」何大爐去世後，鍾四海沒有搭配的對象後，就不再出陣，已有二十多年了。以前車鼓陣出陣，都由受訪者與何氏男扮女裝，扭扭跳跳地增加庄裡廟會的熱鬧性，出陣都有紅包可拿，尤其是每年五月三日媽祖遶境

時，車鼓陣一定會出陣。

—— 1994年12月8日訪問鍾四海先生（61歲，成員），羅世明採訪記錄。

水尾仔館魁軒（獅陣）

水尾仔有十鄰，三百多戶；七戶仔有一鄰，十餘戶，二庄合計約二千人左右。本庄人口幾乎都姓鍾，只有十五戶姓許，庄廟震威宮，主祀伏魔大帝鍾馗。神明是由中國迎請來臺，日治時期即已建廟，近年還曾捐款給中國的祖廟，每年五月三日鍾馗誕辰慶典時，獅陣也會出陣。

水尾仔館魁軒於日治時期由雲林縣崙背人「羅漢仔」（陳羅漢）傳來，「羅漢仔」從雲林前來，在同屬水尾村的七戶仔購地，七戶仔在水尾仔旁邊，故「羅漢仔」被請到本庄教武。「羅漢仔」武藝極佳，可從地上跳到屋頂，也會行功拳。日治後期，政府禁止設武館，「羅漢仔」在戰後去世，其子陳池（若健在，約八、九十歲）繼續到各地教武，父子二人在溪州鄉水尾仔、三條圳頂庄、瓦厝仔、埤頭鄉新庄仔、連交厝、二林鄉中西村、雲林縣麥寮等地教武，陳池心軟，禁不住別人請託，往往對方一套拳還未學得紮實，就又教了新的拳法，造成基礎不穩，學不好武藝。

受訪者許添賜是陳池的外甥，許氏表示自己教武較嚴格，若對方沒有學好基礎，就不教下一招。許氏也練過內功，是向臺北木柵的一位中國人學的（「羅漢仔」較早過世，許氏未能親炙外祖父的武藝），許氏當時在木柵經商，那位中國人只肯教許氏。許氏也會行功拳，全身硬梆梆地，可以任人擊打，只

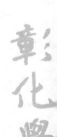

怕眼睛及生殖器被傷害。許氏表示,真正練武的人都不會惹事,教武是練身體,而不是教打架,武功不能自己亂學,拳套沒有師傅點破訣竅,並加上適當的草藥配合,自己練習很容易受傷,師傅為了控制徒弟學武不做壞事,藥理的東西都不能亂教。

日治時期,武館師傅有收取「館禮」,一館約四、五十元,師傅可藉此賺錢,日子過得很寬裕,但別人都會向師傅試招,有些人應付不來,失敗之後,就無法再靠此維生。水尾仔館魁軒曾到鹿港「拚館」,「拚館」的方式是每團獅陣輪流排場表演,本館排在第二順位,等待時,第三順位的獅陣按捺不

▼ 溪州鄉水尾仔館魁軒獅頭(羅世明攝)。

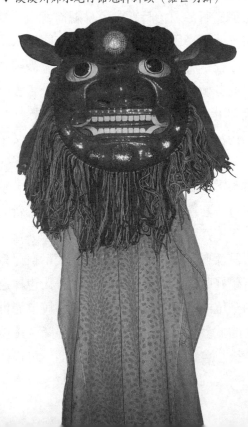

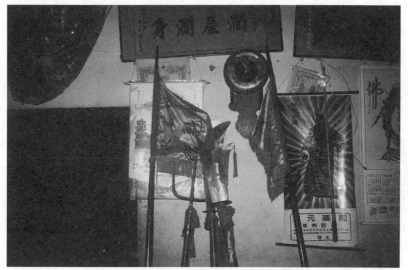

▲ 溪州鄉水尾仔館魁軒會旗（羅世明攝）。

　　住，想搶在本館前面表演，導致獅頭必須轉頭應付。在武館的
規矩中，只要回頭，就表示要和後面那一陣互打。那次打鬥
中，水尾仔獅陣大獲全勝，連對方的獅鼓都被本館打破。以前
不同館號之間涇渭分明，會互相「拚館」，現在時代改變，只
要大家都是學武者，彼此都很親切，完全不同。

　　水尾仔館魁軒獅陣現在的主要成員已換成小孩子，許添賜
曾在水尾國小教了一年多的獅陣，今年還曾到二林參加全縣國
小獅陣的比賽，在六十多陣中奪得冠軍。甚至到鹿港、嘉義、
新港、高雄等地「刈香」時，也是以小學生和一些已升上國中
的學生組陣，但國中生課業較重，出陣的較少，現在水尾國小
這團踏七星、八卦都會，學得不錯。水尾國小獅陣的經費部分
由學校支出，其餘則由許氏支出，平常練武時，還要煮點心給
這些小孩子吃，出陣回來，若有收到紅包，許氏也會全數均分
給出陣者，不留作「館金」。

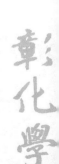

　　許氏家中有三顆獅頭，學校中也保存三顆，家中有一顆獅頭是「羅漢仔」所傳的，許氏曾經擲筊請示庄中神明是否肯爲獅頭「開光」，神明指示從未爲獅頭「開光」，這次破例，是非常難得的事。獅頭「開光」後，舞獅之時等同有神明護持。不過，這種獅頭不能接近廁所或不潔之地，否則就會失去靈性，若能請到家中，讓獅子踏四門、七星，驅邪效果更佳。

—— 1994年11月21日訪問許添賜先生（70歲，館主），羅世明採訪記錄。

三條圳頂庄太祖館魁軒（獅陣）

　　三條圳包括三條、三圳二村，一般習慣以下庄、頂庄區分，下庄又稱九甲，而頂庄一直以三條圳爲名，戰後下庄稱爲三條村，頂庄爲三圳村，當時雖分村，但庄廟仍是三千宮，幾年後，三條村的劉仁賢由大甲迎回媽祖，二村的庄廟才分開，三條村另以國聖宮爲庄廟，三千宮成爲三圳村的庄廟。三圳村共十二鄰，三百多戶，約二千多人，大姓爲廖姓，其次爲來自福建詔安的陳姓。

　　三千宮主祀三山國王，聖誕爲二月二十五日，神明是先民從中國渡海來臺時迎請的，日治時期即已建廟。每年十月底全鄉演平安戲，這時獅陣就會出陣慶祝。

　　三條圳的武館是太祖館魁軒，以太祖拳爲底，屬硬拳，採「三角馬」姿勢，和振興館「一撩馬」的腳步不同，受訪者陳通並不清楚太祖館魁軒的源頭，只知道鄰庄七戶仔有一位從南部北上的「羅漢仔」（姓陳），在原鄉發生糾紛，避居七戶仔，每天早晚練武時，呼呼作響，鄰居在附近種田，聽到聲

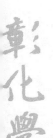

音，遂請他教武。「羅漢仔」不收「館禮」，每庄都有幾個人向他學武，但都未設武館，出陣時，這些徒弟合在一起。「羅漢仔」為避免被家鄉人士發現，不敢立太祖館魁軒館號，而以其他館號代替，其子「阿池」後來才正式授館，父子二人共教了埤頭鄉新庄仔、粘溝厝、崙仔腳、溪州鄉瓦厝仔、坑厝、七戶仔、水尾仔、三圳等地。

　　日治時期，「羅漢仔」教了不久，政府就禁止武館活動。戰後，「羅漢仔」去世，庄裡二、三位尚存的「羅漢仔」徒弟除基礎之外，其他都忘記了，遂再請其子「阿池」來教，也沒有收費。因為鄰庄的關係，「阿池」來教拳套，都是教到會為止，只反覆最初那一館的三套基礎拳法。當時館主為村長李同枝，家中比較富裕，常買些東西陪「阿池」喝酒，酒喝多了之後，就藉機慫恿「阿池」，再傳授一些新招給人家學。

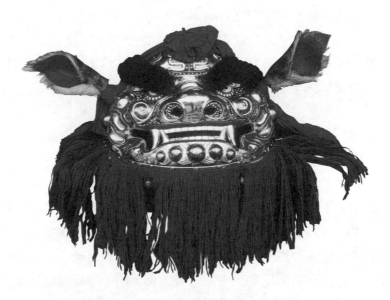

▲ 溪州鄉三條圳頂庄太祖館魁軒獅頭（羅世明攝）。

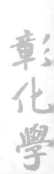

受訪者陳通十多歲開始學武，二十六歲擔任館主，陳氏覺得庄內組織武館可團結庄民，壞人不敢侵犯，而且早、晚練武，大家身體也較健康。以前三條、三圳同一庄廟時，廟裡平安戲的場合，獅陣就會「拚館」，大家像演戲一般表演，觀眾人山人海，甚至有許多人爬到屋頂上觀看。本館以前出陣沒收紅包，只是禮貌性的拿二包菸、吃頓飯，若師兄弟願意來調人手，根本沒想到酬勞，只想到對方會設宴款待，有肉可吃，就很高興了。現在時代不同，徒弟對師傅的尊重態度不復昔日，也不能責打徒弟，再加上沒有人要學，有些家長怕小孩子學武會做壞事，讓他感到十分氣憤。

三條圳太祖館魁軒已二十五年未出陣了，以前出陣大約要二十人至三十二人，獅頭四人、獅尾二人、頭旗二人、鑼鼓四人，再加其他「傢俬」的人手，大概三十人左右，因為師傅沒收費，故不算正式授課，所以也未祭拜祖師。現在陳通家中還留有獅頭，屬於青面的「合嘴獅」。

—— 1994年11月19日訪問陳通先生（68歲，館主），羅世明採訪記錄。

三條圳下庄振興館（獅陣）

三條圳現分為三條、三圳二村，下庄為三條村，頂庄為三圳村，下庄的武館是振興館，頂庄則是館魁軒。三條村共有十一鄰，二百五十戶左右，大約一千餘人，主要姓氏為廖姓。三條圳的庄廟原為三千宮，但三圳、三條分村之後，三條村的村民改以國聖宮為庄廟，主祀阿彌陀佛，清領時期就已建廟，每年十月底平安戲時，廟裡都會盛大慶祝，獅陣也會出陣。

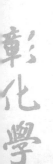

　　本館起初是受訪者鍾戊坤的父親鍾火連（享年六十七歲）與庄裡二十多人一起到雲林縣西螺學武，師傅是西螺大榮園的「肉圓成」。其中，鍾火連學得不錯，遂回來設振興館。鍾火連曾到竹塘鄉教過，和田尾紅毛社的「阿松師」（陳松）爲師兄弟，師兄弟共有百餘人。「肉圓成」去世時，鍾戊坤和父親都前往西螺送殯，所有「肉圓成」的徒弟都會參加，整條西螺街上全部都是獅陣。鍾戊坤表示，那是自己所曾看過獅陣最熱鬧的場面。

　　「肉圓成」的功夫極佳，身材魁梧，一桿煙斗可以抵擋整群人，所教的武功中，最厲害的是依十二時辰輪流點穴，必中要害，人不會馬上死亡，而是拖了一段很長的時間，慢慢死去。除非點穴的人被打敗，才會把解藥交給對方。即使練過行功拳的人，平時全身可抵擋棍棒擊打，不會有痛感，但遇到這

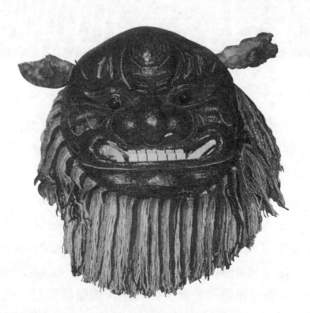

▲ 溪州鄉三條圳下庄振興館獅頭（羅世明攝）。

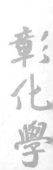

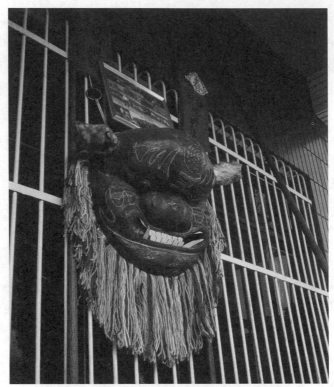

▲ 溪州鄉三條圳下庄振興館獅頭（羅世明攝）。

種點穴方式的攻擊，也可能致命。由於點穴者是內行人，能找出行功拳的破綻，但練行功拳的人也會閃躲，不讓自己的弱點被對方觸及。

　　三條圳振興館設立於日治時期，當時「拚館」的風氣極盛，加上庄人重面子，館號分得非常清楚，經常發生流血事件，事後都會被警察請去盤問，但並未聽過被拘留的事情。三條圳下庄振興館最常「拚館」的對象是三條圳庄頭的館魁軒，鄰庄瓦厝仔也是同館號，振興館和館魁軒只要一碰上，就會「拚館」。尤其是「迎媽祖」的排場時，各個獅陣的師傅

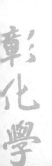

坐在椅子上，捧著香爐，香爐若被別陣搶走，這個師傅就不能再授徒了。不過，香爐被拿走的事情很少見。若「拚館」過於激烈，發生鬥毆事件，就要有人出面調解。正因當時「拚館」激烈，因此，獅陣出門能調多少人手，都盡可能找尋，以免碰到「拚館」的場面，卻人手不足。

　　鍾戊坤十多歲開始學武，有一次（日治時期）和兄長二人到濁水溪岸撿山上流下來的原木，準備推入溪中，運到下游販賣，這時突然有一群人從岸上衝下來，先下來的那人，手中拿著兩塊大石頭朝鍾氏打來，結果鍾氏一閃身，把石頭震飛，那些人遂不敢招惹。雙方談條件，預估那塊原木值四十元，誰若拿走木頭販賣，要付給對方二十元。鍾戊坤看這群人氣

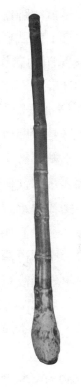

▲ 溪州鄉三條圳下庄振興館菸斗（羅世明攝）。

勢凌人，堅持要原木，於是付給對方二十元，待拿到下游去賣，竟然值百餘元，大賺了一筆。

　　鍾戊坤家中還留有百餘年歷史的獅頭及「傢俬」，獅頭除了獅鬚更新之外，其餘都維持原樣，是用土模塑形，以紗布糊出來的「雞籠獅」，另外，「丈二」和二根獅旗的旗桿，也都是從鍾氏父親傳留的。最罕見的，是師傅用的煙斗，日治時期的師傅都有一桿煙斗，是用刺竹做的，相當堅硬，用鐵鎚敲不壞，且每段竹節上都有芽眼的才值錢。出陣時，師傅端坐在椅子上，右手拿著煙斗，左手靠在膝上，隨時準備防禦偷襲。

煙斗算是武館師傅專用的武器，代表身分地位，所以煙斗也有「煙吹套」的武藝，若徒弟學得透徹，師傅才會傳授。三條圳下庄振興館的獅旗也還維持舊制，以二張長方形的紅布書寫「振興社」，綁在二根旗桿上。

三條圳振興館目前得調鄰庄同館號的師兄弟才有辦法出陣，大概都以廟會和省議員選舉這類性質才會出陣。以前徒弟對師傅畢恭畢敬，現在即使師傅要教，也沒有人肯學，許多年輕人都表示學武無用，事實上，學武還是有保健強身的效果。不過，鍾氏也承認武術比不上武器。清領時期土匪橫行，庄裡有人以「丈二」和土匪打鬥，結果被開槍打死。鍾氏父親於戰後去世，不願再傳武藝，即因為若武師出名，就會教到「鱸鰻師仔」，三天沒有找人打架，便覺渾身不對勁，打得愈多，名氣愈大。無形中，師傅造了不少惡業。鍾氏曾看過許多師傅熱衷教武，結果不僅少有善終，還禍及子孫，更落得絕嗣的淒涼下場。

受訪者之父鍾火連還懂藥理，那是他向一位中國師傅學的，治療肺炎、胃出血很有功效。目前鍾戊坤仍留存藥簿，自己也懂藥理。

── 1994年11月18日訪問鍾戊坤先生（82歲，武師），羅世明採訪記錄。

圳寮新樂軒（北管）

圳寮屬圳寮村，共九鄰，三百餘戶，約一千多人，庄裡姓氏很複雜，包括陳、黃等姓氏。庄廟普玄宮，主祀「董公」，日治時期即已存在，每年十一月二十七日「董公生」時會有祭

祀。

圳寮新樂軒在日治時期即已成立，由田中鎮平和里人陳金龍來教曲，並遷居此地。受訪者鄭萬成約十五、六歲時，即加入曲館學習，以弦樂器造詣最佳。「金龍先」除了在新樂軒教唱曲、樂器之外，也曾在布袋戲團擔任後場，其兄弟陳金獅、陳金榜，在北管方面也有很深的造詣，兄弟幾人都外出到各地授藝。圳寮新樂軒練習地點在陳金龍家中，教過的劇目有扮仙（含《舊三仙》、《新三仙》、《醉三仙》）、《新下山》、《三進宮》、《送子》、《走三關》等。日治時期還曾和鄰庄的歌仔戲班「拚館」。每逢庄裡「拜天公」、迎娶、迎神、喪事等，北管陣頭都會出陣，每次約十二、三人。

日治後期，二戰爆發，曲館中斷，「傢俬」散佚，「金龍先」也到山上謀生，戰後才又返回圳寮，並重新開設曲館，又維持了十多年。一九五○年代，「金龍先」去世之後，曲館也跟著解散。

—— 1994年10月25日訪問鄭萬成先生（73歲，成員），羅世明採訪記錄。

圳寮振興社（獅陣）

圳寮庄頭的大姓是謝姓，庄尾則較複雜。庄廟普玄宮，主神「董公」，又稱普庵真人。據說，本廟是臺灣最大的董公廟，另外，臺北市北投區的普照堂也是董公廟。

圳寮振興社在日治時期即已存在，奉祀達摩祖師和布袋禪師，應該是由東州傳來的。這部分的歷史，因為受訪者謝漢文現年才五十二歲，所以並不清楚。日治後期，因二戰爆發，

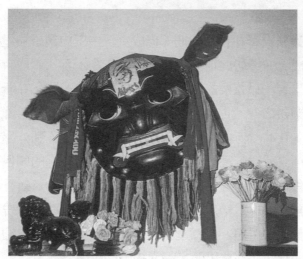

▲ 溪州鄉圳寮振興社獅頭（羅世明攝）。

武館被禁，直到戰後才復館，當時的館主為林土，並從東州請師傅鄭金火（信忠）來教了五、六年，鄭氏現年七十多歲，曾在下霸、北斗鎮中寮、竹塘鄉、埤頭鄉教過，圳寮振興社的硬拳、獅套都由他傳授。鄭金火之後，圳寮獅陣又請本鄉張厝村竹圍仔內的中國師傅張玉林來教。張氏是隨國府來臺的軍人，學少林拳、站八字馬，會擒拿術與「傢俬」方面。張氏在楊成材家教了三、四年，後來還娶了楊氏的妹妹為妻，目前在溪州街上開設國術館，同時也是武術界的國際裁判。鄭金火和張玉林二位師傅在中醫及草藥上有較深的研究，但都沒有傳承下來。

張玉林之後，圳寮獅陣就未再請師傅來教，平常迎神、「刈香」等出陣，大多由謝漢文召集。後來，謝氏風聞廟中神明希望獅陣繼續傳承，並指示謝氏平時十分虔誠，在其家中設館十分適合，謝氏聽到傳言之後，開始積極設館，庄人也出錢

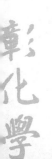

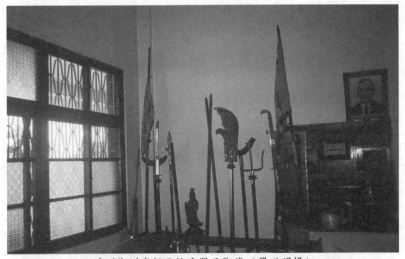

▲ 溪州鄉圳寮振興社兵器及獅旗（羅世明攝）。

出力，「傢俬」買好後，開始教些國中、國小學生，並將過去武館成員重新集結，設館迄今也有十餘年了。目前武館的經費由廟方統籌，需要買「傢俬」等開銷，就向廟方請款，但出陣的紅包收入，也歸入廟產，獅陣本身沒有獨立的財務系統。

　　謝漢文十五、六歲開始接觸獅陣，會踏七星、八卦，但謝氏表示，不可以隨便表演踏七星、八卦，必須像是大公司或開廟門的場合才可進行，所以現在大多只踏四門，這些「踏腳步」的表演，主要功用都在驅邪，尤其像一些凶宅，獅陣進去「踏腳步」可以「制煞」，獅陣驅魔最主要的力量，來自獅頭的兇惡，愈兇愈能驅魔，舞獅者的氣力和靈活度，也影響驅魔的能力，力氣大、靈活性高，獅頭才生動，在舞獅的瞬間，某些角度一閃而過，兇惡的獅子會顯得更加恐怖，令那些孤魂野鬼產生極大的恐懼感，不敢在當地停留，所以他們遇到孤魂野鬼特別多的地方，都必須換較高明的人舞獅頭，舞得夠兇惡，

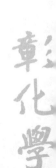

才有效果。舞獅的人「踏腳步」時，還會感到神鬼就在旁邊。謝漢文家的獅頭掛在廳堂牆上，獅面斜掛側視，謝氏表示，這是故意不正掛的，因為獅頭這個角度看起來最兇，驅邪效果最佳。

圳寮和東州的獅陣，目前是附近仍能出陣的武館，但東州獅陣已職業化，每次出陣，一人收費一千五百元，圳寮每次出陣大概還有十四、五人，都是義務性的，隨對方支付酬勞，有時整團給一千五百元，有時則為五、六千元不定。一般廟宇的規模不大，「刈香」出陣時，對方無法支付鉅資，像本館這種規模的出陣，有的人就表示不願參與，人手愈來愈難找，如果要出大陣頭，至少約需三十人，通常都是和東州互調人手支援，或合出一陣。七、八年前，謝漢文曾教過附近的國小、國中生，但學生有時也無法全力以赴，不過，教出來的學生出陣也很壯觀，但隨著這些人進入社會，也漸漸解散，傳承十分不易。

—— 1994年10月27日訪問謝漢文先生（53歲，館主），羅世明採訪記錄。

張厝□樂軒（北管）

張厝在戰後劃分成張厝和潮洋二村，人數相近，各有八鄰，四百多戶，所以整個張厝共有八百多戶、二千多人。庄廟南天宮，主祀關聖帝君，日治時期就已有竹子搭建的廟，去年（1993）新修鋼筋水泥廟宇已落成，每年五月十三日主神誕辰以及十月二十四日全溪州鄉演平安戲，皆舉行祭祀活動。張厝的大姓有廖、蔡、包三姓，張厝村這邊多姓廖，廖、張二姓為

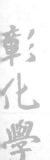

同宗，至於潮洋村則以蔡、包二姓較多。

張厝□樂軒是日治時期由本鄉圳寮傳來的，由陳金龍來教，原來的曲館成員皆已去世（至少都享壽八、九十歲以上），曲館解散也有三十餘年了。

—— 1994年11月1日訪問廖錦川先生（68歲，現任村長），羅世明採訪記錄。

張厝振興社（獅陣）

〈訪問黃興先生部分〉

潮洋厝和張厝二村在戰後分別成立獅陣，皆為振興社，潮洋厝的師傅是「竹塊仔」，張厝的師傅為「阿柔」，後再傳「阿鼠仔」。後來，武館成員逐漸流失，年輕一輩又不太想學，二村遂合為一個獅陣。

〈訪問廖錦川先生部分〉

張厝和潮洋厝二村原為同一庄（張厝），戰後才分為二村。受訪者廖錦川七、八歲時便學武，當時的師傅是「拳頭惡仔」（張次郎），武館名振興社，日治時期，每逢迎神等場合都會出陣，獅陣十分興盛，鄰村茭公庄、竹圍仔的人，也都前來張厝學武。然而，二、三十年來，獅陣很少出陣，「傢俬」和獅頭現在都放在「欽仔」（王文雄）家中。

—— 1994年11月5日訪問黃興先生（68歲，鄰村武館成員）、廖錦川先生（68歲，張厝村村長），羅世明採訪記錄。

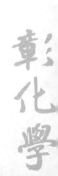

西畔仔曲館（九甲、北管）

　　西畔仔屬西畔村，共有三鄰，九十多戶，約七百餘人，庄裡姓氏雜錯，沒有大姓，但曾、王、鄭三姓的人口較多。庄廟萬聖宮，主祀玄天上帝和三奶夫人，萬聖宮建廟約十多年，未建廟前，神明奉祀在爐主家中，每年三月三日玄天上帝聖誕、正月十五日大夫人（陳靖姑）聖誕、八月十五日林二夫人聖誕、九月九日李三夫人聖誕，都有祭祀活動。另外，村庄的入口處，立了一塊阿彌陀佛的石碑，據說是因為石塔仔人立了一個石塔，用來阻擋濁水溪水淹入村內，導致水流往別處氾濫，因此本庄也立一個石碑對抗，以免庄內淹水，於是，氾濫的溪水因此改道，從二水八堡圳的位置順勢入海。

　　西畔仔在清朝就有九甲仔存在，而且相當興盛，當時的「先生」人稱「九甲先」，教到大家能上棚演出，曾演過《穆桂英》等劇。受訪者孫憲欽的父親孫廷豐（十年前去世，享壽七十五歲），年輕時便學習九甲仔，戰後開始傳授，但當時已沒有戲服，孫廷豐只教九甲唱曲的部分，不再上棚演戲。孫憲欽並未學曲，所以對本庄曲館情形所知有限，只知其父孫廷豐曾向不少師傅請益過，南管、北管都有學，曾在家中教了二團（一團北管、一團南管九甲仔），各約十餘人，也曾到石塔仔教過。孫廷豐的弦樂很在行，鼓、吹稍差，但所有樂器皆通曉，具備「先生」的資格。孫廷豐教一陣子之後，又在臺東傳授一些弟子，西畔仔這裡的曲館遂跟著解散消失，迄今已二十餘年了。

　　本館每逢演戲、「作齋公」、迎娶、送殯、「拜天公」等場合皆會出陣，且屬義務性質，孫廷豐曾經告訴孫憲欽，南管唱曲口音和一般語言相通，比較好學；北管唱曲口音獨特，

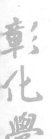

和平常語音不同，較難學。另外，南管還可以「作齋公」，主要就是因爲「齋公」誦經的音調是南管調，伴奏的鼓也是南管鼓。

—— 1994年10月23日訪問孫憲欽先生（62歲，館主之子），羅世明採訪記錄。

西畔仔振興社（拳頭館）

〈訪問詹森谷先生部分〉

西畔仔振興社是在受訪者詹森谷的祖父宋鼓伸、父親詹隆裕（受訪者家兼姓宋、詹二姓）時開始，宋鼓伸父子一起向澎湖師傅學武，但未組獅陣，僅學拳術。日治時期，宋氏還以三甲地換取三本藥簿，目前保存在家中。詹森谷表示，祖父可用手搭住手臂扭傷病人的肩膀，將對方的手臂扭轉三圈治療，不過，這招沒有流傳下來。詹森谷目前並未授徒，而是以家傳草藥的醫理偶爾爲鄰居朋友治病，只願意用武術和藥理濟世，並不願出名。

〈訪問孫憲欽先生部分〉

西畔仔在日治時期就有「拳頭館」，但未組獅陣，前幾年去世的詹隆裕有練行功拳，全身任人捶打都沒關係，猶如鐵打一般。

〈訪問陳炳輝先生部分〉

詹隆裕這一館是「暗館」，是澎湖很有名的一位師傅「龜師」的弟子「阿榮」來教的，「龜師」有十多位徒弟。「阿

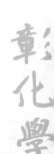

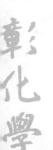

榮」教過詹隆裕、陳松以及一位叫「榮仔」（應是黃福榮）等徒弟，以「榮仔」武藝最強，身體也最壯，一日到酒家喝酒，因爲和人爲了一個風塵女子吃醋，喝醉酒和別人吵架，被人從二樓推下而摔死。不過，詹隆裕三代都十分和善助人。

—— 1994年10月25日訪問詹森谷先生（52歲，武師），10月23日訪問孫憲欽先生（62歲，西畔村民），10月28日訪問陳炳輝先生（44歲，西畔村民），羅世明採訪記錄。

石塔仔奏樂軒（北管）

石塔仔屬西畔村，共有二鄰，五十多戶，約四百多人，因鄰近濁水溪，常有水患，庄內遂於清領道光二十二年（1842）興建石塔，用來抵禦水患，此即地名的由來。本庄主要姓氏爲祖籍漳州府漳浦縣赤湖的陳姓。庄廟武聖宮，主祀關公，每年六月二十四日關聖帝君聖誕、五月十三日關平聖誕都有祭祀，並在年底參與全鄉演平安戲的慶典。武聖宮內也奉祀從彰化南瑤宮「分靈」的「黑面三媽」，這是因戰後彰化南瑤宮媽祖到北港「刈香」，回程晚上到了雲林縣莿桐鄉，準備渡過濁水溪，但卻看不到對岸的目標，突然間，本庄石塔發出光芒，「刈香」的人就利用這光芒爲目標，平安渡過濁水溪。因爲這段因緣，武聖宮也奉祀彰化媽祖。武聖宮是十多年前才興建的，以前是用竹子搭建，也不是奉祀關公，而是幾個用草紮的神像。

石塔仔奏樂軒約在一九四八至四九年間成立，是由「金龍先」（陳金龍）在下壩的「頭叫師仔」鄭江州來傳授的。鄭氏教了四、五館之後，成員紛紛外出賺錢，曲館於是解散。這些

年來，成員皆已逝世，僅剩受訪者陳文筆一人。陳氏十七歲自學拉弦，曲館成立後學吹，但陳氏自從知道有朋友年紀大吹嗩吶而心臟麻痺猝死後，就只敢演奏弦樂器。一九九○年，本縣舉辦老人拉弦比賽，陳氏獲得冠軍。陳氏表示，能有這樣的成就，主要得力於四十九年的演奏經驗，以及一些優秀老師的指導，能轉換四「管」的調子（共有七管半的調子），並學會顫指的技法。

陳金龍有二位弟弟，分別是陳金獅、陳金虎（採訪者案：金虎或為金榜之誤），三兄弟分別向彰化的不同方向傳館。陳金獅曾至和美鎮授藝，石塔仔、下壩、圳寮、張厝都是陳金龍所教的，其「頭叫師仔」鄭江州來石塔仔教過之後，又帶著石塔仔的成員，到本鄉大庄示範扮仙、對曲，協助大庄設曲館。「金龍先」所傳授的曲藝，都是由淺入深，先教《舊三仙》（《舊三仙會》），再教《新三仙》，然後再教難度更高的《醉八仙》，扮仙教完後，才傳授其他曲目。奏樂軒設館後，一直都在陳新波、陳添源二人家中練習，為迎神、迎娶出陣的紅包，都由請主隨意支付，至於為曲館成員親人的喪事出陣，則完全免費。當時曲館成員約有十四、五人，但出陣人數，則以八人最恰當。

曲館一般會兼學「頂路」（「新路」、外江）、「下路」（「舊路」），差別只是有些曲館學「頂路」的曲子多，有些學「下路」的多，不

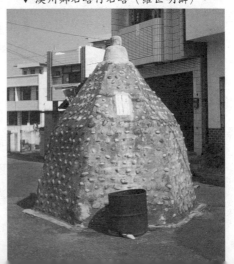

▼溪州鄉石塔仔石塔（羅世明攝）。

會只學一種，「頂路」、「下路」唱曲及樂器都不同，「頂路」近似平劇，唱【西皮】、【二黃】外，使用的樂器是吊規仔及凸鑼（鑼凸起，中間部分平坦）；「下路」的樂器則是殼仔弦、大廣弦、三弦、蘇鑼（平面鑼），現代又加入南胡和高胡。

陳氏在曲館解散時，一度外出工作，疏於練習樂器，回鄉後，和一些老人一起把玩樂器，拉弦的手指才又漸漸靈活起來，因為弦樂拉得很好，老人會成員在陳氏五十五歲未足齡時，就邀請入會。二年前，陳氏又到北斗鎮華嚴寺，向斗六的林家烈先生學國樂，尤其是林氏傳授顫指的拉弦功夫，令陳氏受益良多。幾個月前，圳寮的誦經團請陳氏擔任後場，才退出國樂社。現在，陳氏主要的時間都在學誦經，雖然初學，但和別人學二、三年的比起來，毫不遜色，因為陳氏祖父以前常持齋、念經，也使用龍華派的曲調，陳氏有音樂天賦，小時候只要聽祖父唱過，就可以馬上摘葉子跟著吹，故現在學起來並不困難。此外，陳氏有空時，也會到社頭找當地的老人會會長，會長那裡有很多曲譜，陳氏只要向會長詢問，對方就會把曲譜抄給他，並唱曲錄音，回來配合著學，很快就能學成。

── 1994年10月16日訪問陳文筆先生（66歲，成員），羅世明採訪記錄。

石塔仔同義堂（獅陣）

石塔仔獅陣在一九六二至六三年時成立，當時請了竹山鎮同義堂師傅羅子龍來教約三、四年，之後，武館就逐漸解散。本館沒有單獨出陣，都是和附近庄頭合併成陣，屬於「暗

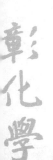

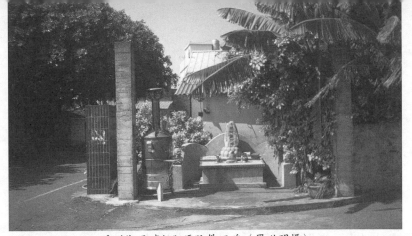

▲ 溪州鄉西畔仔阿彌陀佛石碑（羅世明攝）。

館」，當時約三、四十人學武，成員現年大約四、五十歲。

—— 1994年10月28日訪問陳炳輝先生（44歲，村民），羅世明
採訪記錄。

土角厝龍英堂（獅陣）

土角厝屬西畔村，共三鄰，約九十多戶、六百多人，姓氏
相當複雜，包括莊、林、陳、宋等姓，宋姓最早是從雲南遷至
福建，再從福建遷入臺灣。庄廟三聖宮，主祀顏王爺，日治時
期即已存在，但不知始建於何時，每年十、十一月，都會演平
安戲祈福。

龍英堂最初是中國人陳桶來臺傳授武藝，在嘉義縣朴子開
館，陳氏傳授蘇成武藝，蘇氏再到土角厝教。日治晚期，政府
嚴禁武館活動，蘇氏遂轉往北斗鎮、田尾鄉一帶教武。戰後，
土角厝再從田尾請蘇氏的弟子羅文明來協助復館，當時館主
為陳溫成，羅氏一共教了三年四個月，武館就解散了。受訪者
宋安祥是羅氏的「頭叫師仔」，宋安祥表示，自己之所以成為
「頭叫師仔」，是因個性較忠厚、重感情，每逢羅氏的忌日，

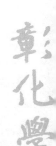

本地五十多位弟子中，只有自己仍會前往祭拜。

龍英堂的武藝爲半長短的鶴拳，代表的兵器是梅花槌（棍），土角厝獅陣戰後出陣約四、五十人，出陣時會「牽兜」，喜事、「刈香」都會出陣，但喪事不出陣，唯一例外是朴子那裡，每年陳桶的忌日，還會到墓前用獅陣祭拜。土角厝龍英堂在日治初期曾出去「拚館」，戰後則未發生。另外，在接骨、跌打損傷的藥理上，也有一些流傳。

—— 1994年10月23日訪問宋安祥先生（66歲，師傅），羅世明採訪記錄。

柑仔園受天宮大鼓陣

柑仔園原名過溪，因較靠近濁水溪，時常淹水，遂移到現址，改爲柑仔園，和莊北巷、吃荣庄合稱柑園村。柑仔園有九鄰，一百五、六十戶，約一千五百人左右，主要姓氏爲鄭氏。庄廟受天宮，主祀玄天上帝，是四、五十年前從南投名間鄉松柏坑「分靈」而來的。

受天宮大鼓陣約在七、八年前成立，由受天宮管理委員會負責召集，成員都是二、三十歲的年輕人，共五、六人，在廟前練習，是由圳寮的客籍師傅來教，幾乎只在玄天上帝聖誕時才出陣。

—— 1994年10月16日訪問許淵文先生（74歲，受天宮廟祝），羅世明採訪記錄。

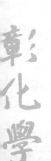

柑仔園振興社（獅陣）

柑仔園振興社是由鄰庄張厝人「挖仔」來教的，據說張厝的振興社是由庄人到雲林西螺學成返鄉而設立的。「挖仔」來柑仔園教了三、四館，本庄的「頭叫師仔」是曾太平（四、五年前去世，享壽七十多歲），後來日本政府禁武，兵器被沒收，武館解散，戰後才重新設館，但一直只教獅套，未教拳術。

柑仔園獅陣的館主是曾太平，「傢俬」都由曾氏出錢購買，獅陣幾乎沒有酬勞收入，因為庄裡出陣都是義務性質，不收酬勞，而外庄則很少出去，每次出陣大約十多人。後來，年輕人不肯學武，老年人又相繼去世，幾十年來偶爾才出陣，現在已等於解散了。

— 1994年10月16日訪問許淵文先生（74歲，受天宮廟祝），
　　羅世明採訪記錄。

下壩隨樂軒（北管）

下壩屬成功村，成功村共有五個庄頭，除下壩較大之外，頂寮、下寮、中寮、頭前庄都是小庄頭。下壩共有十五鄰，五百多戶，約三千多人，主要姓氏為鄭、謝二姓，鄭姓是鄭成功的後代，謝姓祖籍泉州府安溪，庄廟國姓廟奉祀鄭成功，年代極早，於每年十月二十六日演出平安戲。

下壩隨樂軒在日治時期即已成立，受訪者謝朝欽十七、八歲時，田中鎮平和里人陳金龍、陳金獅兄弟就已來本庄教曲，當時，陳金龍正值三十多歲的壯年。陳氏也曾到圳寮、張厝教

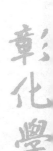

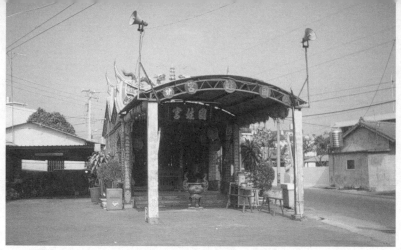

▲ 溪洲鄉下壩國姓宮（羅世明攝）。

過，大庄則是「金龍先」在下壩的「頭叫師仔」鄭江州（若健在，現年九十多歲）去教的。「金龍先」教曲都先由扮仙（即《三仙會》）開始，然後才教牌子，謝朝欽主要學弦樂器。本館沒有上棚演出，只有學唱曲。

隨樂軒最盛時，大概有成員二、三十名，迎神等「好歹事」都有出陣，一般以喜事較多。場面較大的喪事，本館也會出陣演奏，此外，本館也曾參加縣內的一些音樂比賽。

另外，庄內原有一團布袋戲，團主鄭禮仁（得年四十九歲）也是隨樂軒的成員，算是「金龍先」的徒弟，後場成員大多是隨樂軒的人，後來，鄭氏過世，布袋戲團結束，繼任者轉往溪州經營。現在北管成員凋零，全庄僅剩謝朝欽一位成員，已二十多年沒有活動。

隨樂軒最早的館主是鄭江州的父親，後來由一位陳先生繼任，曲館最盛時，曾到斗六甲（埤頭鄉陸嘉村）和當地的「齋公陣」進行「拚館」，斗六甲那邊的「齋公」演出《三藏取經》和隨樂軒較量，本館不曉得對方有準備人手支援，一看情形不對，趕快利用休息時間，調了庄內二團歌仔戲及西畔仔的九甲仔支援，總算穩住陣腳，和對方拚了一整晚。

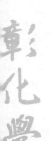

── 1994年10月14日訪問謝朝欽先生（80多歲，成員），羅世明採訪記錄。

下壩振興館、同義堂（獅陣）

下壩振興館在日治時期就很興盛，成員若健在，也都有一百歲左右的高齡。當時，武館成員鄭四海還曾到張厝教過，張厝的徒弟又到柑仔園教宋金城等人，所以柑仔園的獅陣路過下壩，都會進鄭四海家參拜。日治後期，武館遭到禁止，因而中斷。直到一九六三年，庄裡有人請東州的鄭信忠（現約七十多歲）來教，鄭氏屬於振興館系統，為半軟硬拳，有鷹爪等姿勢，教了三年多之後，沒有再教。

庄裡又有人請本鄉大庄同義堂師傅鄭福山來教了約三、四年，鄭氏曾在永靖、溪湖、社頭及雲林縣林內教過，現年近七十歲，遷居臺北教接骨功夫，全臺都有授徒，並出版錄影帶，其子鄭錦章拳術也練得不錯。大庄的獅陣都由鄭氏父子張羅，鄭錦章遷居臺北後，大庄的獅陣就解散了。因鄭福山未練過獅套，只有教拳法，所以下壩又請竹山鎮同義堂的林慶良來教獅頭。

目前下壩學過同義堂拳術的人較多，且較年輕；學過振興館的人則年紀較大，都已六十歲以上，人數也較少。出陣時若要出振興館獅陣，就找有振興館根柢的人組陣；要出同義堂獅陣，則改找有同義堂根柢的成員。武館練習的地方時常更換，所以也沒有固定的館主。

振興館和同義堂之後，又有雲林縣虎尾鎮「二哥」的傳人陳溪河來教鶴拳，陳氏為警界人士，所授的鶴拳屬軟拳，動作慢，近太極拳，又稱文拳，不憑力氣，而是用手將氣推出去，

當時設館在成功國小校長家中，但學習的人很少，而且鶴拳純粹只有拳術，沒有獅套。

受訪者林勝信目前擔任成功國小工友，成功國小第一年的獅陣由他指導，後來因為工作分身乏術，遂另請陳慶德來教，由林氏協同輔助，溪陽國中的獅陣也是同樣由林氏和陳慶德共同教導。

林氏是庄裡唯一從振興館到鶴拳都學的人，曾比較振興館和同義堂的差別。「傢俬」方面，振興館所練的兵器種類較多，因此，振興館若全部「傢俬」出動，場面較大，振興館有一種接敵陣式，全部擺出來叫「走圈」（擺陣式），共需一百零八人，十分壯觀。但是，同義堂舞獅角度較多，獅步需踏出一步，再倒踏七星馬步回來，拿起來較累，「鼓蕊」也較複雜。林氏還覺得同義堂的功夫較振興館優秀，因為同義堂的馬步較穩，而且來教同義堂武藝的鄭福山，其師羅子龍曾向一位王教官學習擒拿術，所以同義堂系統傳來的武藝較精湛。林氏表示，現在只練一種拳種，易跟不上時代，而且拳一打出來，別人看多了，都知道如何應付，所以要多練幾種拳，別人就難以接招了。

下壩還有羅子龍傳承的八卦掌，可細分為八卦連環腳、八卦連環手等，練習方法是用指背拍打石堆，再用「藥洗」搓洗，四個月可練成，用手敲厚木板，可以裂成兩半。不過，這種方式需苦練，而且會傷害眼部，必須配合服藥，因此，一般獅陣的人都不會練，只有一些要練來表演的人，才會去學。

下壩武館在振興館時期，有「拚館」的經驗，但戰後沒有「拚館」風氣，只有某次由鄭福山帶下壩及大庄的徒弟，到雲林縣林內支援所教的另一館「拚館」。戰後獅陣還可出四、五十人，現在則只能湊約二十人，但每年仍會出陣一、二次，

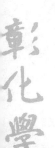

而且「傢俬」能出多少，還會盡量出，主要是在廟會迎神、國定假日慶祝、辦喜事或公司開幕時出陣，大公司或廟宇踏八卦，較小的場合（如入厝），則只踏七星而不踏八卦。另外，喪事方面，只有武館師傅及成員過世，才能夠由獅陣送殯，其他都不合規定，但現在也有師母喪禮用獅陣送殯的情況。現在大家不願意出陣，主要是因爲工作忙碌，再加上出陣勞累，又是義務性質，意願就更低了。

下壩附近的圳寮、張厝、石塔仔、西畔仔等地都有獅陣，其中，西畔仔的詹隆裕尤其厲害，他練的是完全正統的太祖拳，是硬拳中最硬的，沒練過這種拳的人，練一下子，隔天肌肉會痠痛得蹲不下去。不過，這種功夫若練得好，全身可以不怕木棒打擊。有一次有人請詹氏吃飯，他不肯去而盤腿而坐，結果四個徒弟也拖不動他，這招叫做「落地生根」。

—— 1994年10月23日訪問林勝信先生（51歲，成員），羅世明採訪記錄。

頂寮同義堂（獅陣）

頂寮屬成功村，共三鄰，一百多戶，約五百多人，主要姓氏爲鄭氏，是鄭成功的後代。庄廟興天宮，主祀玄天上帝，昭和四年（1929）從南投名間鄉松柏坑「分靈」而來，每年三月三日玄天上帝聖誕，都有盛大祭祀活動。

頂寮同義堂成立於昭和六年（1931）之後，當時的館主是受訪者鄭坤海的岳父王家再（已去世），師傅爲林內同義堂的鄭師傅，鄭坤海在十二歲時參加獅陣，開始練武，當時的人較有君子風度，「拚館」時多用空手打，兵器交接時，也常找同

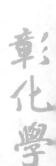

種武器對打，沒有傷害性質。不過，那時振興館（或振興社）和同義堂是死對頭，喜歡互相「拚館」。鄭氏聽過一則趣聞，下壩過去曾有一位財主的二個兒子學武，一人入同義堂、一人入振興館，結果，二名兒子老是爲了武館的不同，一天到晚吵架。日治後期，政府嚴禁武館活動，並收繳所有金屬器具，武館遂告解散，一些人偷偷練武，都用十分克難的方式，例如有人爲了練雙刀，就改用木製品代替。

一九五〇年左右，鄭坤海約二十多歲，當時農村社會流行組織獅陣，頂寮有心恢復武館，正好當時南投縣竹山鎮的羅子龍，在高中時就獲得全省武術比賽的亞軍，羅氏又有同義堂的武功基礎，和頂寮原先所學相同，遂透過關係找羅氏來教，並由鄭坤海擔任堂主，在鄭家練習獅陣，當時，羅氏約三、四十歲。

羅氏是竹山同義堂的成員，武藝爲其父所傳，其父另外找了一位臺中學校的王教官（四川人，屬少林拳）來指導。當時，羅子龍和另一人同時練習，但所學的內容不同，羅氏學硬

▼溪州鄉頂寮同義堂（羅世明攝）。

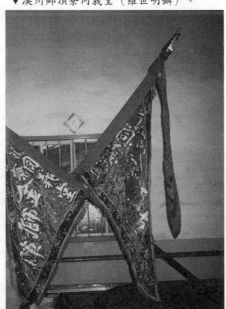

肢拳，另一人學軟肢拳，羅氏較有成就。羅氏現年約六十多歲，已是國際武術裁判，並曾擔任過南投縣國術會理事長。

　　頂寮獅陣舉凡迎神等「好歹事」都會出陣，庄內完全免費，庄外也是因應朋友的邀請，幾乎很少收取酬勞。廟會「鬧熱」若人手不足，很少向鄰庄（下垻、大庄等地）調人手，反倒是向竹山鎮同義堂的師兄弟調人，不過，近年獅陣人手僅剩約十人，竹山鎮的獅陣又轉為職業化，為了應付表演，獅陣形式修飾過，不再是傳統式。而且，職業化之後，竹山的師兄弟忙著出陣賺錢，不好意思再找來義務幫忙出陣，獅陣遂告暫停。

　　頂寮的獅頭是銅製的「青面獅」，在嘉義訂製，有關「青面獅」的來歷，據說是中國發生旱災，人民困苦，某天突然看見青獅下凡救災，所以舞獅才用「青面獅」，具有「制煞」、辟邪的效果。

── 1994年10月15日訪問鄭坤海先生（60歲，館主），羅世明

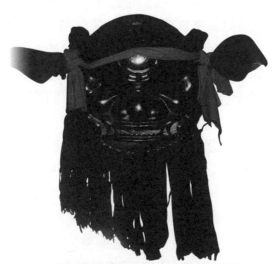

▲ 溪州鄉頂寮同義堂銅製獅頭（羅世明攝）。

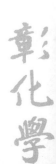

採訪記錄。

大庄□樂軒（北管）

大庄的北管已經解散二十多年，成員幾乎都已去世，只剩受訪者李振興一人。李氏很晚參加曲館，對曲館的歷史涉及不深，且事隔太久，許多事情一時無法追憶，也不記得館名了，只知道是「金龍先」和其徒弟鄭江州來教的。

—— 1994年10月14日訪問李振興先生（70歲，成員），羅世明採訪記錄。

大庄同義堂（獅陣）

大庄村分成大庄和松仔腳二部分，大庄有二十鄰，松仔腳只有一鄰，共約五百多戶、三千人左右，主要姓氏有鄭、陳、王等姓，據說鄭姓為鄭成功的後代。庄廟開天宮，主祀玄天上帝，建廟已有十多年歷史，以十一月十三日建廟落成紀念日舉行祭典，未建廟之前，大庄則沒有共同奉祀的神明。

大庄同義堂在日治時期即已存在，是「阿乾師」（羅乾彰）的徒弟來教的，受訪者鄭處龍的父親鄭丘山曾跟著學，後來政府禁止武館活動，遂中斷解散。戰後，鄭氏十八、九歲時（約1955～56年），武館復館，又從竹山同義堂請來林慶樑（現年七十多歲）教獅套、羅子龍教拳套，但復館後的武術內容較雜，和日治時期純為同義堂拳套不太相同。

大庄獅陣的館主為陳土符，最盛時曾有成員幾十人，但武館主要成員鄭福山、鄭錦章父子移居外地後（鄭福山遷居臺

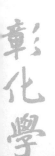

北，鄭錦章在臺中開設國術館），就沒有什麼人接觸較深，武館成員逐漸流失，三、四年前就未曾再出陣，庄裡幾乎找不到獅陣人手，不過，獅頭和「傢俬」則還存放在庄廟裡。

頂寮和下壩的獅陣，與大庄是同一師傅教的，以前三地之間，還會互相支援人手，但這三個武館都已解散，不再出陣了。

—— 1994年10月14日訪問鄭處龍先生（57歲，成員），羅世明採訪記錄。

＊溪州義消金龍隊（龍陣）

溪州義消在七、八年前，因看到田中義消組了一團龍陣，也興起組陣的念頭，以現有三、四十個義務消防隊成員組織，

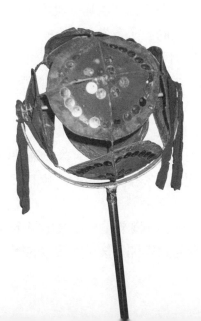

▼ 溪州鄉溪州義消
金龍隊龍珠（羅
世明攝）。

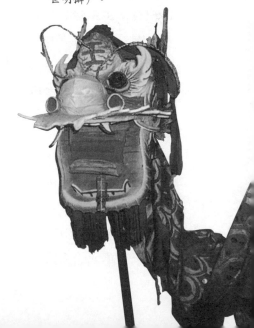

▼ 溪州鄉溪州義消
金龍隊龍頭（羅
世明攝）。

也充當社團活動。龍陣都以義消分隊長為負責人，現任分隊長為謝國崧，訓練老師為副分隊長陳錫洲（現約四十歲），陳氏另外也組有龍陣，義消的龍是陳氏自己做的。義消龍陣大部分出陣都是義務性質，多在廟會及慶典出陣。出陣時，若請主給酬勞，則供做義消的「公金」，龍陣不常練習，頂多在重大的慶典、廟會前，或每月抽出時間來練習。

── 1994年11月4日訪問林東瑩先生（32歲，消防警察），羅世明採訪記錄。

＊東州武元宮龍陣（龍陣）

武元宮龍陣屬於私人的龍陣，六年前為了供奉神明，遂籌組龍陣。武元宮本身是「私廟」，主祀武財神，每年三月十五日祭祀。關於武財神的性質及建廟的緣由，受訪者陳滿同表示不便說明，僅表示北港也有奉祀武財神的武德宮。陳氏遷居此地已有八年，建廟時間不便透露，現在龍陣都由其子陳錫洲負責，團員多是附近的青、少年，最大的三十多歲，最小的十來歲，都是先參加的成員再去找人參加，逐漸組成的，甚至也有些較胖的年輕人，來這裡練身體，減重後就離開。武元宮龍陣每年都獲政府邀請，參加全國才藝比賽，這時的龍陣就較多人參加，約要六十人，一套套自創的招式，龍身可以一直打結，一直鬆開，甚至還有龍噴火的特技，接連表演完，大概需要四十分鐘，龍頭需換三、四人，龍尾二、三人，至於一般的出陣，則大約只有三十人。

武元宮龍陣因屬私人經營，已走向職業化，每次出陣至少要十二萬元的價錢才願意，扣除車費等開銷後，所收取的酬

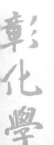

勞，回來後會當場發給成員，不留做「館金」，所以大家都較肯配合出陣。不過，武元宮龍陣仍有一些義務出陣的時候，例如彰化縣議長就職、替宋楚瑜競選省長造勢，以及素有來往的大甲鎮瀾宮「刈香」時，這時出陣的開銷就由館主負擔，出陣的成員也領不到錢。但是，因爲出陣十次，大約僅有二次是義務性質，所以大家仍會參加。陳滿同表示，老一輩的人重感情，習慣禮尚往來，所以義務出陣，常常還要給對方廟宇「添油香」，頂多只是吃一頓飯罷了！不過，當自己廟宇有慶典時，對方也會以同樣方式回報，這種習俗尤以現在溪州各村幾乎皆設誦經團最明顯，陳氏自己也組織了一團，全溪州的誦經團外出誦經，皆爲免費，而且被邀請的誦經團還要「添油香」給對方，這種重情誼、義務性的人際互動方式，在年輕一輩中，已不得見了。

—— 1994年11月4日訪問陳滿同先生（67歲，館主之父），羅世明採訪記錄。1995年12月26日訪問陳滿同先生（原住溪州村，現搬至東州村），羅世明採訪記錄。

＊成功國小獅陣

成功國小位於下壩，屬成功村。因劉坤榮組長某一天在《省公報》看到有關傳統民俗藝術教育的獎勵辦法，請示校方後，決定以舞獅作爲該校的特色。於是，透過當地練武的朋友（頂寮鄭坤海中介），介紹竹山鎮德興里的陳慶德來教高年級學生獅陣。陳氏師承羅子龍，羅氏師承其父羅記入及臺中的王教官（自中國來臺），羅記入師承同義堂的源頭師傅羅乾章（「阿乾師」）。陳氏去年曾帶領他所教的過溪國小獅陣，代

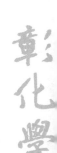

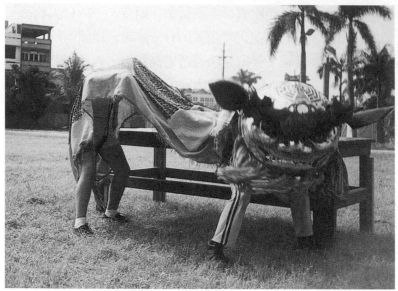

▲ 溪州鄉成功國小獅陣（羅世明攝）。

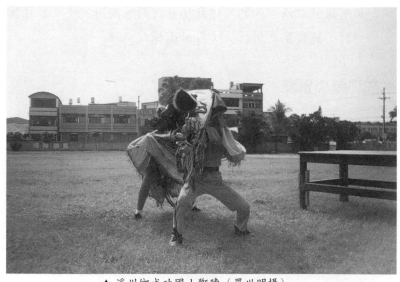

▲ 溪州鄉成功國小獅陣（羅世明攝）。

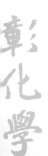

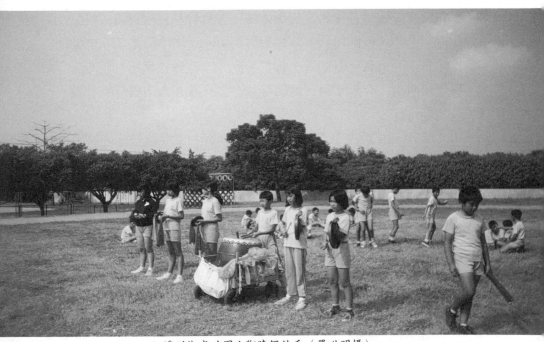

▲ 溪州鄉成功國小獅陣鑼鼓手（羅世明攝）。

表南投縣參加全省比賽，並獲得冠軍。

　　成功國小獅陣從八十學年度下學期（1992年初）開始練習，第一批學會舞獅的學生，已經畢業升入溪陽國中，所以，溪陽國中就以這批人為班底，同樣再請陳氏指導，組成國中組的獅陣。成功國小獅陣利用每星期六第三、四節分組活動時間練習，獅頭和鼓等用具，是利用教育部在獅陣成立時補助約十萬元的專款購置，目前獅陣約有三十多人，都是四、五年級學生，學校方面，交由蔡徹雄老師負責。

　　成功國小獅陣於一九九三年臺灣區運動會，曾被指派代表彰化縣迎接區運聖火；一九九三年四月，南彰化社區電視台蒞校錄影舞獅狀況，在「鄉情報導」中播出；同年五月六日參加

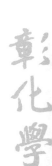

彰化縣傳統民俗藝術教育成果表演；五月廿三日祝賀該校張碧如老師當選「模範母親」，由獅隊將匾額送出；伸港鄉亦來蒐集資料，列入彰化縣的鄉土教材。此外，也曾在溪州、北斗假日廣場演出。今年十月，更將參加在雲林縣斗六市舉行的省長盃舞獅比賽。

另外，成功國小還有車鼓陣，是西畔村鳳鳴跳鼓陣團長王永峰到校，主動表示願意指導跳鼓陣，八十二學年度成立後，由中年級學生自由參加，也曾參加八十二學年度的「民俗傳統藝術教育發表會」。

── 1994年10月15日訪問蔡徹雄先生（55歲，教師），羅世明採訪記錄。

＊溪陽國中獅陣

溪陽國中的獅陣是以二年級學生爲班底，也就是成功國小第一批獅陣的高年級學生，升入溪陽國中後繼續練習，故獅陣的訓練，仍委由成功國小的工友林勝信與竹山鎮同義堂陳慶德師傅負責，並於每個星期六、日練習，和成功國小一樣。一九九四年十月份，本陣參加省長盃國中組的獅陣比賽。

── 1994年10月23日訪問林勝信先生（51歲，教練），羅世明採訪記錄。

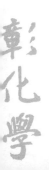

第七章　田尾鄉的曲館與武館

　　本鄉在彰化縣中央略偏東南，位於濁水溪沖積扇北緣。北臨溪湖鎮、永靖鄉，南接田中鎮、北斗鎮，東接社頭鄉，西臨埤頭鄉。鄉名出自地當八堡二圳（十五莊圳）末段水田地帶末端，故名田尾。

　　本鄉舊為洪雅（Hoanya）平埔族分布地，清領康熙末葉（約1700年），客籍移民入墾，境內饒平厝、鎮平莊、海豐崙，皆沿用廣東省原鄉地名。現今居民則包括漳、泉、福佬客。本鄉全境約二十四平方公里，地勢平坦，農作物包括水稻、蔬菜、蘆筍，為全臺著名花卉、盆景、苗木栽培中心。

　　目前所知，田尾鄉曲館有十一個，其中五館北管、二館歌仔陣、一館四平、一館九甲，另一館則雜學，包括南北管、歌仔、九甲等系統。另外，打廉村慶樂軒亦為北管，但尚待補查。此外，北曾村應尚有一館北管，該村是邱創煥的故鄉，據說邱氏的父執輩「阿陶」，即是該曲館的「先生」。

　　本地北管曲館均屬「軒」的系統，其中，請本庄人教館的，有海豐崙福興軒（「先生」吳添丁從小到員林、彰化學曲，會演布袋戲）、鎮平厝仔曲館（館名不詳）、柳樹湳涼樂軒（除本庄「先生」外，另請打簾村四位師兄弟來協助，由此推測，打簾村慶樂軒與柳樹湳涼樂軒原為同一師承）。其他二館則請外地人來教，其中，鎮平玉磬軒聘請鹿港「先生」陳其

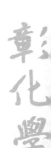

清（人稱「大肚其清」），「其清先」相當飽學。此外，玉磬軒還請過永靖的盧俊義及一位叫「相師」的「先生」。另一館紅毛社集和軒，請過「鹿港先」以及陳金榜（山腳人，應是田中平和里合和軒出身）來教。

田尾鄉有二個歌仔陣，一是三十張犁集英社，由北斗大道里的「目溪仔」來教，已「散館」。一是溪仔頂歌仔陣，是由「齋公陣」出身的林文傳所教，林氏還教過溪湖阿媽厝耕樂社，本身則曾跟大村貢旗御樂軒的「慶先」（賴慶）學過，其父也是「先生」。

饒平厝振樂園學的是四平，由原在四平戲班任職，後入贅本庄的「阿發」（姓張）執教；另外，據北斗華美社資料顯示，北斗大道里的「目仔溪」也曾在此任教；新厝仔曲館學九甲，由和美「挺肚先」執教，另一說，是北斗西門的「目仔溪」。曾厝崙新樂興則是雜學，老師是北斗的「溪先」，屬歌仔系統，九甲、北管、歌仔都教。由上可見，饒平厝振樂園、曾厝崙新樂興及溪仔頂新厝歌仔陣，都曾請北斗的「目仔溪」任教。

目前所知，田尾鄉有十二館武館，包括四館振興館、三館龍英堂、二館同義堂以及和義堂、順武堂、金龍陣各一館。只有四館確定成立於日治時期，其他大多成立於戰後，這一點與其他鄉鎮不太相同。田尾鄉屬於「彰化媽」信仰圈，故大部分陣頭與南瑤宮關係頗密切。

田尾振興館出了一位傳館甚廣的師傅陳松，陳氏師承澎湖「龜師」、西螺陳成（即「肉圓成」）等人，算是「阿善師」的師兄弟。陳氏學成後，回到田尾及彰化縣各處傳館，留在本庄的時間反而很少，本庄小紅毛社若要出陣，有時還得請別地的徒弟來幫忙。田尾及北斗地區也常有人來調獅陣出陣，大多

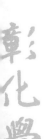

是找「松師」系統的振興館。

本鄉龍英堂分別位於新厝、三十張犁及柳樹湳，三地緊緊相鄰，都師承嘉義師傅蘇成。日治時期，蘇氏先在新厝傳館，當時三十張犁的人來此地一起學，戰後才獨立設館，並請蘇氏的「頭叫師仔」羅文明去教。蘇氏另一位「頭叫師仔」林成能，則到豐田村柳樹湳傳館。同樣地，海豐崙及鎮平同義堂也是由鄰鄉永靖陳厝厝的「火師」及其子楊六經等人所傳，並且常與永靖陳厝厝往來。這些武館都因地緣及師承關係而彼此聯繫。

田尾金龍陣是本鄉唯一的龍陣，與其他鄉鎮的龍陣一樣，成立於戰後，本來因故一度中斷，今年因為要成立社區，故又請以前的館員來教年輕一輩的庄人，並改名為「田尾社區發展協會金龍陣」，由此可看出民間陣頭的發展，與政府提倡的社區總體營造之間的關係。

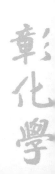

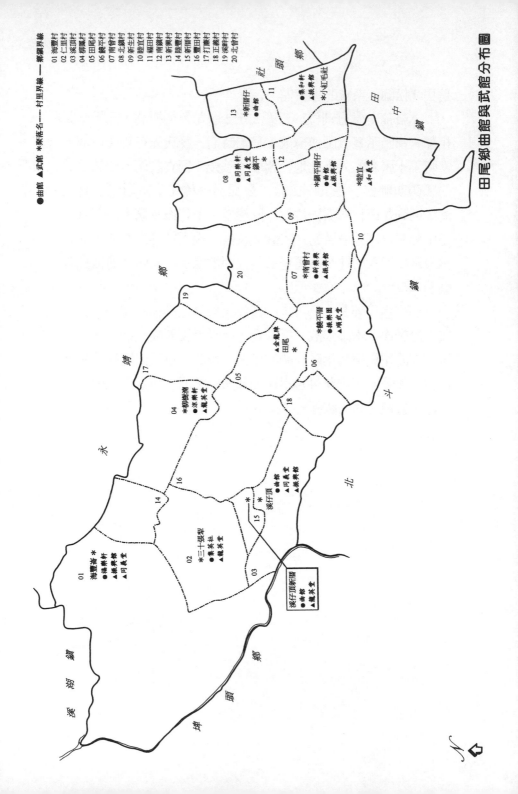

田尾鄉曲館與武館分布圖

●曲館 ▲武館 *聚落名 ——村里界線 ——鄉鎮界線

01 海豐村
02 仁里村
03 溪頂村
04 柳鳳村
05 田尾村
06 饒平村
07 南曾村
08 北鎮村
09 新生村
10 陸豐村
11 福田村
12 南鎮村
13 新興村
14 陸豐村
15 新厝村
16 豐田村
17 打簾村
18 正義村
19 溪畔村
20 北曾村

海豐崙福興軒（北管）

　　受訪者吳英協表示，無論北管的「軒」或「園」，祖師均是西秦王爺，但是，起先學習的地點是書軒，後來因爲學員越來越多，無法全部容納，所以就分了一半的人到花園的樓閣練習（即「園」、「閣」的由來）；而「軒」、「園」學的曲和譜都相同，爲了要鼓勵學員認眞練習，遂常舉辦比賽，看誰練得比較好、進步得比較快。演變到後來，「軒」和「園」一有機會就對台，個人會的、擅長的、優越的，並不被重視。「拚館」是視整團學習的深淺，到底學了多少、下多少工夫，直到哪一方沒有新曲可演出，就表示該方輸了。

　　本庄的「曲館先生」是吳氏的父親吳添丁（若健在，已上百歲），從小就到員林、彰化學曲，十七歲就可以「上棚」演布袋戲。曾有一次擔任頭手去排場，連續九天的扮仙戲齣都不同，可見其飽學。

　　本庄的曲館早已「散館」了，故吳氏不清楚當時的活動情形。但在吳英協十幾歲時，其父又重新設館，吳氏會曲藝，就是在當時學的。當時，成員在庄廟的廟埕學曲，大約有十多人學，「傢俬」是吳添丁演戲時用的，那時正逢戰爭期間，日本人禁止演戲，戲團活動就此停頓。吳添丁所設的曲館是在國民政府遷臺之初設立的，但不久之後，吳添丁便逝世，距今約三十多年。當初的學員已凋零殆盡，庄內現在會曲藝的人，只剩下吳英協一人。若有「鬧熱」，則需四處調人手來幫忙，並以大鼓陣或北管出陣。當初「先生」教館是義務的，沒有收「館金」，庄內曲館在「先生」死後，就不曾再出陣了。此外，本館的歷史比永靖福興庄的曲館還要早。

　　本館每逢二月二十五日「王爺生」時，會在廟口或爐主

宅前排陣。曲館還存在時，若入厝、迎娶的場合，會請北管排場，當時是義務性質，頂多收取酬金，當做「公金」。成員練習後會吃點心，大部分是滷菜加飯，平常只有「先生」有得吃，徒弟們沒得吃，若有茶可以解渴，便算是不錯了。那時物價一碗麵才幾角，一般點心則是五分錢。吳英協十多歲時，常從本地擔香蕉到員林、田中賣，那時員林街一碗麵才三分錢，一大杯茶也才不過一分錢而已。

吳氏認為南管和北管是不同的，南管成立較晚，而把北管的稱號接收了，自稱天子門生，並流傳下來。吳氏表示「三筆鑼」是民間誤稱，其實應稱【三不和】，因為那是鈔、鑼、鼓配合三段曲目敲打出來的，最簡單，是從前「鬧熱」時常用的，也是北管的基礎之一，原本只是一種鼓介名稱而已。演布袋戲，木偶出台就要用「火炮」、下台時要用「收入台」的鼓介，而「拉衫跳台」，又要用不同的鼓介。

吳氏認為，學曲的樂趣難以言說。首先，以打班鼓為總綱，那人不但要通曉表演的所有曲目，並且要和其它演奏者感情交融，並知道其功力深淺，而大家號令一致、動作整齊的團隊精神，也是樂此不疲的原因。另外，以前出陣所得的費用，班鼓手通常可分得較多，但是，因為現在錢少，人手又難調，都改為一律平分了。

── 1991年11月29日訪問吳英協先生（成員），周益民採訪記錄。

海豐崙振興館、同義堂（獅陣）

本庄的王爺是獨山國王，「大王角」是舊館、「二王角」

是巫厝莊、「三王角」才是本庄。

海豐崙在受訪者楊忠謙父親楊維嶽的時代就開始練拳，那時並未設館，所以差不多有二代人（每一代約十二、三人），前往竹仔腳向「老叢師」學武。「老叢師」是從中國遷居田尾的，是振興館出身，拳套較短肢，當時學過的有四門、連盤、踏連等。

同義堂的歷史始於戰後第二年（1946），永靖陳厝厝的楊六經來本地設館，才有教拳、獅套。楊忠謙表示，勤習堂和同義堂比較起來，同義堂較有起伏、花樣。剛創館時，楊氏國小剛畢業不久，約十三、四歲，即師承「六經師」練拳，「六經師」一共教了四館，起初有三、四十名學員，約二十多人學成。後來，則由同一輩的學員彼此研究、互相學習，至今還能夠出陣者，只剩下和楊氏同一輩的三位庄人而已。

獅頭是師父帶過來的，後來楊氏也自己糊，但謙稱自己較不專精。整套的「傢俬」是用「館金」買的，一館四個月，每回差不多四十元到六十元之間。出陣若收到酬金，就交給師父，楊氏表示，本庄參加陣頭的成員，皆出於自願，那時的人都是這樣。現在因為工作的關係，人手難調，出陣都只剩下老一輩而已。「六經師」有讓徒弟服用運功散，但是並沒有使用「藥洗」，楊氏本人則懂草藥、接骨、筋路，並兼涉一些漢醫，那是其父楊維嶽（振興館的人）流傳的。

本庄文、武陣頭差不多成立於同一時代。當年練習時，起初是點「電土火」，之後改用舊電池點燈泡，最後才用電燈照明，通常從晚上八點鐘練到十一點鐘左右，才停下來休息，徒弟們會準備點心給師父吃，大部分是稀飯，偶爾也會煮麵、炒麵。師父並沒有住在本地，而是晚上從家裡騎腳踏車來教。武館設在林厝，館主林慶珍曾學過拳術，當初由林氏發起組館，

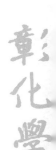

才請「六經師」來教。目前與本館較有連絡的，包括臺中的江德育、永靖街仔、浮圳、陳厝厝、社頭新厝的張水瓢及舊厝等地的同義堂武館。

本館在「傢俬」部分，有學雙刀、大刀、丈二、齊眉、籐牌、九尺、雙鐧等，拳套是鶴拳。振興堂和同義堂的拳法差不多，不過振興堂的腳馬是三角馬，較小；同義堂的馬步較寬，為長肢的打法。

本庄過年時，獅陣沒有出去咬青、歇春。村廟供奉三山國王，也有村民參加彰化南瑤宮的「聖四媽會」。王爺是到埔鹽「刈天香」（即到海邊遙祭中國的開基祖廟），媽祖以前曾到過北港「刈香」，只有這二位神明「鬧熱」時，獅陣才有「逡庄」，反而不大在本庄排場，而是到某處「刈香」，即在其廟口排場。出陣是因為以前的人沒事做，大家「鬥鬧熱」、有興致即可出陣，可算是一種娛樂。出陣時，大家可以趁機複習以前所學的拳術，順便活動筋骨，或自己變化技能。

當初習武時，只用香爐拜祖師，沒有寫紅紙；而排場時，也要供奉香爐，陣頭開始練習時，更要燒香奉請祖師至善禪師，並且要稟明現在師父的姓名，以免弟子們做出「背師」的行為。香爐前，還有二面館旗交叉綁著，那時相當講究，但現在大多荒廢了。

── 1991年11月29日訪問楊忠謙先生（館員），周益民採訪記錄。

三十張犁集英社（歌仔陣）

三十張犁集英社屬於歌仔陣，是北斗大道里人「目仔

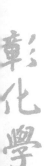

溪」來教的，時間大約在一九五三至五四年時，「目仔溪」姓
賴，還教過本鄉曾厝崙、埤頭鄉埤頭庄內、北斗鎮中寮（華美
社）、中圳仔以及大道里。「目仔溪」來三十張犁教了一館，
之後只偶而來看一看，順便教學，集英社練習的扮仙和北管一
樣，但多了《小三仙》，另外，還學了《薛仁貴回家》、《三
娘教子》等。「目仔溪」在大道里還有教「外江曲」。

　　以前學歌仔陣的約有二十多人，都在廟裡練習，「先生」
也住在廟裡，大家出「館禮」請「先生」，並沒有立館主，後
來學得較深的約十多人，出陣時武場要七個人，分別是班鼓、
通鼓、響盞、大鈔、小鈔、大鑼、小鑼；文場的人數則沒有限
制，通常是頭手弦、頭手吹、二手弦、二手吹、笛以及一些琴
類的樂器，受訪者吳福義就是負責頭手弦和吹的。

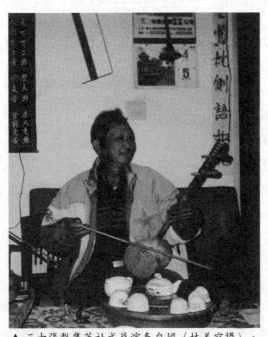

▲ 三十張犁集英社成員演奏自娛（林美容攝）。

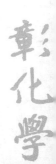

　　往年大多是「神明生」或迎娶時，會請本館出陣，迎娶時要出二個陣頭，轎前的負責鑼鼓，轎後的負責八音吹；喪事也有出陣，但請的人少，因為出陣價碼不斐。三十張犁集英社出陣，若是外庄邀請，會先談妥價錢；若是庄人來請，則由對方支付紅包，也有固定價碼，出陣所得一半由「先生」收下，一半納入「公金」買「傢俬」，若出陣收入較豐厚，「先生」的「館禮」就免了。

　　三十張犁集英社曾到南投松柏坑「刈香」，和同一天去的埔里曲館臨時起意「拚館」，後來對方又約定，第二年增調人手，正式「拚館」，曲館因此興盛了一陣子，但後來因年輕一輩陸續入伍而解散（吳福義二十三歲學曲，二十七歲入伍），目前村長已申請由社區重組曲館，若能獲得批准，將重新召集村內原曲館成員四、五人，教庄裡四十歲以上村民再組陣頭。

── 1995年2月15日訪問吳福義先生（64歲，成員），羅世明
　　採訪記錄。

三十張犁龍英堂（獅陣）

　　三十張犁屬仁里村，有十八鄰，近五百戶，約二千多人。庄廟北玄宮，主祀玄天上帝，「分靈」自南投松柏坑，建廟已有四、五十年的歷史。

　　三十張犁龍英堂是從鄰庄新厝村傳來的，新厝村羅文明大約在一九五○年來此傳授一館，當時的館主是曾溪海，只教了拳套，但沒有獅套，這幾年，武館成員四散，已不再活動了。

── 1995年2月10日訪問許有福先生（62歲，連絡人），羅世

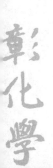

明採訪記錄。

溪仔頂新厝曲館（北管）

　　溪仔頂新厝現屬新厝村，以前和三十張犁合為仁里村，地緣則和溪頂村較有來往，自仁里村分出之後，才改隸新厝村，目前約有七、八十戶，三百餘人，主要姓氏為羅姓，庄裡沒有庄廟。

　　溪仔頂新厝曾經組北管，「先生」請自北斗西門一帶，日治時期就已存在，戰後也興盛了一陣子，但不久就解散。目前庄裡北管的成員，除受訪者羅萬春之外，都已過世。

── 1995年2月11日訪問羅萬春先生（76歲，成員），羅世明採訪記錄。

溪仔頂新厝龍英堂（獅陣）

　　溪仔頂新厝龍英堂是由嘉義人蘇成（若健在，約一百一、二十歲）來教的，蘇氏在寶斗庄、溪州土角厝、二林及田尾等地教過。從五十三歲教到六、七十歲，於日治時期去世。蘇氏在溪仔頂新厝的「頭叫師仔」是林成能（若健在，約九十多歲），林氏也教過寶斗庄、埤頭庄內及本鄉柳鳳、豐田，不過，林氏曾在豐田住過，並教了一些人，但未正式設館。另一位蘇成的「頭叫師仔」羅文明，則教過溪州土角厝及本鄉三十張犁。

　　溪仔頂新厝龍英堂以前除了本庄的人學武之外，鄰庄三十張犁因為沒有武館，就來這邊一起學，並合併出陣。三十張犁

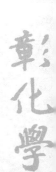

的北玄宮若「刈香」或「神明生」來請，才會出陣。因為本庄沒庄廟，獅陣並不是為廟會而成立的。戰後，溪仔頂新厝的人到三十張犁教，三十張犁才設立自己的武館。

日治時期，溪仔頂新厝設立武館時，「館禮」是一館四個月，每人二元，相當便宜，但館主換過很多人。龍英堂的拳法是半軟硬拳，獅頭則是「簑仔獅」（嘉義獅），本館不曾和別的館號激烈「拚館」，只有過去到北斗「迎媽祖」時，和同義堂等一起排場表演。

—— 1995年2月11日訪問羅萬春先生（76歲，成員），羅世明採訪記錄。

溪仔頂曲館（歌仔陣）

溪仔頂歌仔陣是由本庄的林文傳所教的，林氏繼承祖傳的「齋公陣」，世代從事「齋公」。溪仔頂歌仔陣的成員不限溪仔頂庄人，還包含正義村的人，林氏除了溪仔頂之外，還教過溪湖鎮阿媽厝，但二地曲館都已解散很久了。

—— 1995年2月15日訪問吳福義先生（64歲，三十張犁曲館成員），羅世明採訪記錄。

溪仔頂同義堂、振興館（社）（獅陣）

〈訪問某村民部分〉

溪仔頂即溪頂村，以前有獅陣存在，但目前所知的成員皆已去世，獅陣解散至少已二十年以上。

〈訪問羅萬春先生部分〉

受訪者羅萬春是溪仔頂新厝龍英堂武館成員，據他所知，溪仔頂共有二個不同堂號的武館，分別是同義堂、振興館，但羅氏所知的成員，早已去世了。

—— 1995年2月11日訪問羅萬春先生（76歲，新厝武館成員），2月12日訪問某村民，羅世明採訪記錄。

柳樹湳涼樂軒（北管）

涼樂軒在十幾年前便已解散，且「先輩圖」也佚失，無法得知傳承。據受訪者吳玉煖指出，本館曾一度解散，一九六○年時，才由庄人張玉聰復館，並義務授徒，起初成員有二十多人，因天賦各異，學成者僅十二、三人。張氏曾邀住在打簾村慶樂軒的師兄弟四人協助，但其姓名不詳。以前每晚八點至十一點為練習時間，但練習場所不定。

本館是村中有「好歹事」時才出陣，若為神明出陣，則多在以前的集會所（今為活動中心），屬義務性表演，不曾「拚館」。柳樹湳因是「聖四媽會」的範圍，故「過爐」時，本館有時也需出陣，並和埔心五湖宮的角頭輪值，約四、五年輪到一次。

涼樂軒屬於北管，有總綱曲簿，但因被打簾村慶樂軒借走而佚失。據吳氏指出，樂器分文、武場，採訪者當天看到的，則僅有小鑼、大小鈔而已。本館祖師是西秦王爺，設館時會祭拜，授館結束後就會焚化。吳氏表示，西秦王爺是北管的創始人，後來被神格化，但沒有神像，只有香位。

涼樂軒和打簾慶樂軒互相往來，臺中太平鄉某園及和美某

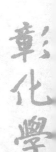

軒也曾應邀來本庄排過陣。本館尚健在的成員包括周東海（小旦）、謝續（小旦）、謝樹生（小生）以及後場周柳、吳圳興。

—— 1991年1月22日訪問吳玉煖先生（館員），邱詩晴、邱詩文採訪，邱詩文整理記錄。

柳樹湳龍英堂（獅陣）

柳樹湳村民信奉南瑤宮「彰化媽」，但後來也迎請埔心五湖宮的媽祖，祭拜時間在十月至十一月之間。

龍英堂的館址並無定所，因堂下各館，由館主輪番任命，約四個月換一館，據受訪者周萬能指出，有位館主名為羅萍，最後一任館主是周增輝，在三十多年前便已「散館」。

龍英堂在四十多年以前，約國民政府遷臺不久後成立，立館者不詳。未「散館」前，師父是同鄉豐田村的王田林和林生靈，在三、四年前去世；弟子都是本村人，每天晚上約八點至十一點練習，兵器和學費都由學員自費負擔，練完後，兵器便置於館主家中，但二二八事件後，警察局便將兵器沒收。練習場所多在空地，有時也在館主家中練習。一次出陣人數約需五十至六十人，由各地同一師承者合作。本館最後一次出陣，是在四十多年前，出陣的時機多是村內的喜慶，屬義務性質。

龍英堂不拜祖師，也沒有明確專練哪一拳種，受訪者只記得幾套拳名：烏鴉落田、打結、打節、七步蓮、八步仔、落地金勾剪等，都是空拳，兵器種類也很多，如耙、牌、大刀、長刀、鉤仔、牌帶（和籐牌合用）、七尺、齊眉、雙刀、鐵尺、雙鐧、斬馬。

除田尾之外，北斗埤頭也有一龍英堂。武館名稱有社、堂、館的不同，是因拳種不同。會發生「拚館」多是因爲貶低他館的聲望，輸的一方會再報仇，本堂曾和某館「拚館」，但受訪者未曾參與。以前龍英堂多和他村同屬龍英堂者「交陪」。

——1991年1月22日訪問周萬能先生（成員），邱詩晴、邱詩文採訪，邱詩文整理記錄。

田尾金龍陣

田尾即田尾村，共有十鄰，居民有三百多戶，約一千五百人左右，主要姓氏爲林姓。庄廟眞天宮，主祀池府千歲，神像是從中國帶來的，日治時代即建有簡單的廟宇。

大約在一九六〇年時，庄裡有位村民到北斗從事製桶，因見到北斗鎮義消有龍陣，逐十分熱衷，想在庄裡組織，所以就請北斗義消來教，組了一尾十二節的龍陣。龍陣出去一般都要三十人左右，龍頭四人、頭旗二人、龍珠二人、龍身十二人、龍尾二人、鼓手四人，及一些預備替換人員。龍陣著重速度快，舞動的漂亮，像「神龍戲珠」、「翻江覆海」等招式，尤其是「翻江覆海」龍身翻滾奔騰，金龍陣爲庄裡出陣，屬於義務性質，例如庄廟的池府千歲六月十八日到旗山「刈香」，就會跟著出陣，但「平安戲」時則不出陣。本館有時也會接受外庄熟識朋友的邀請而出陣，但就非義務性質了，有些會先議價再出陣，有些很熟的，就由請主隨意支付酬金，但龍陣並非爲賺錢而成立。

七、八年前，因一場火災延燒到存放龍頭的活動中心，再

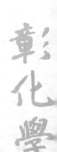

加上負責人王金即中風，本館遂停止出陣，金龍陣也解散了。今年要成立社區，遂又重議組龍陣的事，因以前自製的龍頭已燒毀，又以十萬元向鹿港重購一尾，糾集受訪者林鄭屬樟等以前的成員，並帶領年輕一輩練習，由社區理事長負責，名稱改爲「田尾社區發展協會金龍陣」，經費由社區發展協會負責，準備在今年元宵節再次正式出陣。

田尾金龍陣以前也教過田尾國中一些學生，並將一隻小型的龍及一些鼓送給學校，但因學生興趣不高，沒多久就解散了。

—— 1995年2月11日訪問林鄭屬樟先生（63歲，成員），羅世明採訪記錄。

饒平厝振樂園（四平）

饒平厝振樂園是由一位人稱「阿發」（若健在，約一百二十多歲）的張姓「先生」教的，「阿發」以前在四平戲班，入贅到饒平厝，於是就在庄裡教四平，四平是一種「南唱北打」的形式（南管唱腔，北管鑼鼓），又稱「大班仔」，「阿發」從大正年間（1912～1925）教到日治末期時去世。

四平在傳統音樂中，是比較特殊的一種，祭祀的祖師是田都元帥，據受訪者張水生表示，除了「南唱北打」的形式之外，學四平的成員，對於南管、歌仔、北管的曲目都可以演奏，排場也可以變化成南管、北管或歌仔，甚至四平的曲目，演奏福路時，就用殼仔弦，改換西皮時，就換吊規仔，若和北管陣頭一起排場，四平館一定居於尊位，北管陣頭則居卑位，四平演奏後，其他北管的陣頭才能開始演奏，且本館演奏《醉

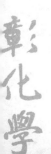

八仙》，北管則演奏《天官賜福》。

　　饒平厝振樂園的館主是張添燈，大約有二、三十人學曲，常練到半夜二、三點才離開。振樂園「好歹事」、迎神都有出陣，大部分是義務性質，而且都是社頭張厝庄來調人手居多，振樂園和本鄉曾厝崙、社頭張厝庄三陣常合在一起排場，他們二館都屬南管，若要演奏四平，只有本庄才有辦法。戰後，有好幾年到南投松柏坑「刈香」時，都跟埔里北管「拚館」。振樂園除了《醉八仙》之外，還學過《回窯》等劇目。不過，目前振樂園因成員年老、過世，已有二十多年沒有出陣排場了。

　　除了四平的樂種比較特別之外，各地的南管也不盡相同，永靖鄉福興庄的南管稱為「品館」，而北斗街仔的南管則是「洞館」。在樂器上，同樣是嗩吶，也有分「一號仔」、「二號仔」、「三號仔」，由小而大，一般布袋戲、大鼓陣都是用「一號仔」，北管及迎神時用「二號仔」，「三號仔」則多用在做法事。

── 1995年2月14日訪問張水生先生（80歲，成員），羅世明採訪記錄。

饒平厝順武堂（獅陣）

　　饒平厝即饒平村，共有十二鄰，六百多戶，約三千人左右，目前外來人口很多，姓氏相當複雜，但原來庄人多姓張。庄裡的天乙宮，主祀蘇府千歲，是從田尾村王厝請來的神祇，建廟已有十多年，但因廟裡委員會的委員皆為私人派任而非公開選舉，故不能算是庄廟。

　　饒平厝順武堂是受訪者楊復創立的，楊氏為二林鎮土子崙

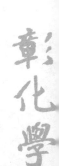

人，當地的武館爲順武堂。順武堂的淵源據說始於楊氏的師傅吳居（人稱「居師」），吳氏的父親是中國人，吳居五歲時，就跟父親從中國來到雲林縣過港。吳氏喜歡和別人打架，他父親就將吳氏關在家中。十五歲那年，吳氏的叔父將他帶到中國學武，後來再回到臺灣，四十多歲時，吳氏就到彰化一帶教武，曾教過二林鎮土子崙、街內、外竹及和美鎮與大城鄉尤厝庄、竹塘鄉溝底厝等地，吳氏在二林土子崙教約五、六年，在彰化縣共待了約十年，當時大概在大正年間（1912～1925），之後就轉往雲林縣過港那一帶去教。在土子崙的時候，武館成員約有七十多人，相當熱鬧，而且光是楊氏一人，就會六、七十種拳套，在溪湖排場「拚館」時，十分風光。

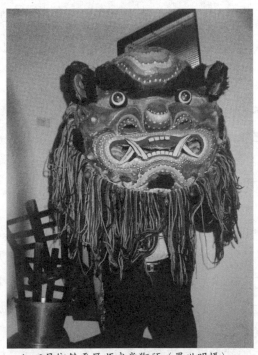

▲ 田尾鄉饒平厝順武堂獅頭（羅世明攝）。

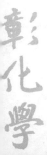

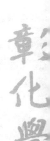

當初在二林鎮土子崙學武時，得出「館禮」，爲了學武，光是「館禮」就花了三分地。約三十多年前，楊氏搬來饒平厝。一九八〇年左右，開始傳授本庄及永靖鄉新庄仔兩地，本庄教了十多人，徒弟中甚至有後來得到博士學位的，楊氏教徒都是義務性質。三、四年前，村裡要成立社區獅陣，遂又請楊氏再教些年輕的小孩子。饒平厝獅陣出陣，都是因爲「神明生」（如媽祖、蘇府千歲、太子爺、玄天上帝等）、「刈香」或慶祝活動，出陣若有收到酬金，先由楊復拿一部分，其他人再均分餘款，以一萬元紅包爲例，楊氏約拿其中三千元。三、四年前社區成立獅陣後，某次到員林爲青年活動中心開幕活動出陣，楊氏將收到的二千元紅包捐出，同時又補貼三百元支付此次開支，完全義務出陣，但回庄裡後，出陣者要求均分二千元紅包，鬧得極不愉快，楊氏遂不願再教及出陣。去年楊氏因一次嚴重車禍，小腿骨折，無法再教武，使得武館再重組的可能性微乎其微。

楊復從「居師」那裡學了不少醫理，但還需自己再深入研究，才能透徹，接骨方面若有X光片，可以準確接上，若用手摸則可抓準七分，特殊的是師母傳授的「符仔路」，楊氏還有極難得見的「符簿」，但楊氏不敢傳「放符」的技術，因爲無法拿捏對方的心術是否純正，若以符作惡，要承擔放符害人的因果，所以只有自己用來行善而不傳人，目前很多獅陣踏七星、八卦都不知原理，甚至不知如何進行，楊氏表示，踏七星、八卦都要念咒語，而且八卦有分先天、後天，極爲深奧。

順武堂的拳種爲太祖拳，拳法中極硬和較軟的拳都有，獅頭是「青獅」，並祭祀達摩祖師。

—— 1995年2月14日訪問楊復先生（72歲，師傅），羅世明採

訪記錄。

南曾村新樂興（南管、北管、歌仔）

新樂興於二二八事件（1947年）之後，才由邱從發起設館，當初是爲了村庄「鬧熱」才設立的。曾厝崙分爲南曾村及北曾村，北曾村於日治時代即已設館，由邱創煥的長輩「阿陶先」教曲，但已荒廢十幾年了。南曾村設立新樂興，只請了一位老師，人稱「溪先」，不知姓氏，是北斗人，教了三、四館，屬於歌仔的系統，也教南管、九甲仔、子弟排場，因此新樂興學的東西很雜，兼有南北管與歌仔。

館名是邱從命名的，邱氏現年七十五歲，吹、弦都會。

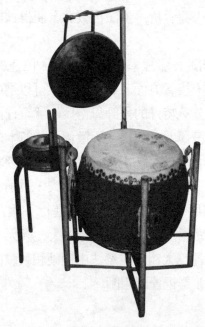

▲ 田尾鄉南曾村新樂興傢伙（周益民攝）。

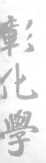

新樂興的成員現在只剩下四人，除邱從之外，還有受訪者王嚴春籤（弦、鼓、鑼、鈔）、邱傳喜（現年五十八歲，弦、電子琴）、邱清正（鑼、鼓）。邱清正也會演布袋戲、播放電影，有一團職業的大鼓陣，邱從也是該團的成員。最初有五、六十人參加新樂興，後來有一些人不繼續學，有些搬去臺北，有些已過世，因此，新樂興已二十五年未出陣。以前庄內二月二十五日廣霖宮三山國王聖誕、三月初三玄天上帝聖誕及「媽祖生」，本館都會出陣。

新樂興因屬於南曾村，故昔日多參加廣霖宮的活動，較少參加肇天宮的活動，二二八事件之後，政府禁止演戲，因此，新樂興多只有排場，後來也很少排場，而是演戲較多。

現在王嚴春籤及邱傳喜參加南曾村村廟廣霖宮、北曾村村廟肇天宮，以及北曾村一私壇彰華堂（主祀媽祖，自南瑤宮「分靈」）等三間廟宇的誦經團，並擔任後場，受訪者不是鸞生，但義務前往演奏。這三個地方的鸞堂都有「乩日」，廣霖宮逢六；肇天宮逢一、四、七；彰華堂逢三、六、九。有關曲館的曲目方面，王嚴春籤表示自己已經忘了，因為鸞堂並不使用這些部分。

—— 1992年8月7日訪問王嚴春籤（64歲，館員），林美容採訪記錄。

南曾村振興館（獅陣）

曾厝崙的振興館於日治時期成立，是由紅毛社（隔壁庄）的「松師」（陳松）來設館的，那時的館主是李寅（即受訪者李宗禮的父親），練習的地點也在李家，因為李寅算是「松

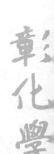

師」的「頭叫師仔」之一。戰後曾厝崙即由李寅訓練獅陣，後來李寅只教拳頭，改由李宗禮教獅頭；而李宗禮、李宗儀兄弟都受其父李寅的教導，會舞獅和製作獅頭，並不是花拳繡腿、不切實際的功夫。當初組成獅陣時，有五、六十人在練拳，李寅不收「館金」。「傢俬」則是庄內熱心公益的人捐獻的，李寅早期出陣所收到的紅包，都送給師父「松師」，因為那時「松師」的生活還很艱困。李寅於六、七年前去世，而庄內的獅陣也已三、四年沒有出陣了，現在若要出陣，都要到中庄調人手過來幫忙，出陣所得則由大家平分。

　　設館時期，會設祖師神位及香爐，並以紅紙書寫「達摩祖師」祭拜。出陣時，「松師」會燒三炷香奉請祖師「起馬」，在「松師」的家裡，還有雕神像奉祀，在弟子們安奉神像的那

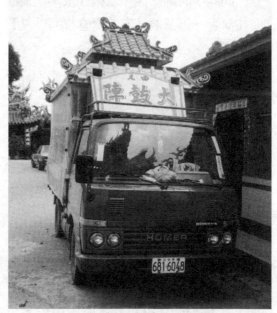

▲ 田尾鄉南曾村大鼓陣（周益民攝）。

一天辦祭典，弟子們會聚起來，在祖師前施展特長、自由表演。師兄弟都很和氣，師父常告誡大家不可以吵架，要為村眾迎神賽會服務，練拳主要是強身。就振興館的系統而言，拳套是屬硬拳，腳馬則是三角馬和一字形馬。

通常在三月初三玄天上帝聖誕和三月二十三日「迎媽祖」時，獅陣會「逡庄」，曾厝崙每次「刈香」前，得先「逡庄」、安五營，因為如此，有兵馬看顧庄頭，神明才能外出「刈香」，大部分是在二月二十五日到溪湖荷婆崙「刈香」。此外，建醮和選新乩童「坐禁」也會用到獅陣，以前過年時，也有出去咬青。獅頭還有辟邪的功能，有些地方若有邪氣而較不平安的話，會來請獅頭，像南鎮國小就曾不平靜而來請獅頭去踏七星、八卦步，即因為該處以前是墳場的緣故。本地風俗在入厝時，會請獅陣去踏七星、八卦步，商店開幕、辦公室啟用、廳堂落成，獅頭會從四門踏起，再踏七星、八卦步。

田尾鄉內及北斗地區的村庄常會來請獅陣，大多是找「松師」系統的人，調個二、三十人，聲勢就很不錯了。一九四八至四九年時，曾厝崙振興館曾和崁頂同義堂在田中市場互相排場，但沒有直接衝突，只是看誰的觀眾較多而已。那次他們師兄弟出去一、二百人，用五、六十人「牽陣」，聲勢很大。

一般舞獅的課目及其順序如下：「起馬」後，探鼓架、入廟門、洗龍柱、探神等；排場的動作有洗腳、舔尾、踩四門、踩七星、八卦步等。當出陣和其他的獅陣「會獅」時，剛開始接觸，獅子會驚惶，等過了一陣子，會漸漸恢復活潑的樣子，互相舔尾，頭尾相隨繞個大圈，然後離開，再走上原來的路線。

—— 1992年8月7日訪問李宗禮先生（館員），周益民採訪記錄。

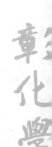

鎮平厝仔曲館（北管）

　　受訪者蕭鎮的父親蕭牛（若健在，約七十八歲），以前是鎮平厝仔北管陣頭的「先生」，過世已近三十年了，那時蕭鎮十六歲。蕭牛本身經營戲班，會北管後場的文武場、打鑼、唱曲等。蕭鎮也會布袋戲，但其技藝並非其父所傳，而是向父親在西螺的友人處學的，剛學完不久，蕭牛就過世了。

　　蕭牛是布袋戲班的老闆，戲偶仍要請人操演。而北管陣，可能有人來請蕭牛去指導，因蕭氏四處演戲，經常不在家裡，所以蕭鎮並不清楚；只知道其父生前，逢年過節經常有徒弟來家中拜訪而已。當其父在附近庄頭指導時，都是夜晚時分，並騎腳踏車出去。

—— 1992年1月28日訪問蕭鎮先生（曲館先生之子），周益民
　　採訪記錄。

鎮平厝仔振興館

　　本庄依慣例前往彰化南瑤宮及睦宜龍州宮進香，並參加南瑤宮「聖四媽會」。庄廟國聖宮，主祀鄭成功，並設有誦經團。本館和彰化市南門口振興社關係頗佳。

〈訪問村眾部分〉

　　鎮平厝仔振興館於戰後初期開館，起初有五、六十人在學，因為以前是農業社會，村民空閒時間較多，所以從睦宜請「先生」來教，那位武師是由外地來睦宜謀生兼教拳的。

　　振興館屬於公有，奉祀達摩祖師，「傢俬」由公款購買，

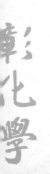

放在館主家，以前需天天到館主家練習，庄內「好歹事」皆義務出陣，外庄若來邀請，則要收費，所得的酬勞用來買「傢俬」，若人手不夠，則到外庄調人手，如曾厝崙、張厝仔、中圳仔等同館號的武館。本館過去並沒有「拚館」的紀錄。現在庄內已沒有練習了，只在要出陣時，才臨時訓練。

〈訪問許坤先生部分〉

受訪者許坤的住處原屬鎮平村，現改隸新生村。振興館和同義堂、和義堂一樣，全出自少林寺，相傳本館在鄭成功渡臺時，就隨之來臺。最初的館址、館主均不詳，日治時代更因受到禁止，館所不定。當時，館主是住在北斗的許金（已逝）。至於出陣的時機，多爲媽祖「過爐」或是他人請託。「傢俬」爲自費購買，祖師則是達摩祖師，但只有學成者才可以拜。最後一任武師是陳松（其子爲陳紹輝）。本館原有子弟二十多人，後來逐漸減少，直到二、三年前宣告解散。

振興館學的拳據稱是達摩所創，包括鶴拳、虎拳、蛇拳，另外還有普通拳、澎湖拳，學費由整群人合出二、三千元，若另外學習其他項目的人，再加繳數百元，兵器屬自費購買，並放在私人家

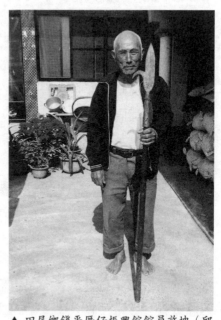

▲ 田尾鄉鎮平厝仔振興館館員許坤（邱詩晴攝）。

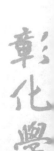

中。本館不曾與人「拚館」，附近除了中圳有振興館外，其他地方均無振興館系統。

── 1990年4月4日訪問村眾數人，陳錦豐採訪記錄。1991年1月24日訪問許坤先生（成員），邱詩晴、邱詩文採訪，邱詩文整理記錄。

睦宜和義堂（獅陣）

和義堂在日治時期即已成立，並在終戰前後「散館」，但村中會武術的人，仍有傳承下來。現在每逢星期六晚上，會在受訪者詹炳勳家中，召集有興趣的國中生、小學生二十多人練習，其中最小的讀國小二年級，學習頗有成就，拳頭由陳阿三傳授，獅陣則由詹炳勳指導，「傢俬」也放在詹家。

本館師承乃是中國來臺的「矮仔師」，他先到本庄教，後來「阿塵」、「陳洋仔」、鄭回等也先後來教過。本館拜達摩祖師，出陣時，要焚香奉請。拳式屬少林長拳，腳馬徛三角馬。和義堂與同義堂算是兄弟館，後者師承應可溯至羅乾章。

詹氏表示，以前學武要準備「館禮」，現在不但免費，而且要煮點心給徒弟吃。本館新一代現已學會後場如鼓、鑼、鈔和套陣，去年（1990）里長選舉時，還趁著放假之便，實地操演，送區到臺北樹林。現在出陣約二十至三十人，已不大需要調人手，反而常支援其他陣頭。以前的武館重視拳種，不同系統不能隨便混用，現在不同傳承的，會依交情而互調人手。鄰近地區較有「交陪」者，如鎮平厝仔振興館「阿松仔」（現專職接骨），常互調人手。本館為庄廟活動出陣，皆屬義務性質，此外，出陣費用則依人數而定，通常每人一天一千元、半

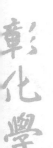

天五百元。

　　「拚館」在以前才會發生，現在雙方相遇，要「會獅」，表示相互尊重。詹氏記得在年輕時，有一次庄頭出陣到南瑤宮「刈香」，途經員林，和南門口振興社會陣，經由縣立員林家商進入大街，遂開始「拚館」，渾身解數，施展所學，「傢俬」也拿出來套招比劃，就「迎鬧熱」的技巧、體力爭風頭；並沿著員林街道、員林分局，一直到員林水利局才休息，就是所謂的「洗街」。「六尺」與耙、「丈二」等長兵器不斷循環套招，是一件刺激又累人的事。

　　前年（1989）七月二十九日，北斗市場普度時，和義堂獅陣不但出陣，而且還去排場，獅套先演出一個多鐘頭，拳頭、「傢俬」跟著操演一個多鐘頭，一共約三個小時左右。這是應請主的特別要求，才如此做的。

—— 1991年1月24日訪問詹炳勳先生（連絡人、獅陣師傅），
　　周益民採訪記錄。

鎮平同樂（玉磬）軒（北管）

　　鎮平庄廟是鎮安宮，主祀三山國王，歷史已有六十多年了。以前神明由爐主奉祀，直到二、三十年前才正式建廟。「王爺生」則由六個角頭輪流奉祀，即鎮平、鎮平厝仔、曾厝崙、湳港、新厝、永靖街，每六年輪一次，並在五月十五日的時候出陣。這六個庄頭都參加了彰化南瑤宮的「老四媽會」。

　　本庄曲館活動的期間，是從大正初年（1912）到二二八事變（1947年）後。大正時代（1912～1925）的館主是蕭萬寶，也是發起人，其年紀比受訪者劉加壹多一歲，學得不錯，既會

吹又會打班鼓。劉氏學花旦、唱曲，而巫通則學小生，他們二
人的聲音，受到大家的稱讚。鎮平的六、七支吹，在附近庄頭
也很出名。繼任的館主為蕭毛，館址即設在蕭宅中。

　　本館「先生」是陳其清，人家都叫他「大肚其清」，「先
生」住在曲館裡，出門都乘轎，算是「秀才底」，很飽學，字
也很漂亮，可惜「先生」所抄的曲譜都毀壞了。那時一館四個
月，「先生禮」一天四角，但實際教一百天、休息二十天，收
費已很低廉。曾經有一次「先生」要回家過年，但欠缺旅費，
還要靠弟子四處找人來請「先生」寫春聯及「公媽牌」湊錢。
剛開始時，「先生」帶來一個小戲籠，故未買「傢俬」，後來
由學員在正月初一過年時去庄人家裡「歇春」，就說要買「傢
俬」，請大家多給一些酬勞，結果共買了二套「傢俬」，還是
劉氏親自去彰化買的，一套的價格是七十五元。

　　陳氏來本庄教之前，曾先在永靖五汴頭教過曲館，所以
本庄曲館剛開始要「鬧熱」時，五汴頭的人都會來贊助。那時
候，本庄是以「迎五穀王」為最大的「鬧熱」。後來，五汴頭
的人和苦苓腳（即今瑚璉、永靖果菜市場）姓邱的有錢人「拚
館」時，本庄的子弟都踴躍相助。最讓人津津樂道的，是詹厝
的詹更（曲）、詹細（吹）、詹洪（曲）三兄弟，本來到海邊
替人駕駛牛車，庄人騎腳踏車請他們趕去「拚館」，並補貼詹
氏兄弟的工錢。以前鎮平曲館的確學得很不錯，曾和北斗、員
林和樟普寮的亂彈班較量過，屬於「軒園拚」。市場的人常來
請去表演，據說是因為其「先生」也教過北斗某軒的緣故。
「先生」平常教學極為嚴格，一板一眼都要做到，常常一個拍
子弄錯，班鼓就會停下來糾正，直到對了才繼續，有時一館連
一齣戲都教不完。「先生」會弦吹、唱曲和「腳步」，但是老
一輩的人並不曾上棚演過戲。

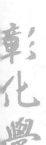

戰後，「其清先」又在本地教了三館，新學的人有劉秋爐、「番王」（班鼓）、巫鐵、「阿松」（吹）、「阿狗由」等二十多人，差不多有十人學成，不過，連新的這一輩人也都過世很久了。但是，後進的這一輩曾經配合老一輩，在廟口搭棚，和同是本庄的歌仔陣「拚館」過，當時戲服還是向二水的曲館租的，歌仔陣從員林請來金蓮歌星石水鳳夫妻拉弦助陣，歌仔戲的「先生」是從南投新街來本地演戲時，被留下來教戲的。那時，廟口要演「平安戲」，遂由雙方打對台，當時北管演出的是《打春桃》。

除了陳其清之外，也有其他「先生」來本庄教過，如永靖的盧俊義和一位叫「相師」的人來教過曲。本館原來也打算製作戲服，劉氏還曾到彰化「西佛國」打聽行情，一組要一百五十元，包括很多件衣服和戲籠。但因為後進的學員一站上戲台，看到眾人圍觀，怕丟臉，就不想學了。當時又發生二二八事件，曲館活動遂告中止。

劉氏當初學曲時，差不多一、二十歲，新一輩像「番王」他們曲館的成員中，有人也曾在外面學過亂彈；而本地風俗在迎娶時，也有演奏八音的習慣。

── 1992年1月28日訪問劉加壹先生（84歲，成員），周益民採訪記錄。

鎮平同義堂（獅陣）

〈訪問廟旁金紙店老闆部分〉

鎮平同義堂在戰後初期設館，館主「阿火師」（楊坤火）是陳厝厝的人，向「唐山師」學得武藝，並到鎮平來教。以前幾

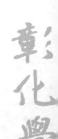

乎全村的男人都有學武，每晚在較寬敞民宅的大埕練習，現今已解散十多年了。以前庄內「迎神明」必出陣，「好歹事」則較少出陣，若庄內出陣，屬於義務性質，而外庄來請，則要付費，酬勞都交給師父，也用來買「傢俬」，最早「傢俬」是以「公金」購買。出陣時皆調功夫較好者，是因為學員太多的緣故。但獅頭、「傢俬」至今還存在。本庄同義堂跟陳厝厝同義堂較有「交陪」，屬硬拳，但沒拜祖師爺。由於本館已解散十多年，故庄內的「鬧熱」，皆由外庄請陣頭，但不限定哪一村。

以前北斗鎮為市集所在，鎮平人到了北斗，常跟人打架，北斗人輸了幾次後，就不再爭鬥了。從前不同系統的武館之間常會打架，這是因為有些人學了半調子，就一副盛氣凌人的樣子，故常與人結仇。

〈訪問傅鉗先生部分〉

本地的武師據說是中國人，姓名不詳，人稱「大肚順仔」，曾在永靖陳厝厝設館，和「火師」（楊坤火）的父親同輩，來本庄教武時，差不多約一百一、二十年前的事情，而其「頭叫師仔」是「圳師」，也是本地人，算是和「火師」同輩的，當初共有二十多人學成，並結拜為二十四兄弟，武藝皆十分傑出，和陳厝厝一起出陣到西螺時，因為路人圍觀太多而擋住了路，一氣之下，就將整隻獅子跳到人家的屋頂去舞。其中還有人輕功練到可跳過三張桌子疊起來的高度。那時，本館常到外面「拚館」，也和附近幾庄合併出陣。

「阿圳」的師兄弟再傳下來，有「阿金連」、詹涼、張圈等，附近一度同時有四、五館學武，雖然一館只有十多人，但都是同義堂的，會合併出陣，聲勢很壯觀。那批人若還健在，也有九十多歲。再來，「火龜平仔」來本庄陳厝設館、「松

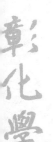

師」也來徐厝教過，老一輩學武的時候，有交「館金」，但輪到年輕人跟本庄老一輩一起學時，只有付點心錢而已。「傢俬」是隨成員要學的項目，各自打造的。種類有齊眉、砍刀、雙格、鉤鐮、雙刀、雙鐧等。老一輩健在時，設有祖師及香爐，但到受訪者傅鉗這一輩時，就沒有拜祖師了。師父有傳藥末、「藥洗」，本庄會推拿的人，也有「阿圳」、「平師」、「金章」等人，而「阿圳」能煮膏藥，治喉嚨症也有特效藥；至於草藥則沒有傳承，要是有庄人宣稱曾學這方面，都是沒師承的。

傅氏沒有學武術，但聽老一輩成員轉述，有時練習馬步，站到連要上廁所都深覺痛苦，簡直比種田還累。往年本地「王爺生」（舊曆二月二十五日），會請「彰化媽」來「遶庄」，現在已改為自行祭拜。另外，神明「刈香」回來，也會來「遶庄」，這時同義堂都要出陣。本地比較特別的風俗，是元宵夜點「擔仔火」，將粗竹四分，再以粗紙綑紮起來，有時可高達丈二，獅陣挨家挨戶去舞獅，關於這一點，有庄人表示是元宵節的慶祝活動，有人說是「迎五穀王」的遺緒。白天在村庄外圍舞獅，晚上才到庄內每一家舞獅，而庄人會包紅包回禮，老一輩的將酬金交給師父，年輕的則收做點心費，點心則是鹹粥或米糕粥。

但採訪者認為，傅鉗說明的年代似乎有誤，張圈應和曲館的劉加壹（今年八十四歲）是同一輩的人，傅氏似乎提早了一代。

── 1990年4月4日訪問廟旁金紙店老闆，陳錦豐採訪記錄。
1992年1月28日訪問傅鉗先生（70歲，村廟鎮安宮廟祝），周益民採訪記錄。

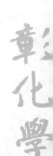

新厝仔曲館（九甲）

本庄參加彰化「老四媽會」，有二十多個會份，並未興建村廟。曲館曾到過北斗軍營表演。

新厝仔曲館子弟僅剩二位，分別是邱邦基和胡金木。邱氏當初唱小旦，因不識字，且不曾涉及曲館事務，故拒絕受訪。胡氏會鑼、鈔，也曾上台演過戲，也以年少生活艱困，到山上工作，不知村中事務為由拒訪。

當初曲館設在現在社區活動中心旁邊，以前搭設「竹管厝」，現今則改成鋼筋水泥的平房倉庫，旁邊是受安宮將軍廟。新厝仔曲館在附近庄頭相當出名，還曾被請去演戲。發起人是土地公廟的管理人黃興，因當時庄中「土地公會」有充裕的基金，共十二甲田地供收租，故出錢請和美的「挺肚先」來教曲，「先生禮」、「傢俬」、戲籠都不必由學員出錢，只有戲服才由成員購置。「先生」的曲藝造詣極深，所以本庄的弦吹好，唱曲也很好，而本館的祖師是田都元帥。

當時的成員包括呂英傑（頭手鼓）、李朝英（通鼓）、邱二（弦吹）、呂歹狗（弦吹）、唐落（吹）、呂文（吹）、胡金木（鑼鈔）、邱邦基（小旦）、蕭正順（曲）、蕭博（老生、鑼鈔，若健在，已七十多歲），呂樹川也會吹、弦及修理「傢俬」，所購置的「傢俬虎」非常壯觀華麗。

本館最後解散的原因，是有一次到松柏坑排場時，因為對台的布袋戲班怕本館的名聲較好，導致己方沒觀眾，遂向廟祝說本館不會到，不需搭棚，所以本館一路走到那邊，雖未拿錢，但也沒戲可演，成員很生氣，遂因此解散。

—— 1992年1月28日訪問村眾數人，周益民採訪記錄。

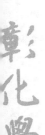

小紅毛社集和軒（北管）

庄廟奉祀關聖帝君，約在二十多年前興建，庄頭「神明生」是媽祖和玄天上帝的聖誕，而「迎媽祖」則是每年三月中旬。庄人「請媽祖」時，北管陣只送到庄外；但神明「回駕」時，就要用陣頭送到彰化。本庄的人參加彰化南瑤宮的媽祖會，現在幾乎每尊神明都有人參與，像「大媽」、「二媽」、「三媽」，但以前則只有七份而已。當初附近幾乎每個庄頭都有陣頭，也有參加「彰化媽」，所以本庄陣頭很少出陣，只有偶爾去大紅毛社（現田中鎮大社里）出陣。出陣大多是義務的，有時候會收酬金，但就要看雙方彼此的交情。庄廟落成時，大紅毛社還有召集人手來慶祝。

本庄的曲館溯自日治時期，大約於昭和元年（1926）成立，距今六十多年，一直到三十年前，就不再出陣了。

在受訪者李岩的上一輩時，曲館就很興盛，當時請「鹿港先」來教過，但詳情並不清楚。紅毛社在日治時期種植很多田地，相當繁榮，但現在是工商業社會，農業已經沒落。當初這一代的曲館由黃盆發起，並擔任第二任的館主，曲館則設在首任館主黃再華（頭手鼓）家裡。

這一輩的「先生」是山腳人陳金榜，來本地教了二館，當時有三十五、六人在學。李岩十六歲開始學曲，而且每種樂器都有學，擅長念曲，並唱小旦、小生（「幼口」），至今本庄還可出陣的，只剩李氏一人而已。「先生」會演布袋戲，也曾經營布袋戲團，來本地演戲時，因為表演得不錯，逐被留下來教北管。本館的「傀儡」是向村人募款買的，「先生」有教弦、吹、唱曲。李氏表示，北管是在演戲時演奏的，亂彈才是演戲。本館會在「好歹事」及入厝時，替人排陣，但不會扮

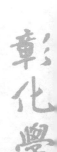

仙。「先生禮」每五天結算一次，一人交四角錢。當時替人工作一天的工錢才三角三分，五分錢到小吃店即可吃飽，而買一甲地也才三千八百元而已。

李氏學曲時正逢戰爭，日本人到處徵收鐵器，連一根廢鐵釘也要充公。日本人對文館（曲館）較沒有管制，在昭和時代（1926～1945），雖然日本神社不燒香，但天照大神也算是天神，所以子弟、獅陣也會去「鬧熱」、參神。

本館的「先生」是騎著腳踏車過來教，晚上則住在曲館，練習完，弟子們會請「先生」吃鹹粥一類的點心；「先生」沒教時，就自己找人來練習，外面發生「軒園咬」時，並沒有來本地調人手。

本庄的獅陣在日治時代可以出陣，約三、四十年前也曾一度找人再學，那時館主叫「科仔」，李氏即在那時學的，但這一館並沒有學成，不能出陣。師父叫陳松，人稱「阿松師」、「松師」，享壽九十歲，若健在，約有百來歲了。依李氏的記憶，本地曲館的歷史應更早。關於武館較詳細的事，則要訪問「松師」的兒子陳紹輝（曾任縣議會議長），會比較清楚。

採訪當時，現場一位旁聽者補充表示，此地「迎媽祖」的風俗，是每十二年一輪。

——1992年1月28日訪問李岩先生（75歲，成員），周益民採訪記錄。

小紅毛社振興館（獅陣）

〈訪問村眾部分〉

紅毛社振興館的師父名叫陳松，人稱「松師」。陳氏是

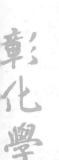

去「西螺七崁」學的，學成後回來傳授拳術。但庄人向他習拳的並不多，因為陳氏的武館設在望村和社頭居多，所以其弟子也以這二處為多，尤其是望村的人最多，有一個叫「大頭仔」的，可以採訪；另外，還有一個住埔頭的「阿蹦仔」，在田中開設一間瑞生接骨院，也曾管理過田中果菜市場。

「松師」享壽九十二歲，若還健在，已有一百多歲了，就連陳氏的徒弟們也多已過世。陳氏的兒子並沒有習武，只有學到其父的醫術而已，所以，有關獅陣的事情，恐怕也不會很清楚。

〈訪問陳紹輝先生部分〉

本庄有人參加彰化南瑤宮的媽祖會，於每年三月十六日「迎媽祖」，但十幾年前，儀式就簡化了，不再出獅陣。此外，也有請獅陣入厝、開幕等習俗。

紅毛社的武館其實並沒有獅陣，只有十幾個人跟隨「松師」（陳松）練過武，「松師」大部分時間都在外地、附近庄頭傳館，教拳頭和獅陣。自己庄頭「鬧熱」時，反倒是外地的徒弟趕過來為師父幫忙。

陳松（受訪者陳紹輝之父）十多歲時，生活很窮困，其父又吸食鴉片，將家中田產賣光，陳氏只好到處替人做工、賣菜（從本地擔到阿里山賣），或從南投挑水缸回來賣。陳氏既要養家糊口，還要長途跋涉，更越過西螺溪去探訪名師學武。

陳氏首先到西螺廣興庄，拜陳成（「肉圓成」）為師，學習接骨。另外，很有名氣的澎湖「龜師」更傾囊相授，將推拿、接骨、治脫臼的經驗及有關中藥的銅人簿、草藥祕方，都傳授給陳氏。

陳氏約三十多歲，才到外地教武，因少時勞苦，所以身強力壯、行跡很廣，像田尾曾厝崙、溪湖、林內、斗六、南

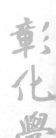

投、鹿谷、竹山、田中、社頭，甚至嘉義梅山等地，都去開館授徒，教過不計其數的徒弟。其中，較有名氣的有田尾鄉的黃練、李井、李寅（曾厝崙人）、田中鎮的「萬土仔」、陳興、陳火榜（三光里人）、蕭德修（住在火車站附近，經營接骨所）、斗六的李常、竹山的余木清、嘉義梅山的王清良（今年八十多歲）、埔里的鄭錦水、陳德修、賴萬寶、徐龍和、社頭的蕭群、張濊秋等，都在地方上設館，每逢陳氏生日或紅毛社有「鬧熱」，也會回來幫忙，平時也都有「交陪」，是較熟悉的人。

陳氏在戰後擔任本村村長，長達三、四十年，不但當選特優村長，更獲選好人好事代表，接受中央表揚。接骨所的業務是陳氏中年以後（約四十多歲）才發展的，雖然平生沒賺很多錢，但仍樂善好施，常塞錢給貧苦無依的病人買豬腳補身體，還常捐棺木給地方的可憐人士。陳氏懂漢文，能自己開藥方，還考取中醫師的執照（那時已六十多歲）。

陳松除了教徒練拳和舞獅外，自己也會糊獅頭，拉弦、歕吹、打鑼鼓等技能，可說文武全才。本庄的庄廟也是陳氏發起籌建的，很早以前，本地就有鸞堂慎化堂飛鸞設教，還曾「分燈」（即到其他地方設立鸞堂，類似「分靈」）到斗南、員林一帶，埔心武聖宮就是一例；慎化堂歷史至少有百年以上，但日治時期一度沒落。約四十幾年前，由陳紹輝的母親（陳松的第二任夫人）和地理師李炎捐錢，蓋了一間草寮，奉祀關聖帝君等「三恩主」，二十五年前，又由陳氏出面募款，向蕭姓祭祀公業購地，改建成現今富麗堂皇的順天宮。

陳松武術練得很專精，認為有益身體健康。除了本身的少林拳法外，其餘像猴拳、鶴拳等拳套，陳氏皆有涉及，也曾練過鐵砂拳的外功，但後來已不練了，陳氏認為練了這種拳法之

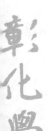

後，對自己和別人都沒有益處。陳氏五十六歲時，曾在臺南太子宮和一位南部很出名、專門以打倒拳師為樂的人比武，陳松原以為只是彼此切磋武藝，點到為止而已，所以一開始擊到對方就罷手了，孰料對方不領情，一記重拳擊中陳松左胸，但陳氏並沒有應聲倒下，只退了二、三步，硬是吞氣吐納，站了腳馬，對方和旁觀的群眾已經很驚訝，因為很少人能如此被打而不倒下，陳氏因自己手下留情反而挨打，相當生氣，隨即要和對方動武，但對方已不敢再和他比試了。

陳松育有三子，長子陳敏清有練拳頭及接骨技術，老二陳紹輝、老三陳紹卿則比較少隨父親出門。陳家客廳掛有一幀陳氏八十歲生日的照片，在陳松八十大壽前夕，徒弟們會集祝壽，在二樓大廳聊天時，個個誇稱自己現在武功練得多好，陳氏聽得有些技癢，叫他們五、六個人圍成一圈，自己低身一掃，只有梅山的王清良為人沉默少言、武功練得紮實而將倒未倒地勉強站住了，其餘的人都倒在地上，一時引為地方趣談。

陳松享壽九十歲（約去世十多年），生平比較善用和喜歡的兵器，有雙刈格和長棍。告別式時，陳氏教過的徒弟到場戴孝的有上百位，而象徵性拿獅頭的人是李井，因為李氏年紀最長，李氏若健在的話，也有一百零四歲了。

—— 1992年6月11日訪問村眾五、六人，8月7日訪問陳紹輝先
　　生（師傅之子），周益民採訪記錄。

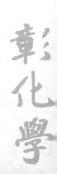

國家圖書館出版品預行編目資料

彰化縣曲館與武館IV【南彰化濱海篇】/林美容著.－－
初版.－－臺中市：晨星，2012.12
面；公分.－－（彰化學叢書；40）

ISBN　978-986-177-449-7（平裝）

1.說唱戲曲　2.武術　3.機關團體　4.彰化縣

983.306　　　　　　　　　　　　　　99021937

彰化學叢書
040

彰化縣曲館與武館IV
【南彰化濱海篇】

作者	林 美 容
主編	徐 惠 雅
排版	林 姿 秀
總策畫	林 明 德 · 康 　 原
總策畫單位	彰 化 學 叢 書 編 輯 委 員 會

負責人　陳銘民
發行所　晨星出版有限公司
　　　　臺中市407工業區30路1號
　　　　TEL：04-23595820　FAX：04-23597123
　　　　E-mail：service@morningstar.com.tw
　　　　http：//www.morningstar.com.tw
　　　　行政院新聞局局版台業字第2500號
法律顧問　甘龍強律師
承製　知己圖書股份有限公司　TEL：（04）23581803
初版　西元2012年12月23日

總經銷　知己圖書股份有限公司
　　　　郵政劃撥：15060393
　　　　（臺北公司）臺北市106羅斯福路二段95號4F之3
　　　　　　　　　TEL：（02）23672044　FAX：（02）23635741
　　　　（臺中公司）臺中市407工業區30路1號
　　　　　　　　　TEL：（04）23595819　FAX：（04）23597123

定價300元
ISBN　978-986-177-449-7
Published by Morning Star Publishing Inc.
Printed in Taiwan
版權所有，翻譯必究
（缺頁或破損的書，請寄回更換）

請填妥後對折裝訂，直接投郵即可，免貼郵票。

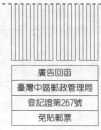

407
臺中市工業區30路1號
晨星出版有限公司

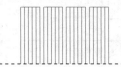

請沿虛線摺下裝訂，謝謝！

更方便的購書方式：

1 網站：http://www.morningstar.com.tw

2 郵政劃撥　帳號：15060393
　　　　　　戶名：知己圖書股份有限公司
　　請於通信欄中註明欲購買之書名及數量

3 電話訂購：如為大量團購可直接撥客服專線洽詢

◎ 如需詳細書目可上網查詢或來電索取。

◎ 客服專線：04-23595819#230　傳真：04-23597123

◎ 客戶信箱：service@morningstar.com.tw

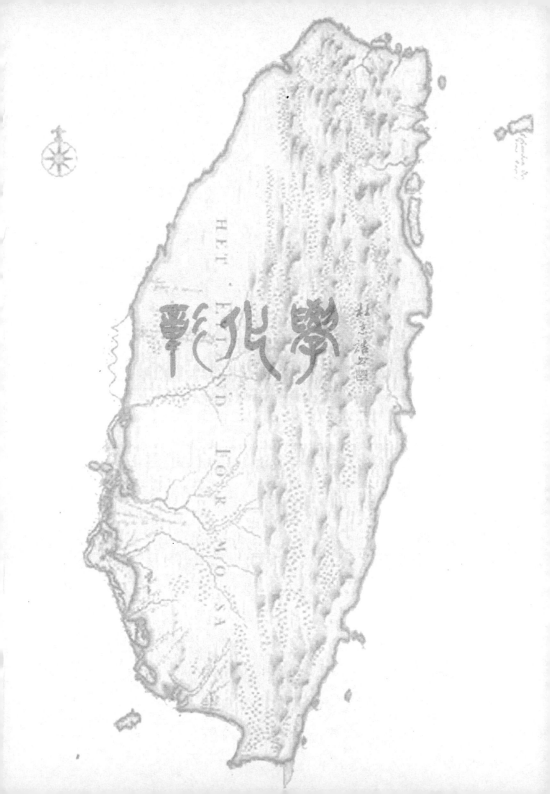

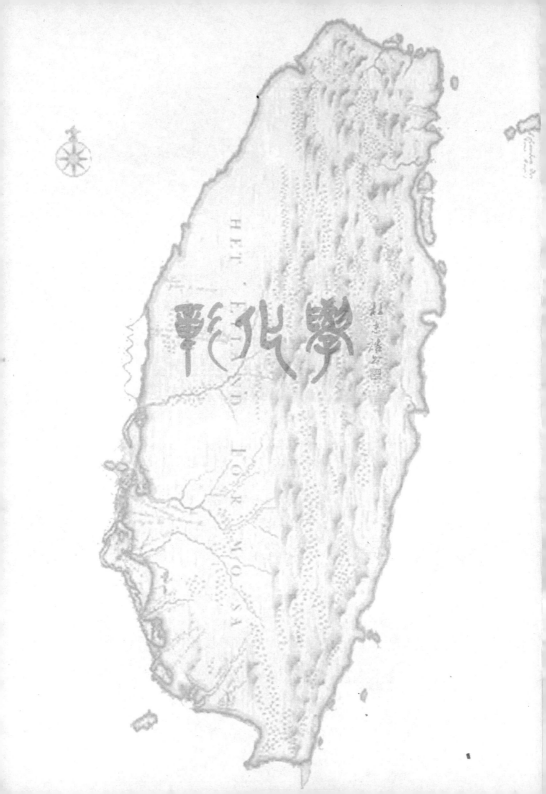